D-KOAP
Bjornoya
Island
Nordkapp
Hammerfest
Narvik
Sandnessjoen
Kemi
Oulu
Alesund
Trondheim
Vaasa
Sortavala
Oslo
Helsinki
Stockholm
Tallinn
Kristiansand
Visby
Riga
Baltic Sea
Kobenhavn
Konigsberg
Kaunas
Danzig
EAST PRUSSIA
GERMANY
JOINT ADM
(FR-UK-US-USSR)
Berlin
Warszawa
Warsaw
Frankfurt
Praha
Lwow
CZECHOSLOVAKIA
Munchen
Vienna
Wien
Bratislava
AUSTRIA
HUNGARY
Budapest

Stahl · Von den Alpen zum Nordkap

P. W. STAHL

Von den Alpen zum Nordkap

7000 km Luftwandern

MOTORBUCH VERLAG STUTTGART

Einband und Schutzumschlag: Siegfried Horn

Alle Abbildungen stammen vom Autor, ausgenommen:
Seite 113, 120, 193, 194, 200 (Stadter/Riedel); Seite 160 (Störe)

ISBN 3-613-01037-2

1. Auflage 1985

Eine Abteilung des Buch- und Verlagshauses Paul Pietsch GmbH & Co. KG.

Satz und Druck: Remsdruckerei Sigg, Härtel & Co., 7070 Schwäbisch Gmünd.
Bindung: Verlagsbuchbinderei Karl Dieringer, 7000 Stuttgart.
Printed in Germany.

Inhalt

Diese Erlebnisse
aus meiner Fliegerei
erzähle ich für

NICOLA STAHL

Prolog

Eine Wanderung am steilen Rand der Schwäbischen Alb. Mächtige weißgraue Kalkfelsen und langgezogene senkrechte Felsbänder markieren den Steilabfall des Gebirgszuges. In den Jahrtausenden wurden tiefe und oft wildromantische Mulden aus dem Kalkgestein herausgewaschen. So entstand jener vielfach gegliederte, gewundene Albrand mit den scharfen Kanten am oberen Abbruch und mit den tief eingeschnittenen Tälern dort, wo beinahe übergangslos die weite Neckarebene beginnt. Meine Wanderung führt mich weiter, viele Kilometer und Tage über die verkarstete Hochfläche der Juralandschaft. Hier ist die Wasserscheide zwischen Donau im Süden und Neckar im Norden.

Es sind die Wege, welche mich an unvergeßliche Erlebnisse aus meiner Bubenzeit erinnern.

Es ist meine Heimat, die ich mir neu erwandere, nachdem mich mein Weg über viele Jahre in die Fremde geführt hatte. Ich gehe allein – niemand begegnet mir.

Ich erfülle mir einen lange gehegten Wunsch: den Weg zurückzugehen in jene Jahre aufkeimender Wünsche und Sehnsüchte. In jene Zeiten, wo Erfolge und Enttäuschungen das Maß des eigenen Strebens für das ganze weitere Leben geprägt haben. Ich war mir bewußt, daß diese Beschwörung der Vergangenheit eine Enttäuschung werden könnte.

Aber das Gegenteil trat ein: Ich erlebe noch einmal meine Erinnerungen – unverfälscht, als ob nicht ein halbes Leben dazwischen liegen würde.

Längst Vergessenes kommt wieder an die Oberfläche.

Zeitlicher Abstand und gesammelte Erfahrungen haben mir die Sinne geöffnet, um erst jetzt, nachträglich, Ereignisse und Zusammenhänge in ihrer Bedeutung zu erkennen und einzuordnen. Während ich wandere und schaue und am Abend, wenn ich die Müdigkeit des Tages genieße, habe ich Muße zum Nachdenken. Ich bin ein Flieger geworden.

Es ist gewiß, daß ich dies zu einem großen Teil – vielleicht überhaupt – dieser Landschaft, meiner Heimat, verdanke.

Meine Sehnsucht, fliegen zu können, war sicher immer vorhanden. Sie wurde aber wahrscheinlich entscheidend geweckt und gestärkt durch die Beobach-

tung der besonders zahlreichen Greifvögel, denen die Juralandschaft offenbar ideale Lebensbedingungen bietet.
Sie begegnen mir wieder, meine Freunde und Vorbilder von damals, die Bussarde und der herrliche rote Milan.
Ich habe allerdings den Eindruck, daß die Milane seltener geworden sind. Gerade sie aber sind für mich die Aristokraten unter den großartigen Seglern. Ihre Flugkunst habe ich immer mehr bewundert als diejenige irgendeines anderen Vogels. Ich finde sie elegant und ihre Art zu fliegen hat eine fast snobistische Lässigkeit.
Sein Flügel ist vergleichsweise schmal und gestreckt, hat am vorderen Rand einen Knick, der die aerodynamisch so günstige Verjüngung zur Flügelspitze einleitet.
Sie begegnen mir einzeln, nicht paarweise, wie ich das von früher in Erinnerung habe. Vielleicht hängt dieses Einzelgängertum aber mit der Jahreszeit zusammen, und die Partner finden sich erst dann, wenn ihr Lebensrhythmus dies bestimmt. Wie alle Lebewesen werden sie geleitet von Urtrieben, sich zu ernähren, sich fortzupflanzen und sich dem Spielen hinzugeben. Mit angehaltenem Atem beobachte ich ihn wieder, meinen Milan. Verfolge seinen Flug entlang von wacholderbewachsenen Heidehängen. Sein lautloses Gleiten über bizarre Felsengebilde und über das Gemäuer romantischer Burgruinen. Sein Schatten begleitet ihn, huscht am Hang entlang über Buckel und Felsen. Heute wie damals ist es für mich in gleicher Weise erregend zu beobachten, wie er Aufwinde ertastet und diese ausfliegt, wie er aus großer Höhe abgleitet zu einem entfernten Ziel. Wie er startet und landet.
Es kommt mir dabei nicht in den Sinn, daß es ja ein Räuber ist, den ich beobachte. Ein Räuber, der seine Flugkunst dazu nutzt, um lautlos und überraschend ein Opfer zu erspähen und zu schlagen.
Ein ganzes Fliegerleben lang und bis auf den heutigen Tag hat mich die Ästhetik dieses Vogelfluges immer wieder neu gefesselt und begeistert. Und heute, wie damals, erfaßt mich das Verlangen, es ihnen gleichzutun, meinen gefiederten Vorbildern. Mich gleich ihnen in die Luft zu schwingen, die Luftkräfte zu ertasten, zu nutzen und über das Land zu gleiten.
Es ist jenes Verlangen, das bestimmend war für meinen Weg als Flieger, ebenso wie es bestimmend war für ganze Generationen von Fliegern.
Auch Wissenschaftler und Ingenieure, die sich der Entwicklung des Flugwesens verschrieben haben, studierten und beobachteten die großen Vögel und ihre Flugkunst, um Anregungen für ihre Arbeiten zu finden.
Der Verlauf dieser technischen Entwicklung ist faszinierend: Am Anfang

stand der Wunsch, dem Menschen Flügel zu machen, die es ihm ermöglichen sollten, sich wie ein Vogel vom Boden zu erheben und durch die Luft zu schweben.
Da lag es nahe, die Vorbilder aus der Natur möglichst getreu nachzubauen. Die Geschichte der Luftfahrt kennt Hunderte solcher Bemühungen. Immer waren es vogelähnliche Gebilde, oft sogar Flügel, die man schwingen konnte, wie die Vögel es tun.
Keiner dieser Versuche führte zum Ziel, und man erkannte, daß dieses nur erreicht werden konnte, wenn man neue Wege suchte.
So entstanden, als Ergebnis konsequenter Ingenieurarbeit, Gebilde aus Leinwandflächen, Bambusstäben und Spanndrähten, die in Form und Aussehen nur noch wenig Vogelähnliches hatten. Aber diese häßlichen Kästen und Kisten konnten fliegen und konnten in der Tat einen Menschen tragen. Sie ließen sich sogar lenken.
Der Anfang war gemacht. Dann aber nahm die weitere Entwicklung einen Gang, wie er in der Geschichte der Technik wohl einmalig ist.
Je mehr die Leistungsfähigkeit der Flugapparate verbessert werden konnte, um so ähnlicher wurde ihre Form dem Vorbild aus der Natur. Gleichsam also ein Weg in umgekehrter Richtung. Unsere modernen Hochleistungssegelflugzeuge haben tatsächlich nach und nach die Form der natürlichen Segler erreicht. Mehr noch: Gewisse technische Hilfen zur Verbesserung der Flugleistungen, welche die Flugzeugbauer erfunden haben, wie Landeklappen, Bremsklappen, Strömungsschlitze, Flügelschränkung und andere, wurden auch an den Vögeln entdeckt. Dies aber erst nachträglich, nachdem die Menschen ihrerseits »Schöpfung« gespielt hatten.
Eine erstaunliche Erkenntnis: Der Mensch möchte fliegen. Er beginnt damit, die Vorbilder, die Vögel nachzuahnen. Er scheitert jämmerlich und erkennt, daß er den Weg nüchterner Gehirnarbeit gehen muß. Dieser führt nach sehr langer Entwicklungszeit, über Generationen hinweg, zum Ziel. Und was schließlich dabei herausgekommen ist, kommt in Aussehen und in der Leistung eben diesem Vorbild nahe, das zu kopieren sich als unmöglich erwiesen hatte.
Auch dies muß erstaunen, daß die ästhetisch schöne Form eines Segelflugzeuges nicht etwa ein »Industriedesigner« geschaffen hat, sondern daß sie das Ergebnis ist von Berechnungen und Versuchen um die Begriffe Auftrieb, Widerstand, statische Festigkeit, Schwerpunkt, Flügelprofil, Verwendungszweck, Leistungsforderung.
Ich wandere weiter.

Bussarde kreisen über den Hügeln der verkarsteten Hochfläche.
Immer wieder aber auch ein herrlicher Milan.
Warum wohl mögen diese Vögel hier am Rande und auf der Hochfläche der Alb so viel zahlreicher vorkommen als in anderen Landschaften?
Ausreichendes Nahrungsangebot und günstige Nistplätze allein sind wohl nicht die einzigen Gründe dafür.
Ich könnte mir vorstellen, daß auch die besonders günstigen Flugbedingungen eine wichtige Rolle für die Wahl ihres Lebensraumes spielen, denn das Erkennen und Schlagen eines Beutetieres ist um so leichter, je weniger Mühe der dafür notwendige Anflug macht. Auch die Verteidigung des eigenen Reviers mag weniger schwierig sein.
Möglichst viele und kräftige Aufwinde, die wie das Muster eines Schachbrettes über das Land verteilt sind, sind eine wichtige Voraussetzung dafür.
Aufwinde an Hügeln, Waldrändern und Felsen ebenso wie Wärmeaufwinde. Jene, die Hangaufwinde, findet der Segler hier auf der Alb überall, weil die Landschaft von mehr oder weniger hohen Bodenwellen, kleinen Bergrücken und jenen herrlichen Wacholderhängen geprägt ist, über welche meist ein Wind streicht, der gleichmäßig und kräftig bläst. Die Wärmeaufwinde, die Thermik, wie wir sie nennen, die den Vogel bis in große Höhen hinauftragen kann, gibt es hier oben häufiger und ausgeprägter als im Flachland.
Der Grund liegt in der vielfältigen Gliederung der Oberfläche, wie auch dem ausgedörrten kalkigen Boden, der die Sonnenwärme besonders kräftig abstrahlt.
Und so schließt sich der Kreis:
Am Anfang ist der Vogel – der Bussard, der Milan.
Gefürchtet von der Kreatur, die zu seinem Opfer bestimmt ist. Bewundert von den Menschen, die ihre Ursehnsucht, selbst fliegen zu können, in sich tragen, seit sie ihn, den herrlichen Vogel, beobachten können.
Er hat ihnen gezeigt, daß ein Lebewesen »schwerer als Luft« in der Lage ist, sich vom Boden zu erheben, sich in große Höhen hinaufzuschwingen, ein fernes Ziel anzufliegen. Und er hat ihnen gezeigt, daß diese Flugkunst nicht Selbstzweck ist, sondern seinem Nutzen dient, seine Lebensgrundlage darstellt. Er hat ihnen aber auch gezeigt, daß er fliegt, weil er darin ein Spiel sieht, das ihm Freude macht. Der Mensch aber mußte einen langen Weg gehen, um das zu erreichen, was seine Vorbilder in der Natur ihm zeigten.
Keiner aber unserer heimischen Vögel vereinigt in sich Flugleistungen und Aussehen in solch vollendeter Weise wie der rote Milan der Schwäbischen Alb.

So mag es wohl auch kein Zufall sein, daß diese Landschaft – dieses Land – eine auffallend große Zahl bedeutender Flieger, Ingenieure und Wissenschaftler hervorgebracht hat, die einen überragenden Anteil am Fortschritt der deutschen Luftfahrt hatte.
Der letzte Tag meiner »Wanderung in die Vergangenheit«. Ich genieße guten Württemberger Wein und schwäbische Gastlichkeit.
Dabei träume ich meinen immer wiederkehrenden Traum, meinen Traum von meinem eigenen Menschenflug:

Ich stehe auf der Kuppe eines Wacholderhanges.
Ich nehme einen Anlauf, springe über einen steilen Felsen hinaus in die freie Luft.
Ich kann fliegen, meine Arme rudern und spüren die Luftkräfte. In geringer Höhe gleite ich über die geneigte Heide.
Es fällt mir ebenso leicht wie dem Milan, Hindernisse zu umfliegen. Ein Aufwind trägt mich in große Höhen.
Die Erde tief unter mir wird klein und kleiner, bis sie schließlich ganz verschwunden ist.
Dieser Traum hat sich für mich in einem runden Fliegerleben erfüllt.

Zum Protokoll: 7000 km Luftwandern

Mit diesem Protokoll über eine Luftwanderung, die mit einem Motorsegler von den bayerischen Alpen bis zum Nordkap führte, will ich versuchen, einiges über das Segelfliegen zu sagen: Über das Fliegen ohne Motor als Sport und als Freizeitgestaltung, über hochentwickelte Technik, Wind und Wetter, Erlebnisse und Erkenntnisse auch aus der Erinnerung meiner Zeit als Kampfflieger.

Der Begriff Luftwanderung kam mir eigentlich erst nachträglich, seit ich wieder zurück bin und Rückschau halten kann. Denn das Besondere an dem großen Flug wurde im Nachhinein so richtig zum Erlebnis des Wanderns. Fliegen auf dem Fußweg!

Ebenso wie der Wanderer die Schönheit seines Weges genießt und nicht nur wandert, um ein Ziel zu erreichen, haben sich mir die einzelnen Etappen meines Flugweges als Luftwanderpfade eingeprägt.

Das geringe Zuladungsgewicht und der kleine Stauraum meines Flugzeuges bedingten besondere Sorgfalt bei der Wahl und Zusammenstellung der Ausrüstung.

Nicht gespart werden konnte und durfte am Umfang des Karten- und Navigationsmaterials und an der Fotoausrüstung, natürlich. So blieb für das persönliche Gepäck – für Kleidung und Körperpflege – nur noch ein kleiner Rest der Gesamtzuladung.

Der Weg zu meinem Ziel, dem nördlichsten Punkt Europas, war insoweit vorgegeben, als ich einer Einladung von Freunden in Finnland folgen wollte, die nach Ort und Zeit festgelegt war. Abgesehen davon konnte ich meine täglichen Flugetappen hingegen frei wählen.

Als Fluggerät benutzte ich den Motorsegler meiner Flugsportgruppe und verzichtete damit bewußt auf ein vergleichsweise bequemeres Reiseflugzeug mit größerer Reichweite, umfangreicherer Instrumentierung, höherer Geschwindigkeit und größerer Zuladung, das mir ebenfalls zur Verfügung gestanden hätte.

Die Eigenart und die Leistungsgrenzen dieses Motorseglers, also geringe Reichweite von Zwischenlandung zu Zwischenlandung, einfache Instrumentierung, Zuladung derjenigen eines Segelflugzeuges vergleichbar, geringe Leistungsreserven des Motors, Flugeigenschaften eines Segelflugzeuges, ließen aus der beabsichtigten Flugreise eine echte Wanderung werden – eine Wanderung auf dem Luftwege.

Planung und Durchführung forderten erhöhte Sorgfalt.

Es war gleichermaßen aber auch eine fliegerische und sportliche Herausforderung!

- Fliegen über Land und See in geringer Höhe.
- Zwang zu peinlich genauer Kleinnavigation.
- Hautnahes Erleben von Wind und Wetter.
- »Mit den Fingerspitzen über die Landschaft tasten.«
- Genußvolles Gleiten durch die Bewegung der Luft, durch Auf- und Abwinde, harte Böen, »Luftlöcher«.

Eine Erfahrung vorweg, die ich mit dem motorisierten Segler in fünfzig Flugstunden gewonnen habe – sie betrifft das Geld, also die Reisekosten:

Diese waren nicht etwa geringer, als sie mit einem »richtigen Sportflugzeug« gewesen wären.

Man braucht im Gegenteil mehr Geld, weil man langsamer ist, häufiger landen und übernachten muß und weil man in erhöhtem Maße von Wind und Wetter abhängig ist.

Denn nicht das Fliegen kostet viel Geld, sondern die Zeit, die man am Boden verbringt.

Die folgende Schilderung wird aber zeigen, daß man für dieses Mehr an Geld ein Vielfaches an fliegerischem Erleben erhält.

Und was noch wichtig ist: Ich hatte einen Begleiter, dessen fliegerisches Können, dessen ganz persönliches Wesen und nicht zuletzt dessen Geduld viel zum Gelingen beigetragen haben!

Eine Idee wird Wirklichkeit

Es ist der 28. Juli 1978, frühmorgens, auf dem Segelflugplatz Unterwössen – dem Sitz der Deutschen Alpen-Segelflugschule Unterwössen – »DASSU».
Der Schulbetrieb ist in vollem Gange.
In kurzen Abständen steigen die gelben Doppelsitzer der Schule, von den starken Winde gezogen, steil in den blauen Himmel.
Von der Betonpiste starten Motorsegler zu ihren Schulplatzrunden.
Ein herrlicher Sommertag liegt über dem Tal der Tiroler Ache und den umliegenden Bergen. Ein Tag, so schön, wie ihn dieser Sommer 1978 ganz selten beschert hat. Leichter Morgendunst liegt über den Wiesen. Noch liegt das Tal im Schatten, doch die felsigen Gipfel im Westen erstrahlen bereits in zarten Rosafarben.
Bald wird die heraufkommende Sonne auch den Talgrund erreicht haben.
»Heute wird ein guter Tag«, sagen die Freunde.
Und sie meinen damit, Hochsommerwetter, aufgeheizte steile Felswände, entfesselte Luftkräfte.
Längst geplante und sorgfältige vorbereitete Streckenflüge müßten heute möglich sein. Viele hundert Kilometer über sonnenglühende Gebirgsstöcke und tief eingeschnittene Flußtäler.
Sie, die Freunde, sind gleich uns »alte Unterwössener Hasen«. Seit Jahren verbringen sie ihre sommerliche Freizeit hier an diesem idealen Ausgangspunkt für Segelflüge, die sie weit in den Bereich der Hochalpen führen.
Flüge von seltener Eindringlichkeit, sportliche Höchstleistungen, die in gleicher Weise Freude bereiten, wie auch zur Ehrfurcht zwingen gegenüber den gewaltigen Kräften der Natur.
Sie sind damit beschäftigt, ihre kostbaren »Vögel« aus poliertem Kunststoff und Plexiglas aus den Transportwagen zu ziehen, aufzubauen und für den Start vorzubereiten. Überall ist pedantische Sorgfalt zu beobachten. Man hat ja viel Zeit, denn es wird noch eine Weile dauern, ehe die Sonne erste schwache Wärmeaufwinde an den Bergwänden auslösen wird.
Wenn sich das erste zarte Federwölkchen an einem der umliegenden Berggipfel zeigt, ist es Zeit zu starten, sich vom Schleppflugzeug dort hinaufziehen zu lassen.

Denn dieser erste feine Wolkenschleier, der sich in Minuten bildet und ebenso schnell wieder verschwindet, ist das Zeichen, daß die Luft da oben an den Felspyramiden anfängt, sich zu bewegen.
Wir beneiden den Freund, der sich jetzt als Erster in den Sitz seines engen Seglers zwängt. Fallschirm, warme Winterbekleidung sind seine Ausrüstung, sogar Pelzschuhe. Denn die Aufwinde des Hochgebirges werden ihn hinaufschwingen in jene Regionen hoch über dem ewigen Eis, wo auch jetzt im Hochsommer extreme Kältegrade herrschen können.
Kaum ist noch Platz für den Fotoapparat, die Tasche mit den Ausweispapieren für Mann und Flugzeug, Navigationskarte, Rechenschieber, Schreibzeug und einen Beutel mit etwas Eßbaren, möglichem Notproviant.
In zehn Minuten, wenn er sich von dem Schleppflugzeug gelöst hat, wird er sich oben an den Kalkwänden entlangtasten. Er wird sich in der sehr schwachen Bewegung der kaum erwärmten Luft des frühen Tages nur dann oben halten können, wenn er sein Flugzeug perfekt beherrscht und es versteht, die schwachen Aufwinde an Kanten und Mulden zu erspüren, noch ehe seine empfindlichen Meßinstrumente ihm dies anzeigen. Wir beneiden ihn. Denn auch wir sind Segelflieger, auch wir finden das wirkliche Erlebnis des Fliegers im Suchen nach den vielgestaltigen Kräften im Luftraum, im Erkennen, Abschätzen und Ausnützen dieser Kräfte.
Und darüber hinaus ist es neben dem Wissen um die unsichtbaren Naturkräfte das Erlebnis der Beherrschung eines technischen Gerätes höchster Vollendung und Ästhetik, was den Segelflieger zum wirklichen Genießer unter den Fliegern macht. Wie unschön, ja fast primitiv wirkt doch der Gashebel des Motorfliegers!
Heute, an diesem schönen Julimorgen, aber haben wir, mein Freund Jürgen Meyerdierks und ich, nicht die Zeit und auch nicht den Sinn dafür, uns viel um das Tun der beneideten Freunde zu kümmern: Wir sind damit beschäftigt, letzte Vorbereitungen für eine fliegerische Expedition besonderer Art zu treffen, auf die wir uns seit geraumer Zeit schon intensiv vorbereitet haben: Wir wollen zu einem großen Flug starten, der uns mit einem Motorsegelflugzeug bis zum Nordkap führen soll. Jetzt sind wir dabei, unser Flugzeug, einen Tandemfalken SF 28 mit dem Kennzeichen D-KOAP, zum Start fertigzumachen. Das heißt also, betanken, beladen, überprüfen.
Eigentlich wollten wir schon viel früher starten, in den ganz frühen Morgenstunden.
Aber wir hatten den erforderlichen Zeitaufwand für diese Vorbereitungen am Flugzeug, an uns selbst und an der Flugplanung weit unterschätzt.

Das Abenteuer beginnt

Unser persönliches Gepäck, Fotoausrüstung, Kartenmaterial, Schreib-, Rechen- und Navigationsgerät, Schwimmwesten und verschiedener Kleinkram muß so verstaut werden, daß noch Raum genug bleibt für die Piloten und alle jene Dinge, sicher greifbar, die für die Durchführung des Fluges notwendig sind.

Otto Niclas, der technische Leiter und gute Geist der »DASSU« läßt es sich nicht nehmen, unseren »Tandem-Falken« noch einmal gründlich durchzusehen. Dabei entdeckt er an der Unterseite des Rumpfes ein übles Loch in der Verkleidung. Wäre dieses Loch offen geblieben, so hätten die darüberstreichenden Auspuffgase in großer Konzentration in unser enges Cockpit dringen können. Die Folge wäre angesichts unserer langen Flugzeiten zumindest eine erhebliche Beeinträchtigung unseres Wohlbefindens gewesen.

Merke: Besteige als Pilot nie ein Flugzeug, ohne es vorher selbst gründlich überprüft zu haben.

Aber nicht nur Raumprobleme bestimmen den Umfang unseres Gepäcks. Wir müssen ebenso sorgfältig darauf bedacht sein, daß das zulässige Gewicht nicht überschritten wird.

Schließlich ist unser Vogel kein Reiseflugzeug, sondern halt nur ein Segelflugzeug, das »zufällig« mit einem kleinen Motor ausgestattet ist.

Neben dem Benzinvorrat von 40 Litern und zwei normalgewichtigen Piloten von je 70 Kilo Gewicht sind gerade noch etwas mehr als zehn Kilo Gepäckzuladung erlaubt. Wir haben uns vorgenommen, diese Gewichtsbeschränkung genau einzuhalten, weil jedes Kilo Übergewicht nachteilige Auswirkungen auf die Flugeigenschaften haben würde.

Mein Begleiter, Jürgen Meyerdierks, den ich im weiteren Verlauf noch näher vorstellen werde, bringt das vorgeschriebene Idealgewicht auf die Waage, während ich um fünf Kilogramm darunter liege. Das erlaubt uns einen zusätzlichen Zuladungsspielraum.

Man glaubt gar nicht, wieviel notwendige und nützliche Sachen man bei sorgfältiger Auswahl in einem 15-Kilo-Paket unterbringen kann. Allein bei der Wahl wärmender Überbekleidung gibt es die Möglichkeit zwischen sehr schwer und federleicht beim selben Nutzeffekt. Modische Ambitionen dürfen

allerdings keine Rolle spielen. Entsprechend dieser Einschränkungen ist unser Aussehen: Hose, Hemd, Pullover, leichte Schuhe.
Davon haben wir zwei Garnituren. Eine robustere für das Fliegen und eine bessere, gepflegtere, für den Abend.
Was Wunder, daß später unser sportlich-saloppes Äußeres in dem einen und anderen Hotel abschätzende Blicke auslöst, wenn wir dort inmitten gut gekleideter Abendgäste am kalten Buffet skandinavische Köstlichkeiten auswählen.
Als unser Flugzeug dann endlich fertig zum Start ist, haben wir und unsere Helfer das Kunststück fertiggebracht, den Reisebedarf für zwei anspruchsvolle Piloten einschließlich allem Notwendigen für die technische Durchführung eines Fluges in kaum erschlossene Landschaften des hohen Nordens in unserem Segler unterzubringen.
Reisebedarf für immerhin mindestens zwei Wochen, sofern die Umstände günstig sein sollten.
Die Sitz- und Rückenkissen haben wir durch Plastiktüten ersetzt, in welchen Textilien untergebracht sind. Vieles mußte als Einzelstück irgendwo, wo das Flugzeug einen Spalt oder eine Lücke bietet, verstaut werden. Bindfaden und Klebeband sorgen für sichere Befestigung.
Ganz zum Schluß setzt Jürgens besorgte Frau Anne noch ein Extrapünktchen auf das I, indem sie darauf besteht, daß ein Fön zugeladen wird, weil dieser für sein tägliches Wohlbefinden unentbehrlich sei.
Ein letztes freies Plätzchen zwischen den vorderen Seitenruderpedalen findet sich dann auch noch für dieses Zugeständnis an Eitelkeit und Kosmetik.
Wir haben vereinbart, daß wir uns täglich in der Rolle des verantwortlichen Piloten abwechseln wollen.
Dementsprechend klemmt sich Jürgen für heute in den vorderen Sitz, während ich es mir hinten bequem mache, so gut dies möglich ist.
Wir sind fertig zum Start.
Erste Etappe: Unterwössen – Würzburg.
Endlich können wir die Haube schließen. Gute Wünsche von allen Seiten. Winken, Fotoapparate und Filmkameras sind auf uns gerichtet.
Während Jürgen am Platzrand entlang in Richtung Startpunkt rollt, habe ich in meinem hinteren Sitz Muße, alle »losen« Stücke um mich herum zu ordnen und griffbereit zurechtzulegen: Navigationskarte, Rechen- und Schreibzeug, Funkunterlagen, Fotoapparat mit dazugehörigen Wechselobjektiven.
Es zeigt sich, daß dank der sorgfältigen Arbeit beim Beladen die Bequemlichkeit und die Bewegungsfreiheit im hinteren Sitz nicht beeinträchtigt ist. Auch

Jürgen bestätigt dasselbe aus dem vorderen Sitz.
Eine Tüte, zum Überlaufen voll mit belegten Broten und Obst, macht mir allerdings zu schaffen. Irgendjemand hat sie mir im letzten Augenblick ins Cockpit gereicht, und ich will sie aus Höflichkeit nicht zurückweisen. Schließlich plaziere ich sie auf dem Bodenbrett zwischen den Seitenruderpedalen, was zur Folge hat, daß alsbald Apfelsinen, ein hartgekochtes Ei und Buttersemmeln ungehemmt zwischen meinen Beinen hin- und herrollen, je nach den Holperbewegungen unseres rollenden Flugzeuges.
Startfreigabe im Funk: »Unterwössen wünscht Ihnen einen guten Flug!«
Während Jürgen Vollgas gibt und unser Vogel unter dem gesunden Schnurren des Motors von der Piste abhebt, stellt sich das gute Gefühl ein, daß wir endlich »unter uns« sind. Weggewischt war die Nervosität, welche durch die zeitraubenden Startvorbereitungen entstanden ist.
Es ist plötzlich wirklich Sonntag in unserer engen Kabine. Echte Urlaubsstimmung.
Unbeschwert fliegen wir einem Tag entgegen, der problemlosen Genuß verspricht.
Das Wetter über ganz Europa ist gekennzeichnet durch ein ausgedehntes Sommerhochdruckgebiet, das die Tendenz zeigt, sich zu verstärken. Es scheint jenes Hochdruckgebiet zu sein, das unserem mitteleuropäischem Klimaraum in jedem Sommer eigentlich nur einmal beschert wird und das dann verantwortlich ist für jene mehr oder weniger lange Schönwetterperiode, die wir Hochsommer nennen.
Dieses ideale gute Flugwetter aber auch der Umstand, daß wir zur Einstimmung an diesem ersten Tag über heimatliches Gebiet fliegen, erhöht unsere gelockerte Stimmung. Wir hoffen, am heutigen Tage noch Flensburg zu erreichen. Den Weg dorthin kennen wir ja beinahe auswendig. Es dürfte also keine Navigationsprobleme geben.
Ein gelber Motorsegler der Schule, der vor uns gestartet ist, biegt nach rechts ab und dreht damit in seine vorgeschriebene Platzrunde ein.
Wir aber fliegen geradeaus!
Und wir werden von jetzt ab nur noch geradeaus fliegen!
Weit in diese Sommerwelt – in diesen schönen Sommertag hinein!
Vergessen – wie weggewischt – sind die Alltagssorgen, die Bedenken, Vorbehalte, die unser Denken und unsere Gefühle während der Wochen und Tage der Vorbereitungen beherrschten. Es ist zehn Uhr geworden, bis wir starten konnten.
Die Sonne steht schon hoch überm Horizont, und unsere Plexihaube übt

recht kräftig ihre Brennglaswirkung aus. Unser Wohlbefinden wird aber dadurch nicht beeinträchtigt, sondern eher noch gesteigert.
Diese Haube vermittelt uns das Gefühl einer exklusiven Abgeschlossenheit. Nur das Funkgerät verbindet uns mit der Außenwelt. Jürgen macht seinen Gefühlen Luft. Er singt schrille Lieder in die Ei-Vau (Bordsprechanlage – Eigenverständigung) hinein ohne Text und Sinn.
Seine euphorische Freude äußert sich auch in einem neuen Spruch: »Dees glaubt mir kaa Mensch!«
Wir überspringen den Moränenwall, der quer zum Talausgang liegt und wie eine Sperre gegenüber der Welt des Flachlandes draußen außerhalb des Gebirges wirkt. Ein schmaler gewundener Durchlaß ist offengeblieben, den sich der Fluß gegraben hat. Hoch darüber liegt die Burg Marquardstein. Im Vorbeifliegen erkennt man eindrucksvoll die ehemals strategische Bedeutung dieser befestigten Anlage.
Wer also in längst vergangener Zeit in kriegerischer Absicht oder aus anderen Gründen entgegen dem Willen des Burgherren in das Gebirgstal eindringen wollte, der mußte zunächst die Burg erstürmen, bevor er seinem Ziel zustreben konnte. Daß dies im Falle Marquardstein gar nicht so leicht war, mußte zum Beispiel im Jahre 1504 Kaiser Maximilian, der legendäre »Letzte Ritter«, erfahren. Er mußte immerhin seinen Kriegszug gegen die Festung Kufstein für einen Tag und eine Nacht am Eingang zum Tal der Tiroler Ache unterbrechen, weil ihm die Burg Marquardstein den Weg versperrte.
Seltsam, daß mir ausgerechnet heute, wo wir am Anfang eines nicht alltäglichen Flugabenteuers stehen, solche Dinge auffallen, die so gar nichts mit unserem Vorhaben zu tun haben. Das ist leicht zu erklären: Man sieht einfach mehr von dem Land, das unter dem Flugzeug dahinzieht, weil man unbeschwert genießen kann. In meinem Fall ist es die seltene Gelegenheit, daß ich nicht als Fluglehrer fliege, der ganz von seiner Aufgabe in Anspruch genommen ist, der nur auf seinen Schüler und dessen Lernziel konzentriert ist, so daß ihm für alles andere keine Zeit mehr bleibt.
Voraus hat sich inzwischen die Landschaft weit geöffnet, das Alpenvorland. Die riesengroße Ebene, deren Mitte durch den Chiemsee – das »Bayerische Meer« – markiert ist, liegt vor uns. Obwohl die Sonne aus einem makellos blauen Himmel strahlt, empfängt uns das Flachland mit schlechter Sicht.
Der Dunst ist so stark, daß wir knapp drei Kilometer weit sehen können. Nach fünfzehn Minuten überfliegen wir das Nordufer des Chiemsees und haben damit einen markanten Fixpunkt erreicht, der uns erlaubt, die wichtigsten Navigationsdaten für den weiteren Flugverlauf zu errechnen:

Wir wissen jetzt die Windrichtung und -stärke, wir kennen unsere Geschwindigkeit über Grund und haben die Möglichkeit, Fehler in der Anzeige von Fahrtmesser und Kompaß zu bestimmen. Gewohnheitsmäßig mache ich mir entsprechende Notizen und vermerke die Uhrzeit.
Auch Jürgen hantiert mit Papier, Bleistift und Rechenschieber. Dann vergleichen wir unsere Ergebnisse, und Jürgen kann nun eigentlich den »Vogel« sich selbst überlassen. Er braucht nur den neu errechneten Kurs zu steuern, die Fehler von Kompaß und Fahrtmesser berücksichtigen, dann werden wir alle weiteren markanten Punkte auf der Strecke auf die Minute genau überfliegen und werden auch auf die Minute genau unser Etappenziel – Würzburg – erreichen.
Laßt uns das Fliegen genießen – laßt uns den Tag – laßt uns unsere Fliegerfreiheit genießen!
Aus dem Dunst, der eher noch dichter geworden ist, tauchen die Windungen eines Flusses auf: Die Donau. Es ist uns nicht möglich, beim Überfliegen unseren Standort zu bestimmen. Zu schlecht ist die Sicht. Jürgen wird aus diesem Grunde etwas unruhig. Er schwenkt nach links. In westlicher Richtung folgt er einige Zeit dem Fluß. Er erkennt aber bald, daß es reine Zeitverschwendung wäre, hier an der Donau auf Biegen und Brechen einen neuen Ablaufpunkt für den Weiterflug finden zu wollen. Haben wir doch am Nordufer des Chiemsees alle Daten, die wir für die Navigation brauchen, recht genau ermittelt und errechnet.
Also schwenkt er die Nase unserer D-KOAP wieder herum, bis der Kompaß auf Würzburg weist, auch ohne daß wir nun hier an der Donau unbedingt metergenau, »auf dem Strich«, gelegen hätten.
Ich korrigiere meine Zeitberechnung bis zum Etappenziel um die Minuten, die Jürgen mit seiner Sucherei vertan hat. Ein Blick auf die Karte zeigt, daß wir uns wirklich um Kleinnavigation nicht zu kümmern brauchen. Der Main wird ohnehin eine unübersehbare Auffanglinie sein. Es wird leicht fallen, den Punkt zu bestimmen, dem wir den Fluß erreichen würden. Schließlich zählt das Maintal mit seinen Windungen zu den markantesten Flußlandschaften überhaupt.
Abgesehen davon ist wohl anzunehmen, daß sich Jürgen dort auch bei schlechtester Sicht zurechtfinden wird, dieser Teil Frankens ist ja seine engere Heimat.
Schon antwortet uns Würzburg im Funk:
Landerichtung, Windrichtung.
Schemenhaft erschienen die Randsiedlungen der Stadt unter uns. Mehr nach

dem Gefühl, als nach genauer Geländeorientierung müssen wir die Richtung zum Flugplatz ertasten.
Da ist er! Gas' raus, enge Rechtskurve, Ausschweben, Aufsetzen, Ausrollen. Abstellen des Motors, Haube auf – das wär's!
Als wir uns bei der Flugleitung einfinden, macht uns der Diensthabende mit gelindem Vorwurf darauf aufmerksam, daß wir den Platz aus der falschen Richtung angeflogen hätten. Wir entschuldigen uns mit dem Hinweis auf die schlechte Sicht und geloben Besserung.
Für die Strecke von den Alpen bis zum Main benötigten wir zwei Stunden und zwölf Minuten. Vierundzwanzig Liter Benzin hat der Motor dabei geschluckt.
Unsere Fahrtmesser zeigen eine Reisegeschwindigkeit von 140 bis 150 km/h. Beim Nachrechnen zeigt es sich, daß die Instrumente eine zu hohe Geschwindigkeit anzeigen und unsere »wahre« Eigengeschwindigkeit um ganze zehn Kilometer langsamer ist. Das ist eine wichtige Erkenntnis für die weitere Fortführung des Fluges, weil wir am Ende einer Dreistundenetappe um glatte dreißig Kilometer weniger weit geflogen sind, als uns die Fahrtmesser vorgeschwindelt hatten.
Unser Aufenthalt in Würzburg dauerte eine ganze Stunde.
Der Flugplatz Porta Westfalica, für den wir uns nach längerem Herumtelefonieren entscheiden müssen, ist unser nächstes Ziel.
Wir haben eine erste Erfahrung gemacht, die sich auf dem ganzen weiteren Flug wiederholen sollte: Die vielen kleinen sogenannten Sportflugplätze, die wir bevorzugt zu Zwischenlandungen benützen wollen, sind meistens an normalen Werktagen nicht besetzt und damit nicht anfliegbar. Flugweg und Länge der Einzeletappen werden also eher durch etwa anfliegbare Flugplätze bestimmt und erst in zweiter Linie nach unseren eigenen Wünschen.
Allein dieser Umstand verleiht im weiteren Verlauf unserem Vorhaben einen zusätzlichen Hauch von Abenteuer.
Wo werden wir die nächste Nacht verbringen? Und welchen Weg oder auch welchen Umweg werden wir wohl fliegen – müssen – ?
Der Vergleich mit einer Wanderung drängt sich auf. Wirkliches Luftwandern!
Ich hatte sehr viel Zeit und Arbeit dafür verwandt, in Schweden, Finnland und Norwegen möglichst viele kleine Flugplätze als Zwischenstationen ausfindig zu machen. Eine ganze Liste solcher Plätze mit Namen und Adressen dort ansässiger Flieger hatte ich mit Hilfe im Lande lebender Freunde zusammengestellt.

Besonders bedanken muß ich mich bei meinen finnischen Freunden von der Universität Tampere.
Mein Gedanke war, daß wir uns viele Unbequemlichkeiten und auch Geld würden sparen können, wenn wir die großen Verkehrsflugplätze möglichst links liegenlassen würden.
Außerdem erhoffte ich mir von den Kontakten mit den heimischen Fliegern wertvolle zusätzliche Hilfen und Tips für sichere und erlebnisreiche Fliegerei. Auch das Erlebnis »Land und Leute« würde intensiver sein. Wie sich zeigte, hätte ich mir diesen aufwendigen Teil der Vorbereitungen ersparen können. Ebenso wie hier in Deutschland ist es in den skandinavischen Ländern: In den internationalen Luftfahrerkarten (ICAO) sind zwar sehr viele Landeplätze eingezeichnet, die allermeisten davon aber sind nur mit Einschränkungen anfliegbar. Wir müssen es deshalb aufgeben, Flugweg und Tagesziel nach meiner vorbereiteten Flugplatzliste festzulegen.
Es ist zwanzig Minuten nach zwölf, als Jürgen in Würzburg den Gashebel nach vorne schiebt und unsere D-KOAP sich auf der Betonbahn gemächlich in Bewegung setzt, Fahrt aufholt und abhebt.
Mit Kurs 345 Grad verlassen wir Würzburg und begeben uns auf die Strecke. 268 Kilometer sind es bis Porta Westfalica, und wir werden dafür eine Flugzeit von einer Stunde und fünfzig Minuten brauchen. Beide freuen wir uns auf den Flug über die Mittelgebirge und besonders natürlich über die Rhön. Jürgen freut sich insbesondere deswegen, weil hier seine Heimat ist. In Bad Brückenau, am Fuße der Rhön, steht sein Elternhaus.
Unser Kurs führt genau darüber.
Und meine Freude ist die des Segelfliegers: Der Himmel hängt nämlich schon hier in Würzburg um die Mittagszeit voll der schönsten Haufenwolken. Wie erst muß die Luft über den Bergen um Hammelburg, Hersfeld, Kassel brodeln! Jürgen hat seine Karte weggesteckt und folgt »dem Fußweg« in Richtung Brückenau. Er kennt hier natürlich jedes kleinste Dörfchen und weist mich auf schöne Ausflugsziele, Wanderwege und Gasthöfe hin.
Sein Elternhaus taucht in unser Blickfeld.
Während einer weiten Runde um das Städtchen höre ich die Beschreibung aller Einzelheiten, gewürzt mit den Erinnerungen an die Kinder- und Schulzeit.
Inzwischen tanzt unser Segler in wildester Thermik! Immer wieder müssen wir den Motor drosseln bis zum Leerlauf zurück und trotzdem zieht es uns mit drei bis vier Metern pro Sekunde nach oben.
Diese Aufwinde setzen wir natürlich in Geschwindigkeit um. So können wir

über weite Strecken erleben, daß unsere Fahrtmesser um die zweihundert Kilometer pro Stunde anzeigen, während wir ohne Höhenverlust durch den Sommerhimmel getragen werden.
Herrlich!
Am liebsten möchte ich alles um mich herum vergessen, die Luftschraube stillsetzen und mich nach allen Regeln der Segelfliegerkunst austoben bis in den Abend hinein.
Aber wir müssen weiter!
Müssen das gute Wetter nutzen, um voranzukommen.
Gemessen an dem Leistungsvermögen unseres Flugzeuges liegt ja unser Ziel, die Eismeerküste, in einer »anderen Welt«.
Jürgen ist ein typischer »Genauflieger«.
Ich beobachte, wie er Kursabweichungen korrigiert, selbst wenn es sich um weniger als einen Kilometer rechts oder links vom Kursstrich handelt.
Das wird er sich zwangsläufig spätestens dann abgewöhnen müssen, wenn wir über See fliegen oder über die tote Tundra des hohen Nordens, wo es entweder gar keine oder nur ganz seltene Marken für die Sichtnavigation im Gelände gibt. Porta Westfalica meldet sich über Funk und gibt uns Landeinformation. Wenige Minuten später sind wir da und setzen auf der großzügigen Betonpiste auf.
Im Gegensatz zu Würzburg, wo keinerlei Leben am Platz herrschte, finden wir hier ein Restaurant, das eine bescheidene Auswahl an Eß- und Trinkbarem bietet.
Wieder schluckt unser Tank 24 Liter, was bedeutet, daß wir leider mit einem Verbrauch pro Flugstunde rechnen müssen, der deutlich höher liegt als die vom Hersteller angegebenen zehn Liter.
Wir müssen uns also darüber klar sein, daß wir unter Berücksichtigung einer Sicherheitsreserve die Strecken zwischen den Tankstops nicht größer als um die 300 Kilometer herum ansetzen können.
Auch dies ist, neben der Erfahrung, daß die Fahrtmesser nicht korrekt anzeigen, eine wichtige Erkenntnis.
Unsere Uhren zeigen auf 15 Uhr.
Wir sitzen im Schatten eines Sonnenschirmes auf der Terrasse der Flugplatzgaststätte.
Noch 280 Kilometer haben wir zu fliegen bis nach Flensburg, unserem Tagesziel.
Wir brauchen uns also nicht zu beeilen, zumal uns auch für diesen letzten Streckenteil das beste Flugwetter in Aussicht steht.

Genüßlich strecken wir alle Viere von uns und erleben in der Erinnerung noch einmal den bisherigen Verlauf unseres Fluges: Die wahrhaft aufregende »Thermiklandschaft« in der Luft über den Mittelgebirgen. Die Bilder unserer Heimat, wie sie sich dem Betrachter aus der Luft bieten. Dichte Besiedelung, gleichwohl Ausgewogenheit zwischen ländlicher und urbaner Landschaft. Ausgewogen auch der Wechsel zwischen bergigem und flachem Land.
Deutliche Unterschiede in der Anlage der Dörfer.
Man braucht kein Fachmann zu sein, um aus der Luft zu erkennen, warum in der Anpassung an die Landschaft Straßendörfer, Haufendörfer und warum Einzelgehöfte entstanden sind.
Die Begrenzungslinien der Felder und die Führung der Wege und Straßen haben vielfältig geformte Ornamente in die Landschaft gezeichnet. Das geübte Auge kann daraus erkennen, ob und in welchem Maße die überflogene Landschaft gegliedert ist. Ob sie hügelig gewellt, ob sie gebirgig ist oder flach. Gerade wir Segelflieger haben uns angewöhnt, dieses Bild aus der Luft zu deuten, denn bei unseren Flügen über das Land sind wir nicht nur ständig auf der Suche nach dem besten Aufwind, sondern müssen ebenso immer darauf vorbereitet sein, einen Platz für eine sichere Außenlandung zu finden, wenn Petrus uns im Stich lassen und keine Aufwinde mehr bescheren sollte. Was dann von oben ideal lang und eben aussieht, entpuppt sich oft genug beim genauen Hinsehen aus geringer Höhe als eine steil abfallende Buckelwiese.
Wenn man wie wir das Fliegen im Hochgebirge gewöhnt ist, bedeutet es etwas besonders Reizvolles, über das Flachland zu fliegen. Es sind nicht die markanten Gebirgsstöcke, die tief eingeschnittenen Täler, welche Flugweg, Flugtaktik und fliegerische Leistung bestimmen, sondern man hat eher das Gefühl, über ein Schachbrett zu fliegen, dessen Anlage zur Anpassung an seine Felder zwingt.
Ohne darüber zu sprechen, empfinden wir beide dasselbe: Es ist wie immer so eine Art schlechtes Gewissen, das man an den ersten Urlaubstagen hat, weil man erst lernen muß, die Alltagspflichten zu vergessen – einfach gar nichts zu tun.
Gemächlich schlendern wir über den Rasen zu unserem Flugzeug. Und ebenso gemächlich wird unser Motorsegler auf ziemlich genau nördlichem Kurs über Niedersachsen hinweg nach Schleswig-Holstein schlendern.
Wir werden durch das schmale Tor der Porta Westfalica fliegen, dessen markanter Einschnitt im Norden des Flugplatzes zu sehen ist.
Dann wird es nur noch flach sein unter unseren Tragflächen. Die Weser werden wir so überfliegen, daß Bremen knapp links von uns liegen wird. Weser-

Ems-Kanal, Unterelbe, Nord-Ostsee-Kanal werden die nächsten Landmarken darstellen.
Dann wird es das letzte Stückchen an der Autobahn entlanggehen, die uns sicher den Weg zum Flugplatz Flensburg weisen wird.
Jürgen, der ja immer noch vorne fliegt, hat sich seine Karten in einer langen und umständlichen Prozedur so gefaltet, daß er den Strich, der den Kurs angibt, immer in der Mitte des gerade überflogenen Landstrichs hat. Kommt er an den Rand der Karte, so erübrigt sich bei seinem »Faltsystem« langes Auseinanderklappen und Neuzusammenlegen, was ja im engen Cockpit nicht ganz einfach ist.
Er braucht seine Karte nur zu wenden, allenfalls einmal umzuklappen, und schon hat er den Weiterflug »mundgerecht« auf den Knien liegen.
Mit diesem Kartenfalten verbringt er vor jedem Start viel Zeit. Und das Gebilde, das dabei herauskommt, ist für meinen Geschmack ein unglaublich zerknautschtes Papierknäuel.
Wehe, wenn mal bei der Navigation etwas nicht »nach Plan« abläuft und dann dieses Papierknäuel wieder in seine ursprüngliche Form »zurückgeknautscht« werden muß!
Ich habe ihn während der ganzen zwei Wochen unserer Expedition nie darauf angesprochen, auch wenn, was öfters vorkam, gerade wegen seiner »Vorflug-Kartenkünste« zeitweilig ein minutenlanges Papierchaos in seinem Cockpit herrschte, das mir, wenn ich gerade hinten saß, jegliche Sicht in Flugrichtung genommen hat.
Ich habe ihn, wie gesagt, nie darauf angesprochen.
Jedem Tierchen sein Pläsierchen!
Trotzdem hat mir – Flugsicherheit hin, Bequemlichkeit her – das schöne, teure, neue Papier immer etwas leid getan ob der rohen Behandlung.
Den Raum Neumünster-Heide in Schleswig-Holstein überfliegen wir mit leicht schlechtem Gewissen.
Hier leben Freunde von uns, die wir Jahr für Jahr in Unterwössen beim Segelfliegen treffen. Sie sind über unser Vorhaben informiert und haben uns eingeladen, diese letzte Nacht, bevor wir über die Grenze fliegen, als ihre Gäste zu verbringen. Wir müssen diese Gastfreundschaft ausschlagen, weil zu befürchten stand, daß es zwar einen schönen Abend, aber eine um so kürzere Nacht geben würde. Im Hinblick auf die erheblichen Anstrengungen, welche vor uns liegen, müssen wir die Pausen möglichst erholsam gestalten. So nimmt uns, nachdem wir mit Hilfe von Flensburger Fliegern unseren Segler sogar in einer Halle hatten unterstellen können, am frühen Abend ein beque-

mes, wenn auch etwas steriles Hotel auf, das wir nach längerem Suchen am Rande der Stadt ausfindig machen konnten.
Genußreiches Bad, allgemeine »Verschönerung«.
Wir treffen uns in jenem Teil der Hotelräumlichkeiten, den man in Bayern »Bierstüberl« nennen würde.
Ein Tag liegt hinter uns, der in keiner Weise etwa anstrengend oder gar fliegerisch schwierig gewesen ist.
Wir besprechen unsere Absichten für den nächsten Tag.
Es müßte möglich sein, direkt nach Schweden hinüberzufliegen, ohne in Dänemark zwischenzulanden.
Unsere Informationen besagen, daß Schweden für Flieger nicht gerade ein Billigland ist.
Die Gebühren für Landung, Flugsicherungsdienste, Abstellen, Übernachtung, Zoll, Taxi und was weiß ich noch alles sollen sehr hoch sein.
Man könnte – so unsere Informationen – viel sparen, wenn man nicht die großen Plätze anflöge, sondern kleine Plätze, solche, wo sich die Sportflieger tummeln.
Aus diesem Grunde ja auch meine entsprechenden Vorbereitungen.
Schon nach kurzer Zeit jedoch falten wir unsere Navigationskarten wieder zusammen, legen Zirkel, Bleistift und Rechner beiseite. Zwar wissen wir, daß wir nach dem Überflug der dänischen Ostseeinseln mit gut ausreichender Sicherheitsreserve das schwedische Festland erreichen würden.
Was wir jedoch nicht wissen, ist, welcher der kleinen Plätze im dortigen Bereich für uns anfliegbar ist. Auch haben wir keine Unterlagen zur Hand, wo wir die Zollformalitäten für die Einreise nach Schweden erledigen können.
Verlassen wir uns also lieber auf die morgige Beratung durch den diensthabenden Flugleiter von Flensburg.
Um so unbeschwerter geben wir uns dem Genießen hin, dem Genießen des herrlichen Abends nach einem Tage, prallvoll angefüllt mit Fliegen, dem Alle-Viere-von-sich-Strecken, der Entspannung.
Ich habe immer noch die Nadel meines Fahrtmessers vor Augen, wie sie um den oberen roten Strich herumspielt, während Jürgen nach Segelfliegerart in leichtem Zickzackkurs unter den aufgetürmten Cumuli entlangtastet; wie sie um jene Marke pendelte, welche anzeigt, daß dies die höchstzulässige Geschwindigkeit für unseren Vogel ist.
Jeden Aufwindstoß nutzte der Pilot und setzte ihn um in erhöhte Reisegeschwindigkeit.

Warum eigentlich nennt man in der Fliegerei die Geschwindigkeit Fahrt und das entsprechende Anzeigeinstrument Fahrtmesser? Auch sprechen wir von Fahrgestell oder Fahrwerk, von Kanzel, Führersitz. Dies alles sind Begriffe, welche zu Anfang der Flugzeugentwicklung aus dem Bereich des allgemeinen Fahrzeugbaues und des Fahrbetriebes übernommen worden sind.
Später bildeten sich dann notwendigerweise bestimmte, für die Fliegerei spezifische Begriffe heraus: Triebwerk, Pilot, Tragwerk, Leitwerk, Federbein, Laufrad, Cockpit . . .
Und nun ist es interessant, daß sich in neuerer Zeit eine gewisse Umkehrung vollzogen hat: Im Bereich der Kraftfahrer verwendet man gerne Bezeichnungen, die aus der Fliegerei stammen:
Der Chauffeur wird zum Piloten,
der althergebrachte Motor heißt Triebwerk,
Allerweltszubehör, wie Stoßdämpfer, sind Federbeine,
Das früher so feine Chassis nennt man Fahrwerk.
Und der Führersitz ist natürlich ein Cockpit geworden.

Solche und ähnliche tiefschürfenden Überlegungen bewegen uns, nachdem wir als die einzigen Gäste biertrinkenderweise in dem Kaminstübchen unseres Hotels übriggeblieben sind.
Im Hotel ist es ruhig geworden, nachdem sich die übrigen Gäste, meist durchreisende Urlauber aus skandinavischen Ländern, zurückgezogen hatten.
Wir bleiben sitzen, trinken noch ein Bier und noch eines.
Jürgen haut mir auf die Schulter: »Dees glaubt mir kaa Mensch!«
Wer auch sollte nachempfinden können, was unsere Stimmung ausmacht in diesen Abendstunden, nach einem solchen Tag und angesichts eines Abenteuers, das vor uns liegt!
Eines Abenteuers im vollsten Sinne dieses Begriffes.
Denn bis zu dem Ziel, das wir erreichen wollen, warten fast nur Überraschungen auf uns – Unvorhersehbares, nichts, was exakt geplant werden könnte.
Nur drei Fakten liegen fest: Das Ziel, die Leistung unseres Seglers und unsere eigene fliegerische Qualifikation.
Den vierten, gleichsam unverrückbaren Faktor, nämlich der Rahmen, der uns durch unsere Brieftasche gesteckt ist, haben wir schon nach diesem ersten Tag herausgenommen aus unseren Überlegungen. Am Geld darf einfach nicht scheitern, was uns in dieser Form vielleicht niemals mehr unter die Tragflächen kommen wird. Der geduldige Jürgen hört sich noch einmal an, wie ich

dazu gekommen bin, ausgerechnet nach Finnland und zum Eismeer fliegen zu wollen, und dies ausgerechnet mit einem Motorsegler:
Es ist für mich die Erfüllung eines uralten Wunsches, der auf die Kriegsjahre 1941/1942 zurückgeht.

Damals – im September 1942 – schrieb ich in mein Tagebuch, daß ich die Landschaft, die Menschen, die ganze fremdartige Welt des hohen Nordens einmal, wenn der Krieg vorbei sein sollte, besuchen möchte.
Ich träumte davon, durch die wilde Tundra zu streifen in einer Zeit des Friedens ohne die Belastungen, welche das Soldatsein uns tagtäglich bescherte. Ohne dem ständigen Druck und den Ängsten ausgesetzt zu sein, die Tag und Nacht auf uns lasteten: Schwierige und verlustreiche Feindflüge weit nach Norden über das Meer bis zur Eisgrenze oder nach Osten tief in das russische Hinterland.
Ich hatte damals unter den finnischen Fliegern Freunde gewonnen wie auch unter den finnischen zivilen Menschen.
Diese hatten mich eingeladen, sie nach dem Kriege, im Frieden, zu besuchen.
So gnadenlos im hohen Norden der Krieg geführt wurde und so hart und entbehrungsreich das tägliche Dasein für uns auch war, so überwältigend waren die Eindrücke der Landschaft, das Klimas, der Menschen, der fremden Welt des hohen Nordens für uns. Man könnte einwenden, wir wären längst abgestumpft gewesen gegenüber Besonderheiten unserer Umwelt und gegenüber dem Erlebnis des Fliegens.
Gehörten wir doch zu den wenigen Überlebenden aus den Luftschlachten über Frankreich, über England und über dem Atlantik. Längst waren wir hartgesottene Kämpfer geworden, deren erstes Denken dem Überleben gegolten hat.
Unser ganzes Empfinden war beherrscht von einer ständigen panischen Angst, von der Angst vor dem nächsten Feindflug, vor Tod oder Gefangenschaft.
Als das Kriegsschicksal uns aber hierher an die nördlichsten Küsten Europas verschlagen hatte, erlebten wir mit einer Eindringlichkeit ohnegleichen diese fremde Welt und eine ganz neue fliegerische Dimension.
Das Fliegen unter dem eigenartigen Licht des Eismeerhimmels, über der unendlichen menschenleeren Tundra, durch die tiefeingeschnittenen Fjorde der Eismeerküste und über vegetationslose Weiten, deren Menschenfeindlichkeit bis in unsere Höhen hinauf zu spüren war.
Die Mitternachtssonne.

Den ungewohnten Lebensrhythmus ohne Tag und Nacht, ohne Morgen und Abend, ohne festliegenden Wechsel zwischen Arbeit, Ruhe, Freizeit.
Es war aber ein ganz bestimmtes Erlebnis, das mich zu der Eintragung in mein Tagebuch im September 1942 veranlaßt hat. Ein Feindflug:
Mit meiner bewährten Besatzung war ich gegen Mittag des 28. August 1942 unterwegs auf einem Aufklärungsflug von Kemi in Nordfinnland nach Archangelsk, viele hundert Kilometer in das feindliche Hinterland hinein.
Die Stadt, an der Mündung der Dwina in das Weiße Meer gelegen, mit ihrem Hafen, hatte zu jenem Zeitpunkt eine lebenswichtige Bedeutung für Rußland.
Hier wurden, ebenso wie in Murmansk, die Schiffe der Großgeleitzüge gelöscht, die aus dem Eismeer kamen, mit kriegswichtigen Gütern aller Art aus England und Amerika.
Unser Auftrag – auch der Auftrag unserer Kampfgruppe – war es, diese Geleitzüge und die Häfen, die sie anliefen, zu bekämpfen.
Oder wie es in dem damaligen Generalstabsdeutsch hieß: »Anzugreifen und zu vernichten«. Wir taten dies mit wechselndem Erfolg, indem wir die Konvois schon beim Anmarsch hoch im Norden an der Eisgrenze aufspürten, an der Grenze der Reichweite unserer Ju 88.
Was unseren Bomben entkam und die Zielhäfen erreichte, das sollten wir dort angreifen und vernichten.
Die dafür erforderlichen Aufklärungsflüge führten wir selber aus. Es galt dabei, die Anzahl und Größe der Schiffe im Hafen festzustellen sowie deren Liegeplätze, Informationen über die gegnerische Luftabwehr zu erlangen und die Wetterverhältnisse auf dem Flugweg und am Ziel zu erkunden.
Solche Aufklärungsflüge waren im Gegensatz zu den Angriffsflügen mit Bomben geradezu »beliebt« bei uns.
Man flog in sehr großer, vergleichsweise sicherer Höhe zwischen siebentausend und achttausend Metern, hatte ein besonders »frisiertes« Flugzeug, das schneller und wendiger war als unsere normalen Ju 88, und konnte sich über dem Ziel oder im Bereich konzentrierter Abwehr freier bewegen, als wenn man gezwungen war, seine Bombenlast in ein ganz bestimmtes Punktziel zu bringen.
So überflogen wir einige Zeit nach dem Start in Kemi die Murmanbahn und die südlichen Küsten des Weißen Meeres.
Wir waren bereits siebentausend Meter hoch und immer noch in einem leichten Steigflug.
Schönstes Herbstwetter, wolkenloser Himmel, soweit das Auge reichte.
Wir waren guter Dinge – auch deswegen, weil wir wußten, daß wir nach un-

serer Rückkehr von diesem langen Aufklärungsflug nicht an dem anschließenden Angriffsflug würden teilnehmen müssen.
Es belastete uns auch nicht besonders, daß wir über Feindgebiet flogen, denn wir konnten uns in der großen Höhe ziemlich sicher fühlen. Wir brauchten nach aller Erfahrung auf unserem Flugweg über dem Weißen Meer keinen Angriff durch russische Jagdflugzeuge befürchten. Dies war ja der Grund, warum wir den Umweg über das Wasser gewählt haben und nicht den direkten und kürzeren, der weiter südlich über Land geführt hätte.
Wie üblich wurde an Bord kein Wort gesprochen.
Sogar die Verständigung zwischen meinem Beobachter, Hans Fecht, dessen Sitz gleich neben dem meinen war, und mir wickelte sich nur durch Zeichen oder durch stumme Hinweise auf der Navigationskarte mit Zirkel und Bleistift ab.
Und dies, obwohl unsere Bordsprechanlage, die alle vier Besatzungsmitglieder untereinander verband, natürlich eingeschaltet war und einwandfrei funktionierte. Wir hatten uns diese bordinterne »Funkstille« im Laufe der Zeit einfach aus dem Grunde angewöhnt, weil jede Unterhaltung, jedes gesprochene Wort, das nicht alle angeht oder für die Sicherheit wichtig ist, zwangsläufig ablenken muß und somit die Aufmerksamkeit der »Nichtbetroffenen« beeinträchtigt.
Hans machte sein längst bekanntes und oft wiederholtes Späßchen, mir eine Zigarette anzubieten, obwohl wegen der Sauerstoffmasken, die unsere Gesichter bedeckten, an Rauchen nicht zu denken war.
Und dann geschah das, was uns dazu verhalf, die Tundra des hohen Nordens genauer kennenzulernen, als uns lieb war: Ohne jegliche Vorankündigung ging ein Ruck durch unsere Ju 88, der uns brutal seitlich in die Gurte preßte. Das Flugzeug wollte sich über den linken Flügel auf den Rücken legen.
Nur das sofortige Zurücknehmen der beiden Leistungshebel für die Triebwerke und Auskuppeln der automatischen Kurssteuerung verhinderte, daß unser dreizehn Tonnen schweres Flugzeug diese unkontrollierte Bewegung fortsetzte.
So hatte ich die Ju 88 erstmal wieder in der Hand und konnte nach einem schnellen Blick über das Intrumentenbrett erkennen, daß die Anzeige für den Öldruck des linken Triebwerkes auf Null stand. Das bedeutet, daß nicht nur der ganze Motor ohne die für ihn lebenswichtige Ölversorgung war, sondern daß auch einige wichtige Funktionen, die über den Ölkreislauf gesteuert wurden, ausgefallen waren. Dazu gehörten der Leistungsregler (»Kommandagerät«) und die Luftschraubenverstellung.

Der Ausfall des Reglers war die Ursache für den übergangslosen Leistungsabfall des linken Triebwerkes sowie des damit verbundenen Rucks nach links und Aufbäumens des rechten Flügels.
Ich mußte das »kranke« Triebwerk sofort stillsetzen, das war augenblicklich klar, mußte umkehren und mit einem Motor nach Hause fliegen.
Wir sahen uns einer Lage gegenüber, die uns nicht neu war. Schon mehrmals sind wir nach einseitigem Triebwerksausfall einmotorig tief aus dem feindlichen Hinterland nach Hause geflogen.
Hans hatte sofort die Codeziffern für das Planquadrat unseres Standortes festgestellt und sie zum Funker, Hein Hallert, herübergereicht. Dieser setzte noch im gleichen Atemzug eine Funkmeldung nach Kemi ab mit der Information über unsere technische Störung, unseren Standort und unseren Entschluß, umzukehren. An mir lag es, das »kranke« Triebwerk stillzusetzen und das Flugzeug für den Einmotorenflug auszutrimmen.
Es zeigte sich jedoch, daß sich die Luftschraube wegen des Ausfalles der Verstellautomatik nicht in die sogenannte Segelstellung bringen ließ und damit durch den Fahrwind gleich einer Windmühle weitergedreht wurde.
Meine Ju 88 war damit ohne erheblichen Höhenverlust nicht mehr in der Luft zu halten, denn die umlaufenden »Windmühlenflügel« des toten linken Triebwerkes ergaben einen Luftwiderstand, der einem mittleren Scheunentor gleichkam, das vor dem linken Tragflügel hergeschoben werden mußte.
Auf gut deutsch: Unser Vogel war todkrank, und es war nur eine Frage von Minuten, bis das ohne Öl laufende Triebwerk Feuer fangen würde oder bis wir wegen des rapiden Höhenverlustes mit dem Fallschirm aussteigen müßten, vorausgesetzt, wir würden die südliche Weißmeerküste überhaupt noch erreichen. Diese Küste konnten wir aus unserer großen Höhe als dunklen Streifen erkennen.
Es kostete Überwindung, noch tiefer in das feindliche Hinterland hineinzufliegen anstatt einfach umzukehren auf direkten Heimatkurs. Aber es gab einfach keine andere Möglichkeit. Wenn wir bei dem fürchterlich steilen Gleitwinkel überhaupt noch Land erreichen wollten, blieb nur der Weg direkt nach Süden, dort lag das Festland am nächsten.
Als schließlich nach langen bangen Minuten abzusehen war, daß wir mit einer ausreichenden Höhe die Küste erreichen würden, fing der linke Motor prompt an zu schütteln, zu qualmen und schließlich zu brennen.
Der Gleitwinkel wurde immer steiler, und mein Flugzeug stürzte mehr denn zu fliegen auf das Land zu. In 1200 Meter über Grund überflogen wir die Küste.

So weit man sehen konnte, gab es landeinwärts wie am Küstenstreifen keine Anzeichen, die auf die Anwesenheit von Menschen schließen ließen.
Totes Land.
Braune Flächen aus Moor, dazwischen zahllose kleine und größere Seen.
Tundra, wie wir sie aus Lappland kannten, gekennzeichnet durch verfilztes Krüppelgehölz aus Fichten und Birken. Dazwischen Wasserläufe, die scheinbar nirgendwo herkamen und irgendwo wieder versiegten.
Wir hatten keine Wahl: entweder sofort abspringen oder aber irgendwo in dieser Wildnis eine harte Bruchlandung machen.
Die Aussicht, daß wir diese Bruchlandung überleben würden, war so gering, daß ich, entgegen dem verständlichen Zögern meiner Besatzung, mit Nachdruck verlangen mußte, das Flugzeug sofort zu verlassen.
Einer nach dem anderen kletterte nach unten in die Bodenwanne und sprang.
Ich selbst, als Letzter, schaffte es gerade noch, herauszukommen, bevor die Maschine als brennende Fackel in den Urwald schlug.
Das alles spielte sich so knapp über dem Boden ab, daß sich der Fallschirm gerade geöffnet hatte, als ich auch schon zwischen Birken und Fichten sanft von dem weichen Moosboden aufgenommen wurde.
Und nun war ich in der Tundra!
Erste Erfahrung: Obwohl meine drei Kameraden in geringer Entfernung hinter mir und auch mit geringen Abständen zueinander zu Boden gekommen sein mußten, ist es uns nicht gelungen, einander zu finden.
Trotz Feuerwerk mit Leuchtpistolen und trotz Signalschüssen mit unseren Handfeuerwaffen.
Und jeder machte sich allein auf den Heimweg durch Urwald und Sumpf, über Hügel, durch Senken.
Durchwatete Flüsse und Bäche, oft bis zur Brust im Wasser. Wurde zu stundenlangen Umwegen gezwungen, wenn unüberwindliche Felsentrümmer oder Wasserflächen den Weg versperrten. Auch zur Umkehr, zurück an einen Ausgangspunkt, um ein Weiterkommen in anderer Richtung zu versuchen.
Hungerte tagelang und quälte sich bis zur Erschöpfung. Immer in der Furcht, trotz menschenfeindlicher Einsamkeit den Russen in die Hände zu fallen.
Vor nichts auf der Welt hatten wir größere Angst, als nur davor.
Die Kameraden suchten uns von Kemi aus mit Flugzeugen. Zwei Tage lang durchlitten wir die bittere Enttäuschung, uns aus dem verfilzten Tundra-Dschungel heraus den Suchflugzeugen über unseren Köpfen nicht bemerkbar machen zu können.

Ju 88 über den Gebirgen und Fjorden an der Eismeerküste zwischen Nordkap und Murmansk. Damals, im Jahre 1941 entstand der Wunsch, einmal in friedlichen Zeiten über diese Landschaft fliegen zu können.

40 Jahre später: Startvorbereitung zum Überseeflug Schweden–Finnland; links J. Meyerdierks, rechts P. W. Stahl

Unser Motorsegler konnte außer den Piloten ganz wenig Reisegepäck aufnehmen. Jürgen übt sich in der Kunst, jeden Zentimeter des winzigen Stauraumes zu nutzen.

Auf einem Flugplatz in Schweden begegnen wir einer betagten DC 3.

30. Juli. Unter uns eine geschlossene Seenebeldecke auf der Überseestrecke zwischen dem schwedischen Festland und der finnischen Insel Mariehamn. Wenn sich der Nebel nicht rechtzeitig auflöst, müssen wir umkehren – zurück nach Schweden.

Anflug auf Mariehamn. Im Hintergrund noch Nebelreste.

Zwischenlandung auf einem kleinen Sportflugplatz. Schnell haben wir Freundschaft geschlossen.

»Kumulushimmel« über menschenleerem Land nahe am Polarkreis.

Sprungschanze im mittleren Finnland.

Große Ereignisse kündigen sich an: Ankunft einer Staffel russischer Mig 23 auf dem finnischen Flugplatz Rissala/Kuopio.

Erstmalig auf einem westlichen Flugplatz zu sehen: Der hochmoderne neue Schwenkflügler der Sowjets.

Die finnischen Gastgeber stehen zum Empfang bereit! Piloten der gastgebenden finnischen Luftwaffe.

Starke Aufwinde unter den Wolken tragen unseren Segler oft über viele Kilometer ohne Motorleistung über das Land.

Rovaniemi – moderner Flughafen inmitten der Tundrawälder.

Die Schrift am Hauptgebäude des Flughafens besteht aus den Stangen von Rentiergeweihen.

Ivalo am Inariesee liegt hinter uns. Die Nase der D-KOAP zeigt nun nach Westen in Richtung Alta an der norwegischen Eismeerküste.

Die Seenlandschaft am Inariesee.

Regenschauer über menschenfeindlicher Tundra zwingen zu Umwegen.

Einzeln kamen wir nach tagelangen Strapazen auf unserem Weg westwärts an die Murmanbahn.
Hier mußten wir heißumkämpftes Gebiet queren.
Mit viel Glück, Schritt für Schritt vorantastend, teilweise auf dem Bauche kriechend, erreichten wir, alle Vier, eigenes Gebiet. Nach weiteren Tagen des Hungerns, Kriechens, Taumelns wurden wir einzeln und an weit auseinanderliegenden Orten von finnischen und deutschen Soldaten aufgefunden und gerettet. Wir lernten dabei, daß wir als »zivilisierte« Mitteleuropäer nicht in der Lage gewesen wären, in der Tundra zu überleben ohne zusätzliche Hilfsmittel.
Und dies, obwohl die Natur – zumindest in der schneefreien Jahreszeit – alles bietet, was zum Leben notwendig ist. Besonders wir als Flieger waren auf das Überleben in der Wildnis viel zuwenig vorbereitet und geübt.
Lediglich ein Minimum an theoretischen Hinweisen hatten wir erhalten und diese – leider, muß ich sagen – nur halb ernst genommen.
Welche Beeren, Pilze, Wurzeln sind eßbar?
Gibt es Möglichkeiten, – und welche? –, jagdbare Tiere und Fische zu erbeuten?
Für mich aber bedeuteten jene Tage voller Strapazen, Ängsten, Panik und Erschöpfung bis zur Bewußtlosigkeit jenes Schlüsselerlebnis, das den Wunsch auslöste, einmal in friedlichen Zeiten diese Welt des hohen Nordens erleben zu können. Unvergessen wird mir jener Augenblick bleiben, wo ich, nach geglückter Fallschirmlandung, so unvorstellbar allein zwischen Krüppelgehölz im knietiefen Moos stand, umgeben von einer Stille, die absolut lautlos war. Über mir ein kleines Loch, durch welches der blaue Himmel leuchtete, und rundherum eine Wand aus Laub- und Nadelholz, die Sichtweite auf kaum mehr als zehn Meter begrenzend.
»Ich lebe!
Bald werde ich meine Kameraden gefunden haben!
Dann müßte es mit dem Teufel zugehen, wenn wir nicht in wenigen Tagen schon heraus wären aus diesem Wald, zu Hause auf unserem Flugplatz in Kemi im nördlichen Finnland!«
Nach der Uhrzeit und dem Stand der Sonne konnte ich die Himmelsrichtung bestimmen und damit die Richtung, in die ich gehen mußte, um die Kameraden meiner Besatzung zu treffen.
Erst nach Stunden, am späten Abend, als ich erkennen mußte, daß es unmöglich war, die Freunde zu finden, und daß alles weitere Suchen zwecklos sein würde, kam mir voll zum Bewußtsein, in welcher Lage ich mich befand.

Allein in der Tundra, nur wenig südlich des Polarkreises. Tief im feindlichen Hinterland und kein Weg, kein Steg, den ich gehen konnte, um hier herauszukommen.
Nur der Wald und gelegentlich ein gewundener Wildwechsel, der das Gehen erleichterte.
Hunger. Gedanken zwischen Hoffnung und Resignation. – Ich erkannte, daß das Besondere an meiner Lage, an meinem Erlebnis, nicht in dem technischen Versagen meines Flugzeuges und den Folgerungen bis zum Absprung mit dem Fallschirm zu suchen war. Dies war lediglich der Ablauf einer fliegerischen Notsituation, den ich in Gedanken hunderte Male durchgespielt hatte. Somit weder überraschend noch dramatisch.
Nein, das was wirklich dramatisch war, was unter die Haut ging, unvergeßlich werden sollte, begann erst in jenem Augenblick, als mich die lautlose Stille des Waldes umgab.
Als ich von Schritt zu Schritt und von Stunde zu Stunde lernen und erkennen mußte, wie winzig klein und hilflos ich doch war, gemessen an dieser Umgebung.
Ein lästiger Fremdkörper, dazu verurteilt, so oder so zu verschwinden, gleich einem unangenehmen Jucken unter der Haut.
Wir sind durchgekommen, und geblieben ist unauslöschlich eine große Ehrfurcht vor der grenzenlosen Weite und Einsamkeit jener fremden Landschaft. Geblieben aber auch der Wunsch, noch einmal dorthin zu gehen in friedlichen Zeiten und unter friedlichen Bedingungen.
Noch einmal zu erleben, wie zum Greifen nahe ein Stück Großwild durch den Wald bricht. – Ein Elch, ein Hirsch, ein Bär? Nicht zu sehen hinter dem dichten Vorhang des Waldes.
Noch einmal den ungewohnten Tagesrhythmus zu erleben, der bedingt ist durch den Stand der Sonne, die im Sommer, auch um Mitternacht, noch handbreit über dem Horizont steht.
Ein Leben nicht nach der Uhr, nicht bestimmt durch den Wechsel zwischen Tag und Nacht.
Essen, wenn man Hunger hat, schlafen, wenn man müde ist. Sich nicht anpassen müssen an den Umgang und die Ordnung einer »zivilisierten«, verstädterten, übervölkerten Welt. Und noch ein weiteres Kriegserlebnis ist es gewesen, das letztlich die Verwirklichung meines Wunsches ausgelöst hat: Schon bald, nachdem wir wieder glücklich aus der Tundra zurück und für »einsatzbereit« erklärt waren, wurden wir als Einzelbesatzung für einen Sonderauftrag an das Oberkommando der finnischen Streitkräfte »ausgeliehen«.

Dieser Auftrag bestand in der Versorgung eines finnischen Fernspähtrupps, der an der vierhundert Kilometer entfernten Eisenbahn operierte, die von Archangelsk nach Süden führt. Wir lebten über Wochen und Monate unter finnischen Freunden auf einem Flugplatz in Karelien.
Zwanzigmal führten uns Flüge von unbeschreiblicher Eindringlichkeit an unser entferntes Ziel.
Flüge, die wir aus taktischen Gründen meterknapp über dem teils verfilzten, teils lückenhaften Urwald durchführen mußten. Erfolgreiche, besonders schwierige Flüge im Sinne unseres Auftrages.
Noch genauer lernten wir die Tundra kennen.
Alle jene unvergeßlichen Eindrücke unseres Heimweges aus dem Urwald wenige Wochen zuvor haben sich vertieft. Und wir gewannen viele finnische Freunde, wurden sogar in besonderer Weise geehrt und ausgezeichnet.

Dies alles führte in der Nachkriegszeit dazu, daß alte Kontakte aus jener Zeit neu belebt worden sind, daß aber auch neue Verbindungen von Finnland her entstanden sind.
Einzelpersonen, Publizisten, Rundfunk und Fernsehen sowie Historiker haben mir geschrieben und mich zu Besuchen eingeladen. Es entstand in diesem und jenem Falle eine fruchtbare Zusammenarbeit.
So unter anderem eine Fernsehsendung, eine Buchveröffentlichung und Arbeiten zeitgeschichtlichen Charakters.
Mein endgültiger Entschluß zum Wanderflug in meine finnische Vergangenheit, zum Erinnerungserlebnis, war geradezu zwingend! Ich erhielt wieder und wieder Einladungen von finnischen Freunden und damit den Anstoß, die zweite Sommerhälfte 1978 für mein Unternehmen »Nordlandflug« vorzusehen.
Ich entschied mich dafür, mit dem Motorsegler unserer Münchener Fluggruppe zu fliegen und nicht mit unserem viersitzigen Reiseflugzeug.
Ich erhoffte mir damit das größere Flugerlebnis.
Ich würde mit diesem kleinen Vogel dazu gezwungen sein, gleichsam »auf dem Fußweg« zu fliegen und nicht nach der Anzeige von Funkgeräten, welche mich entlang des Flugweges über anonyme Navigationsfunkfeuer zum nächsten Ziel führen würden. Ich wollte mich nicht von Fixpunkt zu Fixpunkt über die Landkarte tragen lassen, ohne mich ernsthaft mit dem Land befassen zu können, das unter mir durchzieht.
Eine ganz wichtige Frage war, ob ich alleine oder mit einem Begleiter fliegen sollte.

Im ersten Falle hätte ich die Möglichkeit gehabt, reichliches Gepäck mitzunehmen. Auch wäre ich in der Festlegung des Reiseweges, der Dauer des Unternehmens, und überhaupt des gesamten Ablaufes unabhängig und beweglicher gewesen, als wenn ich dies alles mit einem zweiten Mann abstimmen gemußt hätte.
Dem stand gegenüber, daß ein flugerfahrener Begleiter für die Flugsicherheit wichtig sein konnte, wie auch dafür, daß die vielen bekannten und unbekannten Dinge, welche eine solche Expedition mit sich bringen kann, leichter zu bewältigen sind, als wenn man auf sich allein gestellt ist.
Schließlich gilt auch hier der Satz, daß geteilte Freude doppelte Freude ist.
Diese Überlegungen gaben schließlich den Ausschlag, daß ich mich dazu entschloß, einen Mitflieger zu suchen.
Jürgen Meyerdierks, mit dem ich jetzt nach unserem ersten Flugabschnitt hier im Hotel in Flensburg beim Bier sitze, war es dann, der mit mir als zweiter Mann unter der Plexiglashaube des »Tandemfalken« sitzen sollte.
Wir kennen uns bereits seit einigen Jahren aus unserem Fliegerclub, wußten also, wie wir uns gegenseitig »als Mensch und als Flieger« einzuschätzen hätten und vertragen würden. Er war gleich mir als Fluglehrer im Verein tätig, hatte also viel Flugerfahrung nicht nur als Motorflieger, sondern eben gerade auch als Segelflieger.
Sein ausgeprägter Sinn für Flugsicherheit und Flugdisziplin boten Gewähr für peinlich korrekte Einhaltung aller Vorschriften und Regeln, denen wir geplagten Luftraumbenutzer unterworfen sind.
Schließlich war ein entscheidender wichtiger Punkt, daß Jürgen als freiberuflicher Architekt seine Zeit etwas freizügiger einteilen konnte als »normale« Berufstätige. Blieb eigentlich nur noch die Festlegung des Abflugtermines!
Das heißt nichts anderes als Abwarten einer möglichst günstigen Wetterlage.
Die übrigen Vorbereitungen sorgten eher für eine zusätzliche Vorfreude.
Besorgen von Kartenmaterial und Flugsicherungsunterlagen, Reisedevisen, Scheckkarte und Einholung entsprechender Ratschläge, Zusammenstellung des Reisegepäcks unter Beachtung von Gewichts- und Raumbegrenzung, Reservierung des Flugzeuges, Festlegung eines vorläufigen Flugplanes nach Weg und Zeit unter Berücksichtigung etwaiger Alternativen.
Die Zusammenkünfte und Gespräche mit Jürgen anläßlich dieser Vorbereitungen waren nicht nur entscheidend wichtig, sondern sie waren in der Tat vorweggenommene schöne »Flugerlebnisse«.
Vorfreude ist die schönste Freude!
Auch einen Finanzrahmenplan mußten wir natürlich erstellen. Blieb abzu-

warten, wie richtig oder weniger richtig unsere Kalkulationen sein würden. Auf alle Fälle haben wir aber, um nicht unliebsam überrascht werden zu können, eine gewisse Überschreitung der geschätzten Mindeskosten einkalkuliert.
Den weitaus größten Aufwand an Schreibarbeit und Zeit nahm die Erstellung meiner Liste mit Kleinflugplätzen in den skandinavischen Ländern und den dazugehörigen Adressen dort ansässiger Fliegerfreunde in Anspruch.
Auf diese gelungene Arbeit war ich besonders stolz. Es mußte sich nun zeigen, wie groß der Nutzen sein würde. Unser Entschluß, den Abflugtermin auf Freitag, den 28. Juli, festzusetzen, mußte dann ganz unvorhergesehen kurzfristig gefaßt werden:
Mir war nämlich in diesen letzten Julitagen eine Einladung zu einer Veranstaltung der finnischen Fliegertruppen auf den Schreibtisch geflattert:
Teilnahme als Gast an einem Luftspektakel anläßlich des Besuches einer MiG-23-Einheit der sowjetischen Luftstreitkräfte bei der finnischen Luftwaffe.
Ort: Flugplatz Rissalla bei Kuopio in Mittelfinnland.
Zeit: 1. und 2. August 1978
Anreise: 31. Juli 1978
»Für bevorzugte Behandlung in jeder Weise ist gesorgt«, so hieß es. Da konnte und wollte ich nicht nein sagen.
Nun begann das große Zittern wegen des Wetters.
Der Sommer 1978 zeichnete sich nämlich bisher durch eine fast ununterbrochene Kette von Schlechtwetterlagen aus. Zum Glück zeigte sich dann aber genau im rechten Augenblick eine Umkehrung – die erste in diesem Jahr – der Großwetterlage an: Im Westen und Nordwesten unseres Raumes bildete sich ein Hochdruckgebiet. Dieses Hoch schien sich stabilisieren zu wollen und würde in diesem Falle zumindest für den ersten Teil unseres Weges nach Norden gutes Flugwetter bringen. Und der heutige erste Tag gab dieser Vermutung vollkommen recht: Von den Alpen bis hierher an die dänische Grenze ein Wetter wie aus dem Bilderbuch!
Recht zuversichtlich für den kommenden Tag beenden wir unseren »Flensburger Bier- und Erinnerungsabend« und suchen die Betten auf. Morgen werden wir irgendwo in Schweden sein.
Als wir dann am Samstag, dem 29. Juli, frühmorgens unseren Motorsegler aus der Halle rollen, zieht über Flensburg ein herrlicher Sommermorgen auf. Schon früh meint es die Sonne recht gut mit uns, so daß wir bei den Startvorbereitungen regelrecht in Schweiß geraten.

Wir finden auf der Flugleitung einen freundlichen und hilfsbereiten Diensthabenden, der uns wertvolle Tips für Skandinavien gibt.
Bei ihm erfahren wir echte Betreuung und nicht »Abfertigung«!
Ich bedanke mich hier noch einmal ausdrücklich, denn jeder, der auf Flugplätzen mit diesen Flugleitungs- und Flugsicherungsdiensten zu tun hat, weiß, daß solche Dienstauffassung durchaus nicht selbstverständlich ist. Flensburg muß ausdrücklich lobend erwähnt werden!
Seine Bemühungen, in Schweden einen Flugplatz zu finden, wie er uns vorschwebt, bleiben allerdings ohne Erfolg, obwohl er vielleicht eine Stunde lang sein Telefon strapazierte. Der Zielplatz sollte nicht einer der großen Verkehrsflugplätze sein. Davor scheuen wir uns, weil wir, wie gesagt, glauben, Kosten sparen zu müssen und die dort üblichen, umständlichen und zeitaufwendigen Formalitäten umgehen wollen.
Schließlich müssen wir uns wohl oder übel für den internationalen Airport von Malmö entscheiden, denn alle kleineren Flugplätze, welche unser hilfsbereiter Freund für unsere erste Landung in Schweden in Erwägung zieht, liegen entweder außerhalb unserer Reichweite, sind zur Zeit überhaupt nicht in Betrieb, haben nicht das erforderliche Benzin auf Lager, welches unser Vogel braucht, bieten keine Möglichkeit für die Durchführung der Zollformalitäten oder sind außerstande, uns die notwendigen Hilfen für den Weiterflug zu geben, sprich Wetterberatung, Flugplanaufgabe, Flugsicherungsberatung.
Eine entscheidende Erfahrung für die weitere Planung unserer ganzen Reise: Es gilt, sich von dem Gedanken frei zu machen, hopsenderweise von Landewiese zu Landewiese voranzukommen und dabei Land und Leute entsprechend unmittelbarer zu erleben, als dies bei der Benutzung der großen kommerziellen Flughäfen zu erwarten ist.
Dennoch, Flugvorbereitung, Einholung einer Wetterberatung, Aufgabe eines Flugplanes, telefonisch durchgeführte Zollabfertigung. Dann schnallen wir uns in die Sitze.
Heute bin ich an der Reihe, im vorderen Sitz zu fliegen.
Auf die Strecke nach Malmö freue ich mich besonders deswegen, weil sie großenteils über See führt. Als markante Punkte für die Navigation sollten immer wieder die Küsten der dänischen Inseln auf der Strecke dienen. Für mich nichts anderes als Erinnerungen an besonders einprägsame Abschnitte meines Fliegerlebens, das sich an den Küsten vieler Meere und in vielen Flugstunden über See abgespielt hatte.
Die Vorhersage stellt uns für den 200 Kilometer weiten Sprung über die Gewässer und die Inseln der Ostsee zwar wolkenloses Sommerwetter in Aus-

sicht, allerdings mit der Einschränkung, daß die Sicht durch starken Dunst begrenzt sein würde.
Dies finden wir dann in einer Weise bestätigt, wie man es nur selten erleben kann:
Kaum haben wir den Flugplatzbereich von Flensburg verlassen, nicht ohne uns noch einmal über Funk ausdrücklich für die gute Betreuung zu bedanken, und kaum haben wir die platznahen Hindernisse überklettert, wird die Flugsicht derart schlecht, daß jede Kleinorientierung unmöglich wird. Obwohl die Sonne sommerlich intensiv in das Cockpit brennt, beträgt die Bodensicht kaum mehr als einen Kilometer. Unter diesen Umständen verzichte ich darauf, den Kurs nach markanten Navigationspunkten der überflogenen Landschaft zu bestimmen. In altbewährter Manier folge ich der Anzeige des kleinen Kompasses, welcher an der Plexihaube vor mir in Augenhöhe angebracht ist und mehr oder weniger unruhig hin- und herpendelt, je nachdem, wie unser Segler von der Thermik geschüttelt wird. Dieser kleine Kompaß und die Uhr müssen genügen, nach Ablauf jeweils vorausberechneter Minuten eine nächste Auffanglinie, einen nächsten markanten Punkt zu erkennen, welcher für Augenblicke in dem milchiggrauen Dunst aufscheinen und unter uns durchhuschen sollte. So wird es unvermeidlich, den Stadtbereich von Flensburg in geringer Höhe zu überfliegen, um nicht schon gleich den ersten wichtigen Navigationspunkt beim Überflug der Küste nahe Glücksburg zu verfehlen.
Wäre mir dies passiert, dann wäre die gesamte Navigation für den Weiterflug um einen unbekannten Faktor unsicherer geworden.
Zweiundsiebzig Grad am Kompaß muß ich halten, und dies eisern, dann wird in sieben Minuten nach Abflug vom Flugplatz der Ort Glücksburg unter uns durchgehen und in weiteren zwei Minuten der markante Küstenbogen kommen, welcher den sichelförmigen Knick der Flensburger Förde kennzeichnet. Allerdings werden wir nicht mehr als einen gebogenen Uferstreifen zu sehen bekommen, der sowohl im Norden wie auch im Süden in einem grauen Nichts verschwimmen würde.
Bleibt zu hoffen, daß die Sicht wenigstens ausreicht, um beim Überflug einen Punkt zu erkennen, der auch in der Navigationskarte auszumachen ist.
Während ich versuche, etwas mehr »Bodenfreiheit«, sprich Flughöhe zu gewinnen, wird am dichter werdenden Straßen- und Häusernetz unter uns erkennbar, daß wir die Außenbezirke der Stadt Flensburg überfliegen. Bei der miserablen Sicht ist es jedoch unmöglich zu bestimmen, welche Gebiete der Stadt wir da unter uns haben. Kein gutes Gefühl, zumal ich befürchten muß,

jene Vorschrift zu verletzen, die da sagt, daß ich bewohntes Gebiet in einer Höhe zu überfliegen habe, welche ausreicht, um mein Flugzeug im Notfall im Gleitflug auf unbewohnte Randgebiete steuern zu können.
Ein Baukran, einige qualmende Schornsteine und ein Funkturm tauchen schemenhaft in unser Blickfeld und verschwinden wieder.
Dann kommt Wasser. Offenbar der Außenbereich des Hafens. Ich weiß, daß hier ein Stützpunkt der Marine liegt, wo auch entsprechende Schiffe ankern. Diese zu überfliegen ist, wenn nicht sogar verboten, so doch auf keinen Fall gerne gesehen. Lieber Herr Admiral, ich bitte Sie um Nachsicht, aber bei dieser schlechten Sicht ist es mir einfach unmöglich, einen Haken um Ihre Streitmacht zu schlagen, weil es dazu ohnehin zu spät gewesen wäre, wenn ich sie erkannt hätte.
Im Kriege hätte ich mir ein solches Verhalten nicht erlauben dürfen. Damals durften wir eigene Schiffe in keinem Fall überfliegen oder auch nur in deren Nähe kommen.
Sie hatten strikten Befehl, auf jedes Flugzeug zu schießen, das sich näherte, auch ohne vorherige Freund-Feind-Erkennung. Nun, Herr Admiral, wir haben ja Frieden und ich will es bestimmt nie wieder tun!
Kompaß, Uhr, Fahrtmesser, Variometer!
Nur was mir diese Instrumente anzeigen, ist für mein Fliegen maßgebend.
Je höher wir steigen, desto verschwommener wird der Boden. Das heißt, unten bleiben, auch wenn mir dies schwer fällt und entschieden mein Wohlbefinden beeinträchtigt.
Erst müssen wir Glücksburg und die Förde haben, dann können wir uns vom Boden lösen. Das nächste Stück wird sowieso nur Wasser sein, und es ist zu hoffen, daß dann nach Ablauf der errechneten Flugminuten ein erkennbarer Fixpunkt an der dänischen Küste in unser arg begrenztes Blickfeld einlaufen wird.
Inzwischen habe ich auch meinen Wendezeiger eingeschaltet, um mich von seiner ordnungsgemäßen Funktion zu überzeugen. Das Fliegen über See wird sich nämlich nach aller Erfahrung zu einem »Beinahe-Blindflug« entwickeln, ohne sichtbaren Horizont und ohne einen Anhaltspunkt für das Auge. Bewegungen meines Flugzeuges nach rechts oder links und unzulässige Schiebezustände sind unter diesen Sichtbedingungen nur mit großer Verzögerung oder sogar überhaupt nicht wahrnehmbar. Da hilft dann der Wendezeiger, dessen Kreisel gleichsam feststeht und dadurch jede Bewegung des Flugzeuges nach den Seiten über einen Zeigermechanismus zur Anzeige bringt. In Verbindung mit einer »Libelle«, die das Scheinlot anzeigt und mit dem Variometer, das

sehr empfindlich auf Steigen oder Sinken reagiert, ergibt sich so ein »Horizont-Ersatz«, der zumindest erlaubt, die Lage des Flugzeuges und die Richtung im dreidimensionalen Raum zu kontrollieren.
Man braucht einige Übung, um dieses Fliegen nach Instrumenten mit ausreichender Sicherheit zu beherrschen. Demjenigen Piloten, der nicht mindestens einige gute Stunden das »blinde« Fliegen unter der Aufsicht eines Lehrers geübt hat, muß ganz dringend davon abgeraten werden, bei Wetterlagen zu fliegen, die echten Blindflug erforderlich machen. Er wird in allen Fällen eine böse, wenn nicht tödliche Überraschung erleben, und sei sein Vogel noch so gut mit Blindfluginstrumenten ausgestattet!
Zwischen Jürgen und mir wird zwischenzeitlich kein Wort gewechselt. Beide sind wir vollauf damit beschäftigt, das schemenhafte Landschaftsbild zu beobachten, das unter uns abrollt.
Kaum weiter zu sehen als die Länge eines Fußballplatzes!
Ich kann die Unruhe fast körperlich spüren, mit welcher Jürgen dem Flugablauf folgt. Er hat es unter den gegebenen Umständen als passiver Mitflieger auch nicht leicht; ist mir im wahrsten Sinne des Wortes ausgeliefert. Mir und meinen navigatorischen und fliegerischen Entscheidungen und Fähigkeiten. Er muß einfach hinnehmen, wie und was ich fliege, auch wenn ihm dies vielleicht gar nicht paßt.
Und gerade bei Jürgen – ich muß dies sicher noch mehrfach während dieser Schilderungen äußern – will es etwa heißen, wenn ihm zugemutet wird, auch nur ein Jota von dem abzuweichen, was er als seinen Maßstab für Sicherheit betrachtet.
Um so mehr bin ich ihm dankbar dafür, daß er meine Entscheidungen, meine Art zu fliegen, ohne Widerspruch und sicher oft »gegen sein besseres Wissen« hat über sich ergehen lassen!
Auch ihm ist klar, daß diese ersten Minuten nach dem Verlassen der Flugplatzgrenze bis zum Erreichen eines ersten Fixpunktes entscheidend wichtig sind für den weiteren Flugverlauf über weite Seestrecken.
Zu unserer Linken tauchen einzelne Häuser aus dem Dunst, dann eine Straßenspinne, eine geschlossene Siedlung. Meine Uhr sagt mir, daß es Glücksburg sein muß und daß gleich darauf die Förde kommen muß.
Es stimmt »auf die Sekunde« genau: Wir überfliegen am vorbestimmten Punkt den Uferstreifen.
Nun also brauchen wir uns für den Weiterflug keine Gedanken mehr zu machen. Der berechnete Kompaßkurs und die berechnete Grundgeschwindigkeit haben auf dem ersten Abschnitt der Strecke gestimmt. Für den nächsten

und die weiteren Abschnitte haben wir also zuverlässige Werte. Selbst wenn uns die wirklich miserablen Sichtverhältnisse auf dem ganzen Weg bis hin zur schwedischen Küste die Erdorientierung unmöglich machen, werden wir spätestens dort nach Ablauf der »Sollzeit« jenes Nadelöhr finden, durch welches wir einschlüpfen müssen, um den »Airport« von Malmö zu erreichen.
So also kann ich mich nun in meinem Sitz zurechtrücken und es mir so bequem machen, wie die Umstände es eben zulassen.
Kompaß, Uhr, Variometer, Höhenmesser.
Unter uns nichts.
Links nichts, rechts nichts.
Wir wissen, daß unter uns nur Wasser ist, können aber nichts davon erkennen. Nicht einmal ein schmaler Streifen von Sonnenreflektion kann den Dunst durchdringen.
Von oben brennt der Sonnenball durch die Haube.
Keine Andeutung eines Horizontes.
Keinerlei Schattierung im blendenden Grauweiß dort, wo Himmel und Wasser sich berühren.
Als ob wir eingeschlossen wären in eine Glaskugel, eine blendend helle Milchglaskugel, mit undurchsichtigen Wänden.
Die Sonne ist der einzige Fixpunkt.
Dort wo sie steht, muß »oben« sein, oder wenigstens ungefähr »oben«. Denn es ist ja noch am Vormittag, wo die Sonne längst nicht ihren höchsten Stand erreicht hat, also ziemlich weit unterhalb von »oben« steht.
Nun bin ich froh über meinen kleinen Wendezeiger.
Ich genieße es geradezu, mein kleines Flugzeug nach der Anzeige der Instrumente zu steuern.
Die Sonne irgendwo da oben an der Plexihaube irritiert mehr, als sie nützt.
Langsam lasse ich den »Falken« höher klettern.
Achthundert Meter zeigt der Höhenmesser.
Und dann ein Schreck:
Vor der Schnauze des Flugzeuges schwebt plötzlich ein Schiff! Es ist, als ob dieser große Dampfer gleich einem Kinobild in das blendendgraue Nichts hineinprojeziert worden wäre. Es dauert einen Moment, bis ich mich vom Schreck und von der Überraschung erholt habe.
Instinktiv hebe ich die Nase nach oben.
Dies wiederum bewirkt, daß das Schiff, welches zunächst scheinbar direkt vor mir steht, im grauen Brei nach unten wandert, dorthin, wo es eigentlich hingehört.

Ich bin einer Täuschung zum Opfer gefallen, die dadurch entstand, daß mein Flugzeug mit seiner Nase gerade in jenem Augenblick leicht nach unten zeigte, in dem das Schiff in Sicht kam. Hätte der Blickwinkel noch deutlicher nach unten gezeigt, so wäre es mir erschienen, als ob das Schiff nicht nur vor mir, sondern über mir am Himmel geschwebt hätte.
Eine noch eindrucksvollere Demonstration von Sinnestäuschung beim Fliegen ohne sichtbaren Horizont ist kaum denkbar! Wir erkennen gerade noch, daß der Dampfer – oder gibt es im Zeichen der Gasturbinenantriebe diese Benennung nicht mehr? – einen Streifen von weißem Kielwasser hinter sich herzieht. Dieser Streifen ist nur wenig ausgeprägt, was wohl auf langsame Fahrt hindeutet, oder auch darauf, daß da unten Glattwasser herrscht.
Einmal mehr bin ich froh über unseren Wendezeiger und auch über meine große Erfahrung im Blindflug.
Wir erinnern uns gerne an unsere Schwimmwesten beim Fliegen über den recht ausgedehnten Überseestrecken zwischen den Inseln!
Im Funk horche ich die Frequenzen von Kopenhagen ab, ohne mich dort jedoch zu melden. Dafür gibt es keinen Grund, und uns genügt es, die Wettermeldungen zu hören, die anderen Flugzeugen im Kontrollgebiet mitgeteilt werden.
In Flensburg starteten wir elf Minuten nach neun Uhr. Für die Strecke von 270 Kilometern nach Malmö-Sturup müssen wir eine Flugzeit von ziemlich genau zwei Stunden rechnen.
Auf dem Flugweg gelingt es, einige Küstenkonturen von Inseln zu erkennen und die Überflugzeiten festzuhalten.
So ist es nur ein Handgriff am Rechenschieber, um die genaue Grundgeschwindigkeit zu bestimmen.
Leichter Gegenwind.
Ankunft in Malmö in zwanzig Minuten, in achtzehn, in sechzehn. Ich rufe Malmö auf 118.7 Megahertz.
Die Antwort kommt sofort, laut und klar.
Ich gebe unseren Standort und unsere minutengenaue Ankunftszeit durch.
Noch vierzig Kilometer über See, dann müßte Land kommen und bald auch der Flugplatz.
»Ankunftszeit elfuhrachtzehn – erbitte Landeinformation!«
Sofort kommt die Antwort: Landerichtung Ost, Angabe des herrschenden Luftdruckes für unsere Höhenmessereinstellung.
Dann die Frage nach »type of aircraft«.
»Delta Kilo Oscar Alpha Papa is a motorglider« – (»D-KOAP-Motorsegler«)

– Von unten: »Say again« – (»Wiederholen Sie bitte«) –
Ich wiederhole, daß wir ein Motorsegler seien.
Dies hat zur Folge, daß Malmö zunächst »sprachlos« ist, dann aber in immer kürzeren Abständen nach unserem Standort fragt. Geradezu betulich ist man mit uns umgegangen, versorgt uns ungefragt mit Informationen:
Wind, Wetter, Sicht. »Im Augenblick kein Verkehr am Platz«. »Landen Sie nach eigenem Ermessen – wir erlauben Ihnen einen ›straight-in approach‹!«
Wir erkennen, daß der Hinweis auf unseren »motorglider« offenbar ein Zauberwort ist, das zu einer bevorzugten Behandlung führt und nehmen uns vor, im weiteren Verlauf des Fluges regelmäßig Gebrauch davon zu machen.
Ein Motorsegler ist am skandinavischen Himmel wohl so eine Art exotisches Gerät.
Pünktlich taucht unvermittelt die schwedische Küste unter uns auf.
Verwischte Konturen im Dunst reichen gerade aus, um unseren Standort zu bestimmen und die Richtigkeit unserer Berechnungen zu bestätigen.
Graugrüne Felder. Eine Straße kreuzt diagonal unseren Kurs. Verstreute Häuser grüßen herauf, während ich in steilem Gleitflug tiefer gehe.
Auch hier denkbar schlechte Flugsicht.
Ungefähr zwanzig Kilometer landeinwärts liegt der Flugplatz.
Die letzte Strecke flog ich im Tiefflug wiederum nach Kompaß und Uhr. Es wäre unmöglich gewesen, sich nach Landmarken zu orientieren.
Der Sekundenzeiger tickt über das Zifferblatt, und pünktlich haben wir das riesige Gelände des internationalen Airports von Malmö vor uns:
Große Hangars, Betonflächen, Schornsteine, Tower, Funkmasten: »Field in sight!«
Und gleich darauf meine Meldung, daß ich mich im Endanflug auf die Landebahn »null acht« befinde.
Die Bestätigung von unten kommt in dem Augenblick, wo das Laufrad der D-KOAP den Zementboden einer riesenlangen Startbahn berührt.
Auf einem komplizierten Weg werden wir mit rechts-, links-Weisungen zu einem Abstellplatz bei den Tankstellen gelotst. Kein Mensch, der uns einwinkt.
Nur die Stimme vom Tower, die englisch aus unseren Kopfhörern radebrecht, nimmt uns das Gefühl, allein und verlassen zu sein inmitten einer gigantischen Betonwüste.
Zündung aus, Haube auf!
Und dann überfällt uns die Hitze eines Hochsommertages, wie wir das in diesem Schlechtwetterjahr 1978 erstmals erleben. Die Sonne brennt trotz des

starken Dunstes voll auf die Betonflächen. Kein Windhauch, der für Kühlung sorgt.
Über die sympathische Kollegin vom Tower erbitten wir durch Funk einen Tankwagen, um so schnell wie möglich unseren Tank wieder voll zu bekommen.
Dann erst können wir dieser Bruthitze entfliehen, um Schatten aufzusuchen und einen Schluck zu trinken.
Wir machen uns auf den Weg, um uns beim Zoll zu melden und den Weiterflug vorzubereiten.
Niemand kümmert sich um uns oder unseren kleinen Vogel, der auf der kilometergroßen Betonfläche recht verloren wirkt.
Erst nach längerem Suchen entlang eines Drahtzaunes und nachdem wir mindestens ein Dutzend Türen an den verschiedensten Gebäuden ausprobieren, finden wir eine unscheinbare Eisentür, die mit einer umfangreichen »Gebrauchsanweisung« versehen ist.
Auch finden wir einen Druckknopf und ein Mikrofon.
Die Bedienungsanweisung ist in schwedischer Sprache und somit für uns unverständlich.
Jürgen drückt auf den Knopf, und alsbald ertönt aus einem Lautsprecher eine Stimme, die in schwedischer Sprache irgendetwas wissen will oder irgendeine Anweisung erteilt. Wir können nichts verstehen, antworten mit »Hallo« und bitten auf englisch, man möge uns hineinlassen.
Wieder Unverständliches aus dem Lautsprecher.
Nochmaliger Versuch und kein Erfolg, die Türe bleibt für uns verschlossen aus einem Grund, den wir nicht verstehen können.
Schließlich gehen wir weg. Ein Geisterflugplatz – Kein Mensch, der uns helfen könnte!
Ein Blick zurück – siehe da, jetzt ist sie offen, jene Geheimtüre. Und tatsächlich können wir hindurchschlüpfen, bevor sie wieder von Geisterhand zugeschlagen und verriegelt wird. Angenehm kühl. Langer halbdunkler Flur, Treppe nach oben. Wir erreichen eine Ebene des Gebäudes, auf welcher sich die Abfertigungsschalter der verschiedensten Fluglinien befinden, sowie die Restaurants.
Auch das Zollbüro ist dort und die Stelle, wo wir uns wegen unseres Flugplanes zu melden haben, wo wir alle Gebühren bezahlen und Auskünfte für den Weiterflug erhalten können.
Der Beamte am Zollschalter – kleidsame Uniform, englischsprechend, von netter Art – nimmt unsere Pässe, klappt sie einmal auf und wieder zu und

gibt sie uns zurück. Damit ist seine Amtshandlung abgeschlossen, und wir dürfen uns im Rahmen der geltenden Ordnung frei bewegen.
Im Restaurant lassen wir uns erstmal ein Bier bringen, bevor wir unsere Karten ausbreiten, um den Weiterflug zu planen.
Herrlich – wir haben keine Eile, können uns Zeit lassen. Es gibt weder festgelegte Termine noch einen festgelegten Flugweg.
Bei einem weiteren Bier entscheiden wir uns schließlich für Jönköping als nächsten Zwischenlandeplatz.
Auch diesmal wieder die Erfahrung, daß wir einen großen zivilen Airport wählen müssen. Meine mit so viel Aufwand vorbereitete Liste von kleinen Sonntagsflugplätzen können wir getrost beiseite legen. Wir hätten uns arm telefoniert, ganz abgesehen vom Zeitaufwand, bis wir vielleicht so ein Plätzchen gefunden hätten, das passend gewesen wäre für den nächsten Sprung. Was zu Hause so einfach und verlockend ausgesehen hat, erweist sich als nicht praktikabel.
Um uns herum Airportatmosphäre:
Im Gegensatz zu der gespenstischen Leere, die das Bild draußen auf dem Vorfeld bestimmt, herrscht hier im Restaurant und in der großzügigen Schalterhalle ein buntes Leben. Es sieht danach aus, als ob die Ankunft und der Abflug von gleich mehreren Linienflugzeugen bevorstünde.
Fluggäste bevölkern die Räume, und andere Menschen warten, die ankommende Reisende in Empfang nehmen wollen.
Gepäckstücke stapeln sich.
Kinder lärmen laut und ungeduldig.
Das Bedienungspersonal im Restaurant hat alle Hände voll zu tun.
Wir schlendern gemächlich zur Flugberatungsstelle.
Dort interessiert man sich zunächst für unser Geld, bevor wir daran denken können, unseren Flugplan nach Jönköping aufzugeben.
Alte Erfahrung: Das billigste am Fliegen ist das, was sich in der Luft abspielt – erst am Boden wird's teuer! Landegebühren, Flugsicherungsgebühren, Abstellgebühren, Telefon, Taxe. Demgegenüber fällt das bißchen Benzin, das unser kleiner Segler schluckt, kaum ins Gewicht.
Wir können uns für 135 Kronen ein Zertifikat kaufen, womit angeblich für sieben Tage alle jene lästigen Bodengebühren abgegolten sein würden, gleichgültig auf wievielen Plätzen in Schweden wir landen würden. Dies erscheint uns zwar viel Geld, verglichen mit dem, was wir aus Deutschland und anderen Ländern gewohnt sind, bedeutet aber trotzdem bei genauem Nachrechnen eine erhebliche Ersparnis. Ganz abgesehen davon, daß zu hoffen war,

manche nervende Warterei an Schaltern, Schreibtischen und Kassen vermeiden zu können. Spätere Erfahrungen zeigen, daß in der Tat beides, Geld- und Ärgerersparnis, in manchen Teilen dieses schönen Landes mit jenem Papierchen durchaus einzuhandeln sind. Wir erleben aber auch Flugplätze, wo unsere Pauschalzahlung nicht anerkannt wird, weil sich diese kundenfreundliche Einrichtung offenbar nur in einem engen geographischen Bereich des Landes herumgesprochen hatte.
Wohlversehen mit einem gültigen Flugplan, neu erstandenen Anflugkarten für unseren Zielflughafen, einer Wetterberatung, die außer der herrschenden schlechten Sicht nur Gutes versprach, und vielen Ratschlägen für das Verhalten im schwedischen Luftraum verlassen wir das Büro der Flugberatungsstelle und stehen alsbald wieder vor jener geheimnisvollen Tür, deren Gebrauchsanweisung uns so fremd geblieben ist.
Wieder Knopfdrücken, wieder Lautsprecher, wieder Unverständliches und wieder kein Erfolg.
Dann ebenfalls wie gehabt, nachdem wir bereits resignierten, unvermitteltes Aufspringen der Tür, Hindurchschlüpfen und hinter uns Zuschlagen.
Die Hitze des Vorfeldes hat uns wieder.
Jürgen unterliegt noch einmal angesichts unseres startbereiten Flugzeuges seinem Kartenfaltdrang und ist erst bereit, seinen Sitz zu besteigen, als er es geschafft hat, aus dem nagelneuen und sündhaft teuren Stück Papier ein unansehnliches Knäuel, eine Art Papierwurst, gemacht zu haben.
Die vom Anflug her bekannte Towerstimme lotst uns zum Startpunkt und erteilte die Freigabe. Wir dürfen »short left out«, um nicht das zeitraubende vorgeschriebene Abflugverfahren fliegen zu müssen, bevor wir auf unseren Kurs gehen können. Höflich entläßt uns Malmö. »Ihre Startzeit war 13.23 Uhr – wir wünschen einen guten Flug!«
Nach zwei Stunden und fünf Minuten auf schwedischem Boden dürfen wir nun den schwedischen Luftraum genießen. Schließlich haben wir ja dafür auch bezahlt!
Siebzehn Grad Kompaßkurs.
254 Kilometer Flugstrecke vor uns. Knappe zwei Stunden also bis Jönköping oder »Jöhnschöpping«, wie die Schweden sagen.
Ich genieße das Schweben über die Landschaft.

– Ein Gefühl, das mir trotz vieler tausend Flugstunden nicht zu einer selbstverständlichen Gewohnheit geworden ist. Ein Erlebnis, das bei jedem Start, jedem Flug und bei jeder Landung immer wieder neu ist für mich.

Nicht in erster Linie die »Vogelschau« ist es, was für mich das »Erlebnis Fliegen« ausmacht. Auch nicht der Selbstzweck des Reisens durch die Luft von einem Platz zum anderen, auf einem Weg, den ich selbst frei wählen kann. Sicher würde allein dies schon genügen, um ein Flieger werden zu wollen – um fliegen zu wollen.
Es mag den einen oder anderen geben, dem irgendwann einmal das Fliegen so etwas wie eine professionelle Gewohnheit wird, der einen gewissen Grad von Sattsein erreicht hat.
Diesen Freund wird man aber – wenn überhaupt – nur dort finden, wo der Zweck des Fliegens sich in der Möglichkeit erschöpft, auf besondere Art von einem Ort zum anderen zu kommen. Wo das Flugzeug zur Reisekutsche wird.
Man wird ihn dort finden – vielleicht –, wo Gashebel und Motor maßgebend sind für alles fliegerische Tun.
Nicht bei uns, die wir Segelflieger sind, die wir das Fliegen mit Motor allenfalls als eine Art nützliche Ergänzung betrachten und betreiben.
Diese »handwerklichen Attribute«, die dem Fliegen mit Motor eigen sind, würden niemals ausreichen, das zu umschreiben, was ich empfinde, wenn ich wirklich Fliegen meine.
Es ist vielmehr das Erleben der Luftkräfte und das Erlebnis der Beherrschung einer Technik, eines technischen Gerätes, welches aus mir, dem Erdgebundenen, den zum Zweidimensionalen Verdammten, einen Vogelmenschen macht – einen Menschenvogel. So, als ob die Tragflächen meines Flugzeuges meine verlängerten Arme wären, als ob die Spitzen meiner Finger erfühlen könnten, draußen am Ende der Flügel, wie die Luft, welche mich trägt, voller Leben ist, voller Kräfte, Wirbel, voller Auf und Ab.
Fühlen, daß die Luft etwas ist, das man anfassen kann:
Ich erlebe dies jedesmal neu, wenn mein Flugzeug sich vom Boden abhebt, wenn die Geschwindigkeit ausreicht, um an meinen Flügeln Auftrieb zu erzeugen und meine Steuerruder wirksam zu machen.
Es ist jener Zustand, wo dir überraschend zum Bewußtsein kommt, daß du jetzt, in diesem Augenblick, den Kontakt mit der Erde verloren hast, daß du aber nicht wie ein jedes erdgebundene Lebewesen deswegen ohne Halt ins Leere fällst, ins Bodenlose. Daß vielmehr eine neue Kraft da ist, welche dich trägt, an welcher du dich festhalten kannst.
Du wirst getragen von der Luft, weil du dir Flügel geschaffen hast und weil du gelernt hast, diese Flügel so zu steuern, die Kräfte der Luft so zu nutzen, als ob du ein neues Wesen geworden wärst.

Imstande, dich nach deinem eigenen Willen in allen drei Dimensionen zu bewegen.
Imstande sogar, die ungeheuer großen Energien, welche unsichtbar in den Luftmassen wirksam sind, aufzuspüren, zu erkennen, abzuschätzen, mit hochempfindlichen technischen Mitteln zu messen und dir zunutze zu machen.
So zunutze zu machen, daß du, nur getragen von deinen Flügeln, einem Vogel gleich, vom Horizont zu Horizont fliegen kannst. Viele hundert Kilometer weit über das Land, über Wälder, Wasser und Berge.
Das ist es, was ich meine, wenn ich vom Erlebnis Fliegen spreche und davon, daß ich das Schweben über die Landschaft genieße.

Flaches, dünn besiedeltes Land.
Wald und Wasser bestimmen das Bild.
Trotz begrenzter Sicht und obwohl außer einer Hauptstraße, die neben unserem Kurs verläuft und gelegentlich zu sehen ist, kaum markante Anhaltspunkte in der Landschaft sind, bereitet es keine Schwierigkeit, punktgenau zu navigieren.
Die zahlreichen großen und kleinen Seen mit ihren unverwechselbaren Uferkonturen erlauben sowohl sauberes Fliegen »auf dem Strich« als auch das genaue Bestimmen unserer Grundgeschwindigkeit.
Auch Jönköping erlaubt uns, ähnlich wie Malmö, einen Direktanflug »auf dem Fußweg«, nachdem wir uns als Motorsegler zu erkennen gegeben hatten. Wiederum ein großzügig ausgebauter Airport für den landesinternen Liniendienst.
Der Platz hinterläßt ansonsten keine besonderen Erinnerungen, wenn ich davon absehe, daß der Tankwart ernsthafte Schwierigkeiten hatte, den Preis für unsere zwanzig Liter Benzin, die wir ihm abgekauft hatten, auszurechnen. Er bedient sich dabei eines Taschenrechners, dessen Handhabung ihm weitgehend fremd ist. Außerdem stehen ihm einige Tabellen zur Verfügung, deren Gültigkeit oder Nichtgültigkeit durch ein Schlüsselverfahren erkennbar ist, das ihm ebenfalls fremd zu sein scheint, und das auch ich angesichts der Sprachbarriere nicht begreifen kann.
Jürgen, der inzwischen den neuen Flugplan aufgegeben – unser Ziel und damit das Tagesziel sollte Norköping sein – und alle sonstigen Lande- und Abflugformalitäten erledigt hat, ist längst zurück am Flugzeug, während mein guter Tankwart immer noch an seinen zwanzig Litern Benzin herumrechnet. Endlich schreibt er umständlich und unleserlich eine Quittung und kassiert

einen Betrag, den er wohl mehr nach Gefühl bestimmt. Ich fühle mich dabei nicht übervorteilt, bezahle also, und alle sind wir zufrieden.
Nach ungefähr einer Stunde Aufenthalt schwebt unser »Falke« wieder am schwedischen Himmel.
Eine Stunde und zehn Minuten werden wir für die 150 Kilometer bis Norköping zu fliegen haben.
Der Kompaß zeigt fünfundvierzig Grad.
Genußvolles, unbeschwertes Fliegen.
Es geht über die Provinz Öster Gotland, eine Wald- und Seenlandschaft, wie wir sie von der vorangegangenen Etappe her kennen. Ebenfalls vergleichsweise dünn besiedelt. Weite Flächen mit Wald, Wasser und Grünland, gelegentlich ein landwirtschaftliches Anwesen, ein Bauernhof.
Um besser sehen zu können, lasse ich meinen Vogel in geringer Höhe über das Land tuckern. Auf schmalen Landstraßen gelegentlich ein Auto. Ein Bauer mit seinem Traktor am Rande seiner Wiesen. Kaum, daß er seinen Kopf nach uns hebt; wir sind ihm in seinem abgeschiedenen Lebensbereich wohl eher lästig.
Wir lassen uns diesen genußvollen Urlaubstag ohne viel Worte, jeder für sich, unter die Haut gehen. Wenn dann und wann ein Wort von Jürgen kommt, oder wenn ich mich an ihn wende, so bezieht sich dies meist auf die Navigation. »Wir sind knapp links vom Kurs«.
Unser Zielflugplatz zeigt sich so, wie wir das nun schon gewohnt sind: Großzügig ausgebaute Landebahn, weite Betonflächen.
Der Mann vom Tower ist uns in jeder Weise behilflich. Er bemüht sich darum, ein Hotel für uns ausfindig zu machen und ein Taxi, das uns abholt. Dazu bedarf es einer schier endlosen Telefoniererei, die er geduldig auf sich nimmt, ohne uns etwas dafür zu berechnen.
Unseren Segler können wir auf dem Rasen vor dem Tower verankern, wo er ein interessantes Kontrastbild abgibt neben einer alten Transport-DC 3 der schwedischen Luftwaffe.
Bummel durch das hübsche alte Städtchen.
Auf dem zentralen Parkplatz viele Autos von Touristen. Zumeist deutsche Kennzeichen. Auf den Autodächern Rentiergeweihe, das Allerweltsmitbringsel, wenn man von einer Fahrt durch den Norden skandinavischer Länder zurückkommt.
Wir gehen früh ins Bett, weil uns einfach nichts besseres bleibt. Die Gastronomie, die wir hier vorgefunden haben, hat uns enttäuscht, besonders deswegen, weil man hier vergeblich nach jenem gemütlichen Wirtshaus sucht, wie

wir es kennen, mit der besonderen Ecke zum Essen, Trinken und Reden, zum nochmaligen Genießen der Tageserlebnisse, zum Austausch von Gedanken.

Sonntag, 30. Juli 1978.

Schon früh bringt uns die Taxe zum Platz.

Unterhaltung mit dem Fahrer, der etwas englisch spricht: Es geht um das Alltagsleben in Schweden.

Unser Fahrer glaubt, daß es sich wohl in jedem Lande Europas besser leben läßt als hier in Schweden.

Jürgen spricht ihn darauf an, daß uns die sehr hohen Preise aufgefallen sind, für alles, was zum täglichen Leben gehört: »Ihr seid ja wohl alle Millionäre hier, anders kann man sich die Existenz einer Durchschnittsfamilie nicht denken«! Darauf lacht unser Freund nur und sagt, daß eben jene Durchschnittsfamilie eher arm dran sei. Man müßte nämlich ganz einfach auf alle diese teuren Dinge verzichten und froh sein, sich gerade das Notwendige leisten zu können.

Dies muß nachdenklich stimmen, wenn man Vergleiche zieht zu dem oft hochgelobten »schwedischen Modell« eines weitgehend vom Staat gelenkten Wirtschafts- und Gesellschaftssystems.

Richtung Finnland

30. Juli
Dieser heutige Sonntag soll uns ein entscheidendes Stück auf unserem Weg weiterbringen.
Wir wollen heute abend schon in Finnland sein.
Wenn alles klappt, Wetter und Flug, werden wir ohne besondere Anstrengung bis Tampere kommen, jener Universitäts- und Industriestadt im Südwesten Finnlands.
Wir werden dabei eine Strecke von fast 200 Kilometern über See zu fliegen haben. Über jenes Gebiet am südlichen Zugang zum Bottnischen Meerbusen, das in seinem ostwärtigen Teil übersät ist von einer Welt kleiner und kleinster Inseln. Der Welt der finnischen Älandinseln, mit der Hauptstadt Mariehamn auf der Insel gleichen Namens. Dort auf dem Flugplatz von Mariehamn werden wir zwischenlanden und damit gleichzeitig unsere erste Begegnung mit Land und Leuten Finnlands haben.
Das Wetter verspricht wieder genau so zu werden, wie wir es gestern und vorgestern schon erlebt hatten: Ein wolkenloser Sommertag, wenig Wind, aber schlechte Sicht aufgrund starken Dunstes.
Jürgen macht den Flugplan, während ich mich um unser Flugzeug kümmere. Tanken, Haube polieren, allgemeine Überprüfung, bereitlegen der persönlichen Ausrüstung.
Gepäck verstauen, Cockpit aufräumen.
Wieder schnallen wir uns die Schwimmwesten um.

Ein Foto, mit Selbstauslöser gemacht, zeigt, wie wir noch einmal die Karten studieren, kurz bevor wir unseren Vogel besteigen. Dieses Foto ist ein besonderes Dokument, denn es beweist, daß wir unsere Schwimmwesten zwar stolz zur Schau tragen, diese aber völlig falsch angelegt haben. Erst viele Etappen später, nämlich in Hammerfest, werden wir dies bemerken. Dort lief uns die Besatzung eines Hubschraubers über den Weg, die mit genau den gleichen Schwimmwesten ausgerüstet war wie wir. Sie hatten das Gurtzeug ihrer Rettungswesten aber ganz anders umgebunden. Natürlich richtig, so wie es die aufgedruckte Gebrauchsanweisung deutlich erklärt.

In einem Ernstfall wären wir in lebensbedrohliche Schwierigkeiten geraten, weil wir im Wasser leicht hätten aus den Westen nach unten herausrutschen können.
Verschämt begaben wir uns um die Ecke, dorthin, wo »Herren« steht, und korrigierten unser amateurhaftes Aussehen.
Unsere Westen waren dieselben, wie sie in Luftverkehrsflugzeugen für jeden einzelnen Fluggast vorhanden sind.
Beide hatten wir immer wieder erlebt, wie eine Stewardeß routinemäßig die Handhabung dieser Dinger vorführte. Beide haben wir aber, wie wohl die meisten Fluggäste, diese Prozedur nur mit halbem Interesse beobachtet, sofern wir es nicht überhaupt vorzogen, unser Interesse anderen Dingen zuzuwenden, und sei es nur den Schlagzeilen einer Zeitung. Man mag sich einen Ernstfall nicht gerne vorstellen, wenn man bedenkt, daß dann ein großer Teil der Betroffenen nicht einmal in der Lage wäre, sich auch nur die Schwimmweste richtig anzulegen.

Wir sind wieder in der Luft!
Jürgen als »pilot in command« und ich im hinteren Sitz.
Ein Bilderbuchsonntag in sommerlichem Hochdruckwetter.
Schwedisches Land unter uns, schön, als hätte es sich extra sonntäglich herausgeputzt.
Ich notiere die Startzeit: 8.22 Uhr.
Jürgen meldet sich bei der zentralen Flugsicherungsstelle in Stockholm an und bittet um eine Freigabe für das Durchfliegen der Kontrollzone des dortigen Flughafens.
Immer noch das gleiche Bild einer dünn besiedelten Wald- und Seenlandschaft.
Nach einer Stunde Flugzeit erreichen wir den Großraum um die Landeshauptstadt.
Neubausiedlungen haben sich gleich gespreizten Fingern einer Hand in die Wälder hineingefressen.
Es ist der Tribut, den die Großstadt Stockholm ihrer unberührten Umgebung abverlangt, um sich ihren Bewohnern als besonders »attraktiv« anzubieten.
Zwischen hingestreuten Bungalowghettos, denen man gerade aus der Luft besonders gut ansehen kann, daß sie dazu angetan sind, ihren Bewohnern eine vordergründliche Exklusivität zu bescheinigen, erheben sich, scheinbar völlig unsinnig, klotzige Hochhausblöcke.
Wir überfliegen die nördlichen Ausläufer der Stadt.

Der Blick nach rechts, in südliche Richtung, läßt ahnen, daß dort das Stadtzentrum liegen muß. Der dicke Dunst ist dort nicht nur undurchsichtig grau, sondern zeigt eine dunklere, fast schwarze Färbung. Großstadtklima!
Dieser Außenbereich von Stockholm will keine Ende nehmen. Immer noch Bungalowsiedlungen mit Hochhausblöcken dazwischen und der total verunstaltete Wald. Etwas besonders Lustiges hat sich da so ein Städteplaner einfallen lassen: Mitten im Wald erhebt sich ein vielstöckiges Unikum. Es ist ein langgestreckter Block, sehr hoch, sehr lang, aber nicht breit. Eher so eine Art dicke Mauer.
Das Besondere daran aber ist, daß dieses Wohnsilo in einer gleichmäßigen Schlangenlinie verläuft, als ob der Achitekt beim Zeichnen des Planes ein willkürlich gerundetes Kurvenlineal verwendet hätte.
Aus der Luft gesehen läßt sich beim besten Willen kein Sinn in dieser Konstruktion erkennen. Es ist unschön, es ist teuer, es ist sicher unpraktisch, weil von vorn bis hinten krumm. Aber es ist etwas Besonderes, und nur dies scheint der Sinn zu sein.
Auch Jürgen, der Architekt, wundert sich über solche Art von Stadt- und Landschaftsplanung.
Unsere Augen und Sinne erholen sich aber schnell, als dann wieder das unverfälschte Land unter uns durchzieht.
Es ist die Küstenlandschaft, die sich von Stockholm aus in nordöstlicher Richtung hinzieht bis zum Eingang in den Bottnischen Meerbusen. Zahllose Seen, dazwischen Grünland und Wald, kaum erschlossen durch Straßen oder Ansiedlungen. Man kann in der Verlängerung des rechten Flügels, in Richtung Süden, den Übergang dieses Gewirrs von Wasserflächen in die weite Ostsee ahnen. Nur der starke Dunst verhindert einen Blick hinaus aufs Meer. Einzelne Segelboote als weiße Tupfer auf kilometergroßen Wasserflächen. Alle Ufer sind rundherum frei zugänglich. Weder Straßen noch Wege sind erkennbar. Vereinzelte Badehäuschen und Freizeitplätze.
Ein Paradies, wenn man es vergleicht mit den künstlich angelegten Freizeit- und Erholungsplätzen bei uns zu Hause, wo jeder Quadratmeter Landschaft registriert, umstritten, verplant ist. Wo du draußen in der Landschaft außer Verbotenem ganz selten etwas findest, was erlaubt ist. Erlaubt zu betreten, zu benutzen, zu genießen.
Bald kündigt sich an, daß wir uns der Küste nähern. Die Wasserflächen nehmen die Form von Fjorden an mit flachen Ufern. Großflächige Sumpfgebiete dazwischen.
Ohne eine klare Küstenlinie erkannt zu haben, fliegen wir auf See hinaus. So

dick ist der Dunst und so schlecht ist die Sicht, daß sich der Horizont wieder ganz verwischt hat, aufgesogen von einer gleichmäßig grauen Wand rundherum um uns. Wäre nicht die Bugwelle eines großen Schiffes in Sicht gekommen, das durchs Wasser pflügte und die dazugehörige Schleppe des Kielwassers, so hätten wir sicher noch weitere Minuten vergeblich versucht, in der grauen Suppe einen Punkt zu erkennen oder eine Linie, die wir als den Überflug der Küste hätten in unsere Rechnungen einsetzen können.
Eine kleine Insel, eher ein großer Felsbrocken mit einem rotweiß beringten Leuchtturm darauf, kommt in Sicht. Sie ist in unserer Karte verzeichnet, so daß wir jetzt einen genau definierten Punkt haben als Ablaufpunkt für die gut fünfzig Kilometer Flug über offene See, die vor uns liegen.
Uhrzeit festhalten, Kurslinie einzeichnen Richtung Mariehamn, Entfernung abmessen, Flugzeit ausrechnen bis zum Platz, der nur wenige Flugminuten landeinwärts der großen Insel liegt.
Jürgen trimmt den »Falken« in einen leichten Steigflug. Das kostet zwar ein paar Kilometer an Fluggeschwindigkeit, würde uns aber im Notfall den Vorteil eines längeren Gleitfluges einbringen, bevor wir in die See »baden« gehen müßten oder etwa vielleicht sogar noch Land erreichen könnten.
Gleichmäßig tickert der Zeiger meiner Stoppuhr über das Zifferblatt. Längst haben wir unsere Wendezeiger eingeschaltet, denn es handelt sich wieder um Fliegen ohne Sicht, wenn man davon absieht, daß irgendwo an einem Punkt der Glashaube die Sonne steht. Um unsere »Lage im Raum« zu erkennen und zu kontrollieren, reicht es, wie wir oft erfahren haben, eben nicht aus, wenn an irgendeinem Punkt dieser undurchsichtigen Milchglaskugel, in deren Mittelpunkt wir uns befinden, ein blendendheller Punkt ist, der sich beliebig bewegen kann, je nach den Bewegungen des eigenen Flugzeuges. Sollte unten nochmals so ein »Geisterschiff« aus dem Dunst herausfahren, dann hätten wir wenigstens für kurze Minuten eine zusätzliche Information für die Längsrichtung und für das Rauf und Runter.
Es hat den Anschein, als ob Jürgen in seinem vorderen Sitz wegen dieser Fliegerei in das Nichts hinein etwas unruhig wird. Was Wunder, denn es ist eine neue Erfahrung für ihn.
Wir reden kein Wort miteinander.
Das gleichmäßige Schnurren und Vibrieren des Motorchens läßt uns die Abgeschlossenheit gegenüber »draußen« eher noch tiefer empfinden.
Ich habe mich in meinem hinteren Sitz bequem zurechtgerückt, habe meine Gurte gelockert und bin nichts als glücklich. Ich weiß ja, daß es da unten für die nächsten fünfundzwanzig Minuten nichts zu sehen geben wird.

Vielleicht kommt dieses Glücksgefühl aus meinem Unterbewußtsein. Ist vielleicht begründet in längst vergangenen Erlebnissen aus dem Kriege.

Wenn auf dem Rückflug aus dem feindlichen Festland die Küste hinter uns lag, wenn es hinausging auf die See, viele hundert Kilometer weit in Richtung Heimathorst, wenn uns die feindliche Abwehr nichts mehr antun konnte, dann war es, als ob uns das Leben neu geschenkt worden wäre.
In diesem Augenblick konnte auch die schwierigste fliegerische Aufgabe, die der Heimflug uns noch bescheren mochte, unser Glücksgefühl nicht beeinträchtigen.

Und ganz ähnlich ist mir jetzt in diesen Minuten zumute, wo rundherum nichts ist als Wasser und weiter nichts zu tun bleibt, als sauber nach dem Kompaß geradeauszufliegen, die Instrumente für Luft und Motor zu beobachten und allenfalls kritisch den Treibstoff zu prüfen.
Das Wasser unter uns ist, soweit man dies erkennen kann, spiegelglatt. Also können wir damit rechnen, daß kein Wind bläst oder zumindest die Luftbewegung so schwach ist, daß sie für unsere Navigation ohne wesentlichen Einfluß ist.
Jürgen hat sich in Stockholm abgemeldet und versucht jetzt, Funkkontakt mit Mariehamn zu bekommen. Zunächst allerdings noch ohne Erfolg. Die Entfernung dorthin ist wohl noch zu groß.
Er fliegt gut und sicher nach den Instrumenten. Jetzt macht es sich bezahlt, daß wir im Verein sehr intensiv den Wolkenflug geschult haben. Die besten Instrumente im Cockpit sind nämlich ohne Wert, wenn der Pilot nicht gelernt und geübt hat, damit umzugehen.
Jürgen wird auf einmal unruhig.
Es hat den Anschein, als ob sich in unserer Flugrichtung eine Veränderung im konturenlosen Grau abzeichnen würde. Ein kaum wahrnehmbarer Strich. Ganz eindeutig – wir haben plötzlich einen richtigen Horizont! Und was wir unten sehen, achthundert Meter unter uns, ist nicht mehr Wasser, sondern die Oberseite einer geschlossenen Nebelschicht.
Seenebel.
Das bedeutet Alarm!
Alarm, der einen schnellen Entschluß erforderlich macht. Umkehren und zurück nach Stockholm oder weiterfliegen?
Noch haben wir sechs bis acht Minuten Zeit, bevor wir den berühmten »point of no return« überflogen haben. Jene Grenze, die wir nicht überfliegen

dürfen, wenn wir mit ausreichender Sicherheit einen Ausweichplatz erreichen wollen, wo wir in Ruhe die weitere Wetterentwicklung abwarten können. Dieser Ausweichplatz wäre in unserem Fall Stockholm. Dort haben wir vor einer knappen Flugstunde im Vorbeifliegen einwandfreies Flugwetter gehabt. Unsere Eintscheidung ist also leicht zu treffen:
Weiterflug über die Nebeldecke, bis wir Kontakt mit Mariehamn haben und damit eine Wetterinformation für unser Etappenziel! Kommt diese Funkverbindung nicht innerhalb der nächsten acht Minuten zustande, so müssen wir in den bitteren (oder heißt es: sauren) Apfel beißen und umkehren.
Ob wir inzwischen nun Wasser oder diese häßliche Seenebeldecke unter uns haben, das macht keinen großen Unterschied, für den Fall, daß wir – toi toi toi – aus irgendeinem dummen Grund hinunter müßten.
Zuächst bleiben unsere Rufe ohne Antwort, dann jedoch, als die kritische Umkehrminute schon fast erreicht ist, hören wir deutlich Mariehamn antworten.
Jürgen gibt unseren Standort durch, unsere Absicht, in etwa zwanzig Minuten landen zu wollen und erbittet Wetterinformation. Unverständliche Antworten, Rauschen und Krächzen.
Sollen wir umkehren?
Der Zeiger der Stoppuhr läuft für meine Nerven ein bißchen zu schnell.
Er signalisiert, daß der Umkehrpunkt erreicht ist.
»Read you one«, funkt Jürgen, was für Mariehamn soviel bedeutet, daß wir zwar hören aber kaum verstehen können. Ein letzter Versuch der Verständigung läßt uns dann aus einer gekrächzten Antwort heraushören, daß am Zielflughafen ausreichende Sichtverhältnisse herrschen und daß wir unseren Anflug fortsetzen können.
Stoßseufzer der Erleichterung!
Weiterfliegen!
Kompaß, Uhr, gespanntes Warten, ob die grauweiße Decke unter uns Konturen zeigen würde, dunkle Flecken oder gar Löcher! Keines von beidem!
Dafür zeigt sich ohne Übergang quer zur Flugrichtung ein Strich wie mit dem Lineal gezogen:
Das Ende der Wolkenbank und dahinter bleigrauer Grund!
Zunächst noch Wasser, aber schon wenige Minuten später zeichnet sich im dichten Dunst schwach die Küste ab. Langgestreckter Gleitflug. Wiesen, Felder, Gehöfte kommen in Sicht und verschwinden unter dem Flügel.
Voraus der Platz. Kilometerlange Betonbahn, deren Ende im Dunst verschwimmt.

Vom Tower gibt uns eine Stimme in hart klingendem Englisch Rollanweisungen zum Abstellplatz bei der Tankstelle.
Als wir die Haube geöffnet haben und über den Flügel auf den Boden springen, spüren wir, wie sich die Spannung löst, unter der wir gestanden hatten, ohne uns dessen so recht bewußt zu sein.
»Dees glaubt mir kaa Mensch!« Jürgens inzwischen geflügeltes Wort.
Finnland empfängt uns mit Sommersonne.
Nette Leute erledigen die notwendigen Formalitäten ganz und gar »unamtlich«, so daß derjenige, der gewohnt ist, bei uns zu Hause Büros und Kontrollstellen aufzusuchen, geradezu irritiert ist.
Sie erklären uns, daß der Flugplatz und überhaupt die ganze Insel bis vor kurzer Zeit noch vollkommen »dicht« gewesen sei. Der Nebel, der rundherum auf See noch geschlossen aufliegt, habe gerade begonnen, sich über Land zögernd aufzulösen, als unser erster Funkspruch empfangen wurde. Es ist ihnen deshalb nicht leicht gefallen, uns den Rat zu geben, weiterzufliegen.
Auf beiden Seiten also erleichtertes Lachen: Wir, weil wir nicht schon beim ersten Anzeichen von Seenebel umdrehten, und unsere neuen Freunde, weil sie mit ihrer Einschätzung der Wetterentwicklung recht hatten.
Landezeit in Mariehamn: 10.22 Uhr.
Es ist also noch früh am Tage.
Knapp 300 Kilometer werden wir noch zu fliegen haben bis Tampere, unserem Tagesziel.
Wir sind also keineswegs in Eile.
Wir werden doch nicht etwa mit diesem Segelflugzeug zum Eismeer fliegen wollen und gar rund um das Nordkap?
Diese skeptische Frage der Finnen haben wir lachend beantwortet, obwohl sie uns andererseits zugegebenermaßen auch etwas nachdenklich stimmt.
Bereitwillig und sachkundig werden wir beraten:
Wir würden unseren beabsichtigten Flugweg vom südlichsten Punkt Finnlands bis zur nördlichsten Grenze ohne irgendwelche Einschränkungen abspulen können.
An meiner Liste mit Kleinflugplätzen entlang der Flugstrecke und mit Namen und Adressen wird die Fleißarbeit anerkannt, ja bewundert. Aber wie schon in Schweden, gilt auch in Finnland, daß es vernünftiger sei, die gut ausgebauten Flugplätze des Binnenflugnetzes zu benutzen, auch wenn dies da und dort mit ein paar Unbequemlichkeiten und mit etwas höheren Unkosten verbunden sei.
Unser erstes finnisches Bier!

Gut, aber im Vergleich zu Bayern recht teuer.
Jürgen zeigt sich überrascht von der Herzlichkeit, die uns von den Finnen entgegengebracht wird. Er hat eher nordische Kühle und Reserviertheit erwartet.
Es ist der Ausdruck einer inzwischen zur Tradition gewordenen Freundschaft uns Westdeutschen gegenüber, deren Ursprung spätestens in der Waffenbrüderschaft während des Zweiten Weltkrieges begründet liegt.
Ausdruck auch eines Traditionsbewußtseins, das es bei uns zulande kaum gibt und das in dieser Form von den öffentlichen Meinungsmachern fast als peinlich eingestuft wird!
Wir schlendern wieder zu unserer D-KOAP hinaus.
Wenn auch die Sicht kaum über die Grenzen des großen Platzes hinaus reicht, so wissen wir doch, daß dahinter gleich die Küste und die See liegt. In einer Bucht, die im Süden die Platzgrenze markiert, dümpeln zwei kleine Cessnas, die man auf Schwimmer gesetzt hat.
Wir sind im »Land der tausend Seen«!
Nach gut eineinhalb Stunden Aufenthalt erheben wir uns von der Piste zum Weiterflug nach Tampere.
Man hat uns gutes Flugwetter in Aussicht gestellt, zumindest für jenen zweiten Teil der Flugstrecke, der über Land führt. Die ersten hundert Kilometer zwischen der Insel und dem Festland würden uns noch über den heute besonders zählebigen Seenebel führen. Wir nehmen dies in Kauf, weil es, wie gesagt, keinen großen Unterschied macht, ob man nun über Wasser fliegt oder ob dieses von einer Nebeldecke zugedeckt ist.
Es ist allerdings eine andere Frage, wieweit wir uns damit am Rande oder gar außerhalb geltender Regeln bewegen.
Ein Kompaßkurs von fünfundvierzig Grad müßte uns an die richtige Stelle beim Einflug auf das Festland führen. Dies und eine genau ausgerechnete Minutenanzeige auf unseren Uhren müßte ausreichen für unsere Navigation.
Wieder »rundherum« Sonne.
Auch von unten blendet sie, denn dort wird sie durch die Nebeldecke reflektiert, daß es in den Augen schmerzt. Eine dreiviertel Stunde später zeigen sich dunkle Stellen und schwarze Löcher im Nebel. Kleine und kleinste Inselchen werden durch dünner werdende Nebelschleier erkennbar. Meist kahle Felshügel, dann und wann auch mit Gras und Bäumen bewachsen.
Anzeichen, daß das Festland nicht mehr weit sein würde. Erleichterung darüber, daß nun gleich die »feindlichen Elemente«, Wasser und Nebel, hinter uns liegen:

Wir werden fast ausgelassen gesprächig.
– Kümmern uns nicht darum, daß wir keinen Orientierungspunkt in dieser Wasser- und Insellandschaft finden können.
Flugsicht auch hier kaum mehr als drei Kilometer. – Dunst.
Seit unserem Start von der Insel ist noch nicht ganz eine Flugstunde abgelaufen.
Nochmaliges Nachrechen: Das Festland liegt noch etliche gute Flugminuten voraus, und das Gewirr aus unbewohnten Inseln gehört immer noch zum großen Komplex der Alandinseln.
Diese siebentausend »Einsamkeiten« bieten Platz für mindestens ebensoviele Robinsone.
In der Tat entdeckt das Auge des indiskreten Motorseglerpiloten auf vereinzelten Inseln und Inselchen alleinstehende Holzhäuschen. Jeweils nur ein einziges. Es gibt von diesen Ferienhäuschen, sogenannten »Stugas«, angeblich mehr als eintausendsiebenhundert über den ganzen Alandarchipel verteilt. Hierher kommen diejenigen, die alleine oder mit der Familie einen Urlaub zwischen Wald und Wasser verbringen wollen.
Soweit man sich nicht selbst versorgt mit dem, was Wasser und Insel zu bieten haben, geschieht dies durch einen schwimmenden Verkaufsladen, der alles Lebensnotwendige an den hauseigenen Bootssteg bringt und der gleichzeitig Kommunikationszentrum ist, wenn sich die weit verstreuten Inselnachbarn an einer zentralen Anlegestelle zum Einkauf treffen, herbeigerufen von der weithin hörbaren Sirene.
Die Inseln sind ein Paradies für Angler. Jedes Ferienhäuschen beherbergt wohl einen besonderen Individualisten.
Beeren, Kräuter und Pilze als Zutaten für Fischgerichte und zum Räuchern wachsen sozusagen vor der Haustüre.
Aland war aber auch wegen seiner geografischen Lage zwischen Ostsee, Finnischem und Bottnischem Meerbusen und wegen seiner geradezu idealen Eignung als Basis und Versteck für Schiffe aller Art bis weit in das zwanzigste Jahrhundert hinein ein heftig umstrittener Zankapfel zwischen Rußland und Schweden.
Zeugen dieser wechselhaften Gesichte sind da und dort noch zu finden. Einige wehrhafte Burganlagen und Schlösser und nicht zuletzt der Name der Hauptstadt, den sie dem Vornamen Marie verdankt, der Gattin eines Zaren aus dem neunzehnten Jahrhundert.
Erst 1917 gab es Ruhe. Damals, nach der russischen Oktoberrevolution erklärte Finnland seine Selbständigkeit, und es gab in der Folge einen vorläufig

letztmaligen Zank um die Inseln. Diesmal zwischen Finnland und Schweden. Nach einer sehr diplomatischen Entscheidung des damaligen Völkerbundes wurde Aland zu einer autonomen Provinz Finnlands erklärt, mit eigener Verwaltung und mit eigenem Parlament. Die Aländer sind sogar vom Wehrdienst befreit.
Also ein Archipel des Friedens, wenn man davon absieht, daß die finnischen Seestreitkräfte, so klein diese auch sein mögen, das unübersichtliche Inselgewirr als eine uneinnehmbare Basis betrachten.
Für uns ist es nach dem stundenlangen Flug über der Seenebeldecke jetzt hoffnungslos, da wieder Erdsicht ist, auf Anhieb unseren Standort zu bestimmen.
Kompaß, Uhr, Rechenschieber!
Laß das Dingelchen ruhig weiterfliegen bis zum Festland! Dort liegt, ungefähr fünfzig Kilometer landeinwärts, der Pyhäjärvi quer zu unserer Kurslinie. Dies ist ein langgestreckter See mit mehr als fünfundzwanzig Kilometer Länge. Ihn zu verfehlen, würde einer Kursabweichung von über zwölf Kilometer nach rechts oder links gleichkommen, was einem Winkel von gut sechs Grad nach der einen oder anderen Seite entsprechen würde.
Kaum zu befürchten, daß wir an diesem See vorbeifliegen, ohne ihn zu sehen. Der Zeiger meiner Uhr ist über jene Minute weggelaufen, die ich mir für das Erreichen des Festlandes ausgerechnet hatte. Immer noch kein erkennbares Orientierungszeichen.
Zwar deuten landwirtschaftliche Anwesen, die vereinzelt zwischen Moor- und Wasserflächen auftauchen, und auch schmale Verbindungswege darauf hin, daß nicht mehr Inseln, sondern vielfach zergliederte Küstenlandschaft unter uns ist.
Nun – sei's drum, spätestens am Pyhäjärvi werden wir uns ja zurechtfinden, und bis dorthin müssen eben Uhr und Kompaß genügen, die aufkommende Unruhe in Grenzen zu halten.
Ich will es kurz machen: Als die Zeit abgelaufen ist, spähen wir vergeblich die Gegend rundherum ab, soweit dies der Dunst erlaubt. Keine Spur von unserem riesengroßen See!
Bleibt nur eines: Weiterfliegen!
Nur Anfänger verfallen in den Fehler und veranstalten in einer solchen Situation eine mehr oder weniger planlose Sucherei, um das verfehlte Ziel zu finden.
Was dabei herauskommt, kann man dann in den Zeitungen lesen – vorwiegend montags. »Sportflieger abgestürzt«, heißt es da, und die Geschichte die

dahinter steckt, ist nur zu häufig die, daß jener sogenannte Sportsmann die Orientierung verloren hat und beim Rumsuchen irgendwo im wahrsten Sinne des Wortes hängengeblieben ist oder seinen ganzen Treibstoffvorrat verbraucht hat.
Nein – wir müssen uns zum Weiterflug entscheiden, denn mit Sicherheit haben wir den Pyhäjärvi-See verfehlt.
Unser Ziel, die große Stadt Tampere, liegt noch etwas mehr als fünfzig Minuten voraus. Wenn wir bis dorthin noch keine Orientierung aufgenommen haben, ist immer noch Zeit, uns etwas einfallen zu lassen, denn dann haben wir noch eine Stunde Kraftstoffreserve. Das reichte, um Helsinki anzusteuern, von wo wir Unterstützung durch Funkpeilung oder durch Radarführung erwarten können.
Diese Blamage aber bleibt uns dann überraschend schnell erspart: Jürgen sieht es zuerst, daß wir am Rande eines kleinen Flugplatzes vorbeifliegen, der nur deswegen erkannt werden konnte, weil ein kleines Motorflugzeug am Waldrand abgestellt ist.
Schneller als ich mitdenken konnte, nimmt Jürgen das Gas heraus und schwebt zur Landung an. Undeutlich markierter Grasstreifen! »Hier werden wir fragen, wo wir sind!«
Ich sage es hier, was ich damals nicht gesagt habe, um ihm, der an jenem Tag die Verantwortung hatte, nicht dreinzureden, daß ich gar nicht einverstanden war mit Jürgens Entschluß. Ich wäre weitergeflogen, weil die Peinlichkeit schwer erträglich ist für mich, auf einem wildfremden Flugplatz zu landen und dort nach dem Weg fragen zu müssen.
Wie sich dann zeigt, hätte ich durchaus recht behalten, wiel wir nur wenig neben unserer Kurslinie gelegen hatten und Tampere sicher gefunden hätten, wenn wir weitergeflogen wären. Es ist der Platz Oripää, die Basis eines Fliegerclubs der Stadt Turku, wie uns gesagt wird, als wir unsere Haube öffneten.
Die Flieger aus Oripää entpuppen sich dann als recht nette Leute. Wir müssen ihre Flugzeuge bewundern, ihre Flugzeughalle und ihre Werkstätten. Da gibt es einige Segelflugzeuge älterer Bauart und einige Motorflugzeuge – die üblichen langweiligen Familienkutschen, aber auch ein besonderes Schmuckstück und zugleich der Stolz des Vereins: Eine historische Klemm 25 aus dem Jahr 1930!
Die Freunde aus Oripää haben uns eingeladen, doch hier zu bleiben als ihre Gäste. Wir aber müssen mit Bedauern ablehnen.
Unser Flugplan »läuft« ja.

Das bedeutet, daß wir nach einer halben Stunde Aufenthalt wieder starten müssen, wenn wir vermeiden wollen, daß man uns als vermißt betrachtet und womöglich eine umfangreiche Suchaktion in die Wege leitet.
Eine Suchaktion, deren nicht unerhebliche Kosten natürlich zu unseren Lasten gehen würde.
Nette Erinnerung am Rande: Die Oripää-Flieger hatten mich, noch bevor ich meinen Namen genannt hatte, erkannt. Sie hatten meine Bücher gelesen und erinnerten sich an meinen Auftritt im finnischen Fernsehen.
Genüßlich spulen wir die restlichen achtzig Kilometer bis Tampere noch ab. Anmeldung im Funk.
Peinlich genau geflogenes Anflugverfahren, wie es die Anflugkarten verlangen.
Die riesige Landebahn kommt erst in Sicht, als es höchste Zeit ist, das Motorchen für den Gleitflug zu drosseln.
Betont höfliche Rollanweisungen vom Tower führen uns zu einem Abstellplatz, wo schon andere kleine Sportflugzeuge verankert sind.
Auch einige kleine zweimotorige Reisemaschinen verschiedener amerikanischer Typen stehen dort. Sie tragen alle dieselben aufgemalten Embleme einer finnischen Chartergesellschaft, die ihren Sitz hier in Tampere hat.
Im Gegensatz zu den Verhältnissen in Mitteleuropa scheint hier in Finnland eine größere Nachfrage nach Charterflügen mit derart kleinen Reisemaschinen zu bestehen.
Unsere D-KOAP können wir an bereitliegenden Autoreifen verankern, die mit Beton ausgegossen und mit einer Metallöse versehen sind. Diese Reifen werden übrigens auf jedem Flugplatz, den wir in Finnland angeflogen haben, in ausreichender Zahl bereitgehalten. Sie sind trotz ihres hohen Gewichtes leicht zu handhaben, weil man sie bequem dorthin rollen kann, wo man sie braucht.
Es sei dieser Service allen deutschen Plätzen zur Nachahmung empfohlen. Er ist menschenfreundlich und kostet praktisch keinen Pfennig!

Landung: 14.30 Uhr
Ein sonniger, warmer Sommertag.
Wir hätten bequem noch weiterfliegen können bis nach Kuopio. Dort aber werden wir erst morgen erwartet.
Also setzen wir uns auf die Sonnenterrasse und strecken erst mal alle Viere von uns.
Wir reden uns ein, wir hätten eine ausgiebige Erholung verdient nach einem

ereignisreichen Flug über Nebel, Wasser, Inselgewirr. Nach halbblindem Vorwärtstasten durch feucht-heißen Dunst, nach einer nicht vorgesehenen Außenlandung. Quartier für die Nacht haben wir dank großer Bemühungen des Fluglotsen vom Tower auch schon. Ein modernes Motel, ganz in der Nähe gelegen, angeblich besonders komfortabel, würde uns aufnehmen.
Ein weiterer Grund, den Nachmittag in aller genüßlichen Ruhe und Beschaulichkeit an uns vorbeitröpfeln zu lassen!
Im Wechsel sorgen wir dafür, daß die Versorgung mit Bier ohne größere Unterbrechungen gesichert bleibt.
Sonntag!
Rundherum das Bild und der Betrieb eines typischen Zivilflughafens des finnischen Inlandverkehrs.
Eine riesige Starbahn ohne alles sonst gewohnte »Drumherum«, einfach in das ebene Wald- und Moorgelände hineingelegt. Demgegenüber – geradezu ein Mißverhältnis – ganz bescheidene ebenerdige Gebäude für die Fluggastabfertigung, Flugleitung, Tower, Wetterstelle. Ein recht einfaches Selbstbedienungsbüfett. Ein kleines Nebengebäude für Feuerwehr und Tankstelle.
Und davor die Terrasse zum Sitzen, Warten, Schauen, Nichtstun. Wir erleben die Zeit des dichtesten Verkehrsaufkommens des Tages. Kurz hintereinander landen eine betagte »Caravelle« der »Finnair«, sogar eine Uralt-Convair 440 und dann noch eine brandneue DC 9.
Die Flugzeuge rollen bis an den Rand unserer Terrasse heran. Keine Absperrungen, keine Kontrollen, keine Uniformierten. Wo auf dieser Welt, auf welchem Airport, kann man solch friedfertige Beschaulichkeit noch erleben?
Allein deswegen hat es sich für uns gelohnt, diesen Nachmittag hier zu verbringen!
Fluggäste kommen in kleinen Grüppchen von den gelandeten Maschinen.
Abfluggäste warten gelassen und geduldig darauf, daß sie auf das Vorfeld geführt werden. Sie tragen teilweise Unmengen »Handgepäck« bei sich, das sie alles mit in die Kabine schleifen wollen.
Die Besatzungen sind in ihren Cockpits sitzen geblieben, haben die Seitenfenster aufgeschoben und beobachten den Betrieb der Abfertigung.
Erinnerungen an »alte Zeiten« werden wach, als die Convair ihre Kolbentriebwerke anläßt: Der Heulton des Schwungkraftanlassers, Einkuppeln und langsames, blubberndes Durchdrehen der Luftschrauben über einige Kompressionen weg. Aus dem Auspuff qualmt unverbranntes Gasgemisch. Dann die ersten Zündungen, explosionsartiges Knallen, dicke schwarze Qualmwolke, die von der hochdrehenden Luftschraube nach hinten geblasen wird.

Immer schlechter wird das Wetter. Tief herabhängende ergiebige Schauer zwingen zu Umwegen und erschweren die Navigation.

Wir nähern uns dem Küstengebirge Nordnorwegens. Die Berge tragen Wolkenkappen. Dahinter liegt unser Ziel, der Alta-Fjord.

Flugplatz Alta. Eine Startbahn auf dem Kiesbett am Ende des Fjordes.

4. August. Start in Alta zum Flug über Hammerfest zum Nordkap. Ein blanker Himmel verspricht gute Flugbedingungen.

Fjorde – kahle Felsrücken – Eismeerlandschaft.

Im Anflug auf Hammerfest.

Mit randvoll gefülltem Tank fliegen wir weiter von Hammerfest in Richtung Norden.

Seltene kleine Buchten mit einer spärlichen Vegetation bieten Platz für die Ansiedlung einer einzelnen Fischerfamilie.

Im Tiefflug durch die Fjorde der Eismeerküste.

Unvermutet kommt am Fuße der Kraterlandschaft des unbewohnbaren Gebirges eine Siedlung ins Blickfeld. Vielleicht eine Fischersiedlung?

Oft muß unser kleine Vogel große Strecken über Wasser fliegen bis zur nächsten kah-len Felsennase.

Zahllose vegetationslose Felseninseln sind der Küste vorgelagert. Dort notlanden zu müssen, würde nicht ohne schweren Schaden abgehen. Man müßte in einem Notfall das Flugzeug auf das Wasser setzen. Wir haben mit Schwimmwesten vorgesorgt.

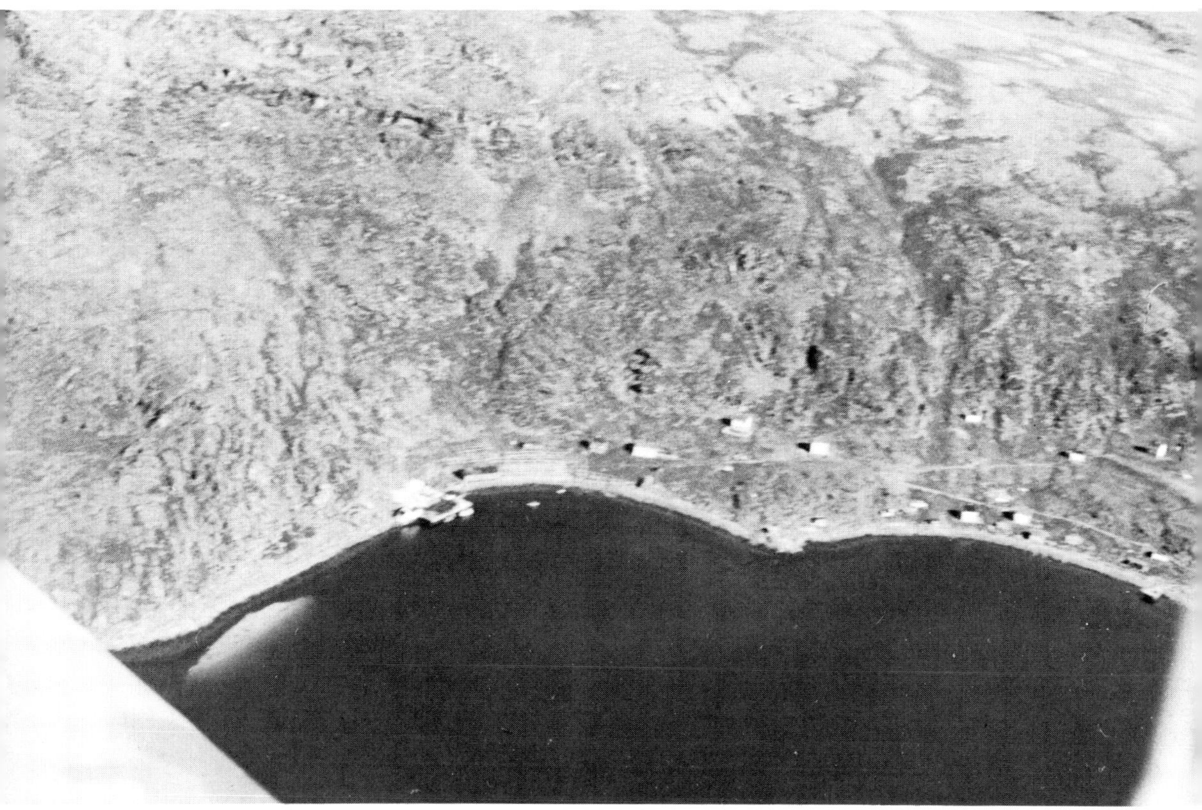

Wir »entdecken« noch einmal eine menschliche Siedlung.

Große und kleinere Schiffe deuten auf Fischerei hin.

Arbeitersiedlung inmitten menschenfeindlicher Wildnis. Wer ahnt schon, daß hier im höchsten Norden Europas, in einer Umgebung, die menschliches Existieren ausschließt, jene köstlichen Fischkonserven entstehen, welche die Regale unserer Kaufhäuser füllen?

Längst Vergangenes wird wieder gegenwärtig.
Dabei war solches noch vor ganz wenigen Jahren auf allen Flugplätzen der Welt eine alltägliche Selbstverständlichkeit.
Um uns herum spielt sich auch die sonntägliche Freizeitgestaltung finnischer Familien ab.
Sie sind nicht mit dem Auto gekommen, sondern zu Fuß, mit dem Fahrrad oder mit dem Omnibus.
Mann kommt aus der Stadt und verbringt den Nachmittag am Rande des Flugplatzes. Terrasse und angrenzende Rasenflächen sind eine einzige Familienidylle.
Alles wirkt freundlicher, bescheidener, heiterer als bei uns zu Hause. Keine kilometerfressende Hektik, kein Angebergehabe. Sie gestalten sich ihre Sonntagsfreude mit ihren eigenen bescheidenen Mitteln, sind nicht darauf angewiesen, daß man sie ihnen konsumfertig und komfortabel verkauft.
Welch ganz andere Freizeitwelt gegenüber jener in den »reichen« Ländern des mittleren Europas!
Natürlich breiten wir noch einmal unsere Karten aus und verfolgen mit dem Finger die einzelnen Abschnitte unseres heutigen Flugweges.
Im Gedächtnis wird uns die Vielfältigkeit an Formen und Farben der Inselwelt des Aland-Archipels bleiben, aber auch das Fremdartige der südwestfinnischen Landschaft, obwohl die schlechten Sichtverhältnisse unser Blickfeld arg begrenzen.
Wir beschließen, für den Weiterflug einen zweiten Satz ICAO-Karten zu kaufen, nachdem es sich erwiesen hat, daß die Karte im Maßstab 1:1 000 000, die wir für den Mann im hinteren Cockpit für ausreichend gehalten hatten, eine Fehlinvestition war.
Diese Karte hat bei der schlechten Sicht nicht ausgereicht, um damit den Flugweg zu verfolgen, geschweige denn, dem Piloten im vorderen Sitz behilflich sein zu können.
Um sich über Navigation und Flugweg verständigen zu können, müssen beide Piloten dieselbe Karte haben.
Hier zeigt sich der einzige Nachteil unseres »Tandemfalken« gegenüber Flugzeugen mit nebeneinanderliegenden Sitzen: Man benötigt in der Tat einige Dinge doppelt.
Wir machen uns auf den Weg zu unserem Motel.
Erst geht es querfeldein, dann durch eine kleine Siedlung mit modernen Wohnhäuschen.
Unser Reisegepäck ist so leicht und handlich, daß es uns nicht belastet.

Unser Domizil hält, was der freundliche Helfer vom Tower des Flugplatzes versprochen hat: Es ist modern, komfortabel und bequem.
Im Restaurant ausgesuchte Spezialitäten des Landes.
Natürlich aus Rentierfleisch.
Ungewohnt lange, zählebige Dämmerung, die wir voll auskosten, ehe wir unsere Zimmer aufsuchen.
Müde, schlafbereit, rundherum befriedigt, legen wir uns nach diesem langen Abend, unserem ersten in Finnland, in die Betten. Um neun Uhr morgen früh wollen wir uns zum Frühstück treffen.

Im Land der tausend Seen

Dieser vierte Tag unseres Flugabenteuers erscheint uns gleich zu Beginn wie der Auftakt zu einem wahren Festtag.
Dafür sorgt schon das Erlebnis des Frühstücks im Hotel. Dieses skandinavische Frühstück hat nichts von jener Atmosphäre aus mißgelaunter Unausgeschlafenheit und hastiger Befriedigung einer Eßgewohnheit.
Ein überreich gedecktes Büfett und heitere Aufmerksamkeit des Personals sollen ganz bewußt dem beginnenden Tag von Anfang an einen freundlichen Ton geben.
Weil wir heute nur eine kurze Strecke zu fliegen haben, lassen wir uns viel Zeit am Frühstückstisch.
Jürgen studiert schon wieder die Navigationskarten und schwelgt in seinen besonderen »Falt-Kunststücken«.
Er hat es überhaupt sehr mit den Karten. Das zeigen die Fotos, die wir gemacht haben. Selten ist er darauf zu sehen, ohne eine zerknautschte Landkarte unter dem Arm.
Als wir uns dann zu Fuß auf den Weg in Richtung Flugplatz machen, liegt schon ein schöner Sommertag über dem Land. Auch die Auskunft über das Streckenwetter verspricht nur Gutes. Sogar die Flugsicht soll heute besser werden, als an den vergangenen Tagen.
Es ist heute der 31. Juli 1978. Morgen, am 1. August, sind wir eingeladen, als Gäste an einem großen Flugtag der finnischen Luftwaffe auf dem Flughafen Kuopio-Rissala teilzunehmen.
Die Aufgabe für den heutigen Tag besteht also lediglich aus einem genüßlichen Zweieinhalbstundenflug über die Seenlandschaft des südlichen Finnland.
Während unserer – längst zur Routine gewordenen – Flugvorbereitung freuen wir uns darüber, wie selbstverständlich man uns in die Gemeinschaft der gemütlichen »Flughafenfamilie« von Tampere aufnimmt. Ob das der Tankwart ist, der Controller vom Tower, der Diensthabende vom Wetterdienst oder der Fahrer des Gepäckwagens – alle sind freundlich, hilfsbereit, kameradschaftlich.
Zur Kontrolle stellen wir uns mitsamt unserem Gepäck einschließlich der Fo-

to- und Filmausrüstung auf die große Waage in der Gepäckabfertigung. Wir stellen fest, daß wir die zugelassene Gesamtzuladung unserer D-KOAP nicht überschreiten – auch bei vollem Benzintank nicht.
Wir werden allerdings bei der Wahl von Mitbringseln für Zuhause nur Platz- und Gewichtssparendes aussuchen können.
Auf der Betonfläche des Vorfeldes stehen immer noch große Pfützen. Sie erinnern an die wochenlangen Regenfälle, die in diesem Sommer auch hier in Skandinavien das Wetter bestimmt haben.
Im Gespräch bestätigt uns der Wettermann auf der Flugleitung, daß es bis vor wenigen Tagen noch unmöglich gewesen wäre, unser Vorhaben durchzuführen, weil eine Schlechtwetterperiode über dem Land lag, so schlecht und ausdauernd, wie selten.
Die voraussichtliche Weiterentwicklung des Wetters beurteilt er optimistisch und meint, daß wir für die kommenden acht bis zehn Tage mit weiterhin gutem Flugwetter rechnen können. Das bedeutet, daß wir zumindest für die besonders kritischen Strecken über die Tundra Lapplands das unbedingt notwendige gute Wetter erwarten können.
Zwar liege über dem südwestlichen Europa bereits wieder ein neues Tief. Dieses scheine jedoch seine Lage zunächst kaum zu verändern, was zu der Hoffnung berechtige, daß unser skandinavisches Hoch noch längere Tage wirksam bliebe oder sich sogar noch verstärken würde.
Was also wollen wir mehr vom heutigen Tag!
Fertig zum Start!
Um lange Rollwege zu vermeiden, erlaubt uns der Tower den Start »direkt von der Haustüre weg«. Das heißt, daß wir nicht den kilometerweiten Weg bis zum Ende der Betonbahn rollen müssen, sondern dort starten können, wo die Bahn mit ihren letzten paar hundert Metern am Hallenvorfeld vorbeiführt. Wieder einmal verdanken wir solche Sonderbehandlung unserem Motorsegler und seinem Image als fliegender Exote.
Trotzdem meinen wir, einen Unterton der Erleichterung mitzuhören, als uns die Startzeit und ein Abschiedsgruß durchgesagt wird. Erleichterung wohl darüber, daß dieses kurze Ende der Startbahn für unseren Abflug ausgereicht hatte.
Gleich nach dem Abheben und nach Erreichen einer Sicherheitshöhe dürfen wir auf unseren Kurs eindrehen.
Die Flugleitung hat uns dies erlaubt, obwohl wir damit in geringer Höhe über die Dächer der Stadt fliegen müssen. Tampere ist mit 170 000 Einwohnern die zweitgrößte Stadt Finnlands.

Große Industriekomplexe lassen erkennen, daß es sich um ein bedeutendes Wirtschaftszentrum handelt.
Moderne Hochhausblöcke.
Fernsehturm mit Drehrestaurant. Ausgedehnte Parkanlagen. Die ganze Stadt ist von Kanälen und breiten Wasserläufen durchzogen.
Tampere ist auch Sitz einer Universität internationalen Ranges. Von Tampere, das ja mitten im Lande liegt, gehen zwei bedeutende Schiffahrtslinien aus. Die eine nach Norden, die andere nach Süden. Es ist eine der vielen Besonderheiten dieses Landes, daß die Binnenschiffahrt ein wichtiger Verkehrsträger ist, ohne daß dafür ein aufwendiges System von künstlichen Wasserstraßen gebaut werden mußte.
Die großen zusammenhängenden Wasserflächen der vielen Seen bilden natürliche Schiffahrtswege. Und dort, wo dieser Wasserweg einmal unterbrochen ist, konnte man ohne großen Aufwand einen Durchstich zum nächsten Seensystem herstellen. Im Süden und Südosten des Landes, den wir ja heute überfliegen, springt die Bedeutung dieses Binnenschiffahrtssystems besonders auffallend ins Auge. Über weite Strecken können wir hier aus der Luft mehr Wasserflächen sehen als Land.
Im Weiterflug muß ich mit leicht schlechtem Gewissen an meine Freunde von der Universität Tampere denken, die mir bei den Vorbereitungen zu diesem Flug behilflich waren.
Ich habe sie nicht besucht gestern abend, um mich noch einmal für ihre Mühe zu bedanken. Vielleicht aber haben sie Verständnis dafür, wenn ich es vorzog, mir mit Jürgen einen geruhsamen Abend zu bereiten, angefüllt mit dem Nachvollziehen der Erlebnisse des Tages in der Atmosphäre finnischer Gastlichkeit.
Kaum haben wir den Luftraum über der Großstadt verlassen, bietet sich uns das Bild einer fast unberührten Landschaft. Kaum einmal eine Straße, ein Gehöft, eine dörfliche Siedlung.
Wälder, Wasser, sanfte Hügel. An den Ufern der Seen spiegeln sich die Silhouetten der Bäume. Dann und wann ein einfaches Holzhaus, das zwischen den Bäumen versteckt liegt. Ein gewundener Pfad führt zum See, wo neben dem Steg ein weiteres kleines Holzhaus gebaut ist – die Sauna. Man hat sie deshalb nahe ans Wasser gebaut, weil es zum Ritual gehört, nach dem Saunabad einen Sprung ins frische Wasser des Sees zu tun.
Wenn wir uns daran erinnern, daß bei uns zu Hause in Bayern ein eigener Artikel in die Verfassung aufgenommen wurde, in dem ganz genau geregelt ist, wo und unter welchen Bedingungen den Bürgern freier Zugang zu den

Ufern von Seen gewährt ist. Und wenn wir erleben, daß trotz solcher Gesetze diese Zugänge größtenteils für die Allgemeinheit versperrt bleiben, weil sie privates Grundeigentum sind, so zieht hier vergleichsweise ein wahres Paradies unter den Flügeln unseres Seglers vorbei.

Sicher gibt es auch hier festgelegte Gesetze und Regeln für die Besiedlung oder Nutzung der unübersehbaren, unberührten Wasserflächen, Inseln und waldbestandenen Ufer. Es dürfte aber wohl für jeden Bewohner des Landes ein Leichtes sein, sich seinen eigenen Platz am See auszuwählen und ihn ganz nach seinem eigenen Geschmack zu gestalten. Entweder abgeschieden, ungestört, allein oder in Nachbarschaft mit Gleichgesinnten.

Die vielfältig geformten Seen erweisen sich als ideale Navigationshilfe. Sie sind unverwechselbar und lassen sich leicht nach dem Kartenbild ausmachen. Windstreifen auf dem Wasser markieren mit großer Genauigkeit Windrichtung und -stärke.

Auf halber Strecke zwischen Tampere und Kuopio liegt die Stadt Jyväskylä, mit deren Universität mich einige Arbeitskontakte verbinden. Unsere Kurslinie führt knapp daran vorbei. Weil wir Zeit haben und aus Neugierde erlauben wir uns die kleine Abweichung vom Strich und überfliegen die Stadt in geringer Höhe.

Ohne daß dies erforderlich wäre, meldet Jürgen unseren Standort an die Flugsicherung in Helsinki. Er tut das nur, weil es ihm Freude macht, den schwierig auszusprechenden Namen sich auf der Zunge zergehen zu lassen. Und wieder bietet sich uns aus der Luft der krasse Gegensatz einer höchst modernen städtischen Ansiedlung, inmitten unberührter Seen- und Waldlandschaft.

Jyväskylä ist die Provinzhauptstadt Mittelfinnlands.

Bedeutendes Wohnzentrum, Verwaltungs-, Wirtschafts-, Verkehrs- und Bildungszentrum. Man erkennt einen alten Stadtkern mit Kirche, Park und repräsentativen Gebäuden. Die modernen Wohnsiedlungen mit Hochhäusern und Bungalowketten sehen nicht anders aus als irgendwo sonst auf der Welt. Hier, wie auch in Tampere, wird beim Blick aus der Luft mit großer Eindringlichkeit deutlich, daß es Finnland gelungen ist, in seiner Entwicklung den Anschluß an vergleichbare westliche Staatsgebilde zu finden.

Inmitten einer Landschaft, die für unser Empfinden von Horizont zu Horizont fast unberührt wirkt, liegt ohne erkennbaren Übergang die große Stadt. Wirtschafts-, Kultur- und Verwaltungszentrum. Ein Bild aus Hochhäusern, Industriekomplexen; Verkehrshektik nicht anders als irgendwo sonst auf der Welt.

Wir haben jetzt Funkkontakt mit Rissalla bei Kuopio, unserem Tagesziel. Gleichzeitig bedauere ich, daß das »Flugerlebnis Finnland« für heute schon bald zu Ende sein wird.
Die verschwommenen Silhouetten eines Funkturmes und einer Skisprungschanze tauchen aus dem Dunst am Horizont.
Sie markieren die Umgebung der Stadt Kuopio, deren Hochhäuser, Schornsteine, Industriekomplexe, eingerahmt von Wasser und Wald, zunächst kaum erkennbar, dann aber deutlich das Bild am Boden bestimmen.
Wir fliegen eine große Runde über der Stadt.
Ich erkenne den Kern der Altstadt wieder mit dem fußballfeldgroßen Marktplatz in der Mitte und den markanten historischen Gebäuden des Rathauses, der Markthalle, und den repräsentativen Geschäfts-, Hotel- und Wohnhäusern, dem Park und der Kirche.
Eine betonierte Straße verliert sich im Dunst und Wald.
Sie markiert die Richtung zum Flugplatz.
Funkmeldung beim Einflug in die Kontrollzone. Vorsorglich habe ich sie in Stichworten auf einen Zettel geschrieben, weil wieder einer jener schwierigen finnischen Ortsnamen darin vorkommt: »Position querab Suonenjoki in zweitausend Fuß, in Motorsegler, geschätzte Ankunft in Rissala zwei-sieben!« Soll heißen, daß wir um 11.27 Uhr am Ziel sein werden.
In Tampere waren wir um 9.28 Uhr gestartet. Wir sind am heutigen Tage also nicht mehr als ganze zwei Stunden geflogen. Ein recht leichtfertiger Umgang mit der Zeit angesichts unseres anspruchsvollen Vorhabens, die nördlichste Spitze Europas zu umrunden.
Wenige Stunden mit gutem Flugwetter, welche wir verschenken, können entscheidend sein über Erfolg oder Mißerfolg.
Über Wald und Seen tasten wir uns zum Flugplatz, so wie es die Einzeichnung auf der Anflugkarte vorschreibt.
Das harte Englisch des Anfluglotsen steht im Kontrast zu der betonten Höflichkeit, mit der es gesprochen wird. Und wieder taucht eine riesige Betonbahn vor uns auf, die so riesig ist, daß wir mit unserem Segler fast quer darauf landen könnten. Umgeben von Wald und Wasser.
Landefreigabe, Windrichtung und -stärke.
Nach der Landung werden wir per Funk auf umständlichen Kreuz- und Querwegen zu einem Abstellplatz auf der zivilen Seite des Flugplatzes gelotst.
Unsere Uhren zeigen halbzwölf, als wir das Motorchen abstellen. Sommerliche Hitze.

Niemand kümmert sich um uns in der abgelegenen Ecke des unendlich großen Geländes.
Wieder sind die bekannten Autoreifen vorhanden, an denen wir das Flugzeug verankern können.
Kilometerweiter Weg zum Flughafengebäude.
Kein Mensch begegnet uns. Es herrscht eine fast gespenstische Stille.
Im Empfangsgebäude erleben wir dann wieder das gleiche beschaulich-fröhliche Leben wie gestern in Tampere.
Wir suchen uns einen schattigen Platz auf der Aussichtsterrasse im ersten Stock, holen uns im Selbstbedienungsrestaurant etwas zu essen und zu trinken.
Eine Convair der Finnair ist gelandet und rollt auf das Vorfeld. Die letzten zwanzig, dreißig Meter, bevor das betagte Flugzeug zum Stillstand kommt, läßt der Kapitän es mit stillstehenden Luftschrauben ausrollen.
Wenige Fluggäste verlassen das Flugzeug. Ebenso ist es nur eine Handvoll, die einsteigen.
Wir sehen die Besatzung, die im Cockpit sitzengeblieben ist und sich angeregt unterhält.
Nach kurzem Aufenthalt ist das Flugzeug wieder gestartet.
Die eingetretene Ruhe wird unterbrochen durch Geschäftigkeit, die offenbar mit dem morgigen militärischen Ereignis auf dem Platz zusammenhängt, dessentwegen wir ja hierhergekommen sind.
Lastwagen fahren auf. Absperrungen werden aufgebaut.
Aus dem gegenüberliegenden Wald, wo die militärischen Einrichtungen des Karelien-Geschwaders der finnischen Luftwaffe untergebracht sind, rollt eine metallisch glänzende MiG 21 heraus.
Wir sehen zum erstenmal dieses russische Jagdflugzeug, mit dem die finnische Luftwaffe teilweise ausgerüstet ist.
Der Pilot führt gekonnten Kunstflug vor – wohl eine Übung für das morgige Programm.
Das haben wir nämlich inzwischen erfahren, daß die Veranstaltung der Luftwaffe, zu der wir eingeladen sind, der Besuch einer sowjetischen Staffel mit modernen MiG-23-Flugzeugen sei.
Es wird eine hochoffizielle Angelegenheit werden, die aber eingerahmt sein wird in ein Programm aus Flugvorführungen und sonstigem militärischem Schauspiel für geladene Gäste wie auch für die Allgemeinheit.
Weil mich meine Freunde erst morgen erwarten, bleibt der Sommernachmittag zu unserer freien Verfügung.

Ein planmäßiger Omnibus bringt uns in die zwanzig Kilometer entfernte Stadt, vorbei an traumhaft schönen Seen, den einzigen freien Flächen im grenzenlosen Wald.
Dieser Wald unterscheidet sich von den Urwäldern Nordkareliens nur dadurch, daß die Bäume und das Unterholz höher und üppiger sind als in dem kalten Klima nördlich des Polarkreises: Fichten, Birken, dichtes Unterholz, Gras und Moos. Dazwischen immer wieder riesige glattgeschliffene Platten und Felsen aus Granit.
Nirgends Anzeichen von dem, was man bei uns Forstwirtschaft nennt. Die Natur scheint sich selbst überlassen.
Wir biegen in eine autobahnähnliche Straße ein und lesen Schilder, die auf die Stadt hinweisen.
Es ist jene Hauptstraße, die von der Hauptstadt Helsinki nach Norden bis zum Polarkreis bei Rovaniemi und deren Verlängerung, die sogenannte Eismeerstraße, fast fünfhundert Kilometer weiter nach Norden führt, durch die Tundra Lapplands bis zur Eismeerküste bei Kirkenes oder – mit einer Abzweigung – zum Porsangerfjord südlich des Nordkaps. Diese Eismeerstraße ist mit Recht der Stolz finnischer Straßenplaner und -bauer, auch wenn sie nicht mehr ist als eine Piste aus Sand und Schotter, hineingelegt in eine Landschaft, die menschenfeindlich und vielfach nahezu unzugänglich ist. In der Stadt nimmt uns dasselbe komfortable Hotel auf, in dem ich vor eineinhalb Jahren schon einmal gewohnt habe.
Soweit es der Inhalt unserer Plastiktüten erlaubte, hatten wir uns »fein« gemacht. So wie es sich für ordentliche Touristen gehört, wollten wir die Stadt, ihre Sehenswürdigkeiten und ihre Bewohner kennenlernen.
Beherrschend für die Altstadt der Marktplatz, größer als ein Fußballfeld. Rundum repräsentative Gebäude.
Buntes geschäftiges Treiben auf dem Markt, nicht anders als auf jedem Markt irgendwo in einer Stadt im westlichen Europa. Angebot und Aufmachung der Waren an den Ständen wie bei uns zu Hause.
Nur die angebotenen kunstgewerblichen Artikel sind landestypisch: Strickwaren, Holzartikel, Keramik, Kleidung.
Frauen in leichten Sommerkleidern schleppen gefüllte Einkaufstaschen.
Ein richtiger sommerlicher Markttag, dessen Bild so gar nicht mit unseren Vorstellungen vom Leben im »Hohen Norden« übereinstimmt.
An einem Stand mit heimischem Kunstgewerbe erstehe ich einen Puuko. Otto Niclas in Unterwössen, der exzellente Fachmann für derlei Waffen wird sich vielleicht darüber freuen.

Genußvoller Bummel durch die Stadt.
Kuopio ist die Hauptstadt der gleichnamigen Provinz, Universitätsstadt und Bischofssitz. Bedeutende Museen. Großzügige Straßen, Plätze, Verwaltungsgebäude.
Wir schlendern neben einheimischen Freizeit- und Sonnengenießern durch eine Parkanlage, in deren Mitte als besondere Sehenswürdigkeit die alte Domkirche liegt. Der eigenartige Reiz ihrer strengen Schlichtheit ist typisch für alte finnische Kirchenbauten.
Viele alte Bauwerke bis hin zu Wohnhäuserzeilen in Holzbauweise. Rückschau ins achtzehnte Jahrhundert, als das zaristische Rußland hier noch herrschte.
Liegt es an unserer unbeschwerten Ferienstimmung, ist es das Besondere dieses Sommertages oder sind es die Mienen freundlicher, fröhlicher Menschen, daß wir das Gefühl haben, in einer anderen, einer unbeschwerten, beschwingten Welt zu sein?
Jürgen schwärmt weiter: »Dees glaubt mir kaa Mensch!«
Und neu kommt hinzu: »Dies ist der Augenblick unmittelbar vor dem Höhepunkt meines Lebens!«

Finnisch-russischer Flugtag in Rissalla

Natürlich hat auch Kuopio jenes »andere Gesicht«, das geprägt ist von Industrieanlagen, Betonhochhäusern, Verkehrshektik.
Den langen Abend dieses Touristentages, der so gar nichts »Fliegerisches« an sich hat, verbringen wir auf der halboffenen Terrasse eines Restaurants, das wir in einer Seitenstraße entdeckt haben. Die Sonne hat die Hauswände aufgeheizt, so daß man bis in die späte Dämmerung sitzen konnte bei Bier und guten Gesprächen mit finnischen Abendbummlern.
Wenn ich sage »späte Dämmerung«, so bedeutet das, daß es hier in der Nähe des Polarkreises um diese Jahrezeit auch um elf Uhr abends noch hell genug ist, um die Speisekarte zu lesen. Die Menschen haben ihren Tagesrhythmus entsprechend eingerichtet. Niemand scheint daran zu denken, daß Arbeit, Freizeit und Schlaf in einem ausgewogenen Verhältnis zu stehen haben. Viele arbeiten zu später Stunde noch in Haus und Garten und andere dehnen den Feierabend bis hin nach Mitternacht.

1. August 1978.
Nach kurzer Nacht sind wir mit einem frühen Omnibus hinausgefahren zum Flugplatz.
Unsere Gastgeber erwarten uns schon: Hannu Valtonen und einige seiner Freunde, allesamt Flieger und engagierte Luftfahrthistoriker.
Sie haben längst schon erfahren, daß wir bereits gestern abend gelandet waren.
Herzlicher Empfang. Ein Drink an der Theke, die für »besondere Gäste« eingerichtet ist.
Als bevorzugte Gäste sind wir nämlich eingestuft, was bedeutet, daß wir während des Ablaufes der militärischen Großveranstaltung volle Bewegungsfreiheit – auch innerhalb der strengen Absperrungen – haben, daß wir fotografieren dürfen und daß wir auch ansehen und anfassen dürfen, was nicht für die Allgemeinheit zugänglich ist.
So kam es, daß wir bei der Ankunft der sechs hochmodernen sowjetischen MiG 23 und deren Begleitflugzeug gleichsam Mitglieder des offiziellen Komitees waren, daß wir dem General die Hand geben »durften« und daß wir ei-

nige Worte mit den russischen Piloten wechseln konnten, soweit dies die Sprachbarriere zuließ.
Das Interesse galt beidem: Den russischen Flugzeugen wie auch den Menschen, den Soldaten, die als ausgesuchte Repräsentanten ihres Landes Freundschaft ebenso demonstrieren sollten wie handfeste politische Gegenwart.
Hinweise auf jenen »Staatsvertrag« werden deutlich, der als Schlußstrich unter die Kriege zwischen beiden Ländern geschlossen wurde. Von dem einen diktiert und von dem anderen wohl oder übel hingenommen.
Das militärische Zeremoniell der Begrüßung hält sich dementsprechend von finnischer Seite in einem eher zurückhaltenden Rahmen. Nationalhymnen, gespielt von einigen Musikern in Soldatenuniform. Grußworte hinüber und herüber des finnischen Generals und seines sowjetischen Gastes.
Eine Abordnung finnischer Piloten in Ausgehuniform geht händeschüttelnd an der Front der angetretenen Russen entlang. Aus! –
Bereitstehende Omnibusse bringen die Gäste, Piloten und das Begleitpersonal in ihre Unterkünfte in der Stadt.
Man verzichtet aber nicht darauf, daß alle russischen Delegationsmitglieder ordnungsgemäß durch die Zoll- und Grenzkontrolle geschleust werden. Dazu händigt einer der Begleitoffiziere jedem der vielleicht hundertfünfzig Sowjetbürger diesseits der Kontrollschranke einen nagelneuen Paß aus, den er dann prompt auf der anderen Seite der Kontrolle durch seinen Assistenten wieder einsammeln läßt.
Diese Zeremonie ist allen Beteiligten etwas peinlich.
Sehr beeindruckt sind wir von den Flugzeugen, die die Russen mitgebracht haben. Diese MiG 23 mit ihren Schwenkflügeln und allen Merkmalen eines hochmodernen Überschallflugzeuges hält sicher jeden Vergleich mit entsprechenden westlichen Militärflugzeugen aus.
Noch lange, nachdem der offizielle Teil des Empfangs vorbei war, nachdem Publikum und Presse abgewandert waren, saßen wir auf der Sonnenterrasse und tauschten mit unseren finnischen Freunden Gedanken aus, wobei wir uns zumindest darin einig waren, daß es ein Unglück ist, wenn die Menschheit einen Großteil ihrer Leistungen in Projekte militärischer Technik steckt, anstatt diese friedlichen Zwecken zukommen zu lassen.
Und was uns noch aufgefallen ist, war das Verhalten der sowjetischen Soldaten und Offiziere. Sie schienen wie aufgezogene Puppen, taten nur das, was vorher genauestens eingeübt war. Mieden jeden persönlichen Kontakt mit ihren Gastgebern. Es fiel uns auf, daß keiner auch nur andeutungsweise einmal gelacht hätte. Auch untereinander schien ihr Verhalten kühl.

Wenn dieser militärische »Freundschaftsbesuch« den Zweck hatte, nachbarliche Freundschaft zu demonstrieren, gleichzeitig mit einer Präsentation überlegener Stärke und höchst moderner Technik, so ist dies sicher ganz gründlich mißlungen.
Der Kontrast zwischen den Gastflugzeugen und ihren Piloten auf der einen und dem Schwarm des übrigen Besuchskommandos auf der anderen Seite war eindrucksvoll.
Hier ein eher bescheidenes Selbstbewußtsein und dort ein Gemisch von Überheblichkeit, Verlegenheit und Mißtrauen. Für morgen, den 2. August 1978, ist so eine Art öffentlicher Flugtag vorgesehen, mit den üblichen Vorführungen von Kunstflug, Fallschirmspringen, Vorbeiflügen, Paraden.
Obwohl wir auch für diesen Tag zum Kreis der bevorzugten Gäste vorgemerkt sind, entschließen wir uns spontan, auf die Teilnahme zu verzichten. Es erscheint uns wichtiger, möglichst schnell in Richtung Nordkap weiter zu kommen, als ein Spektakel zu erleben, das wir in weit größerem Umfang schon oft genug bei Großveranstaltungen »im Westen« genießen konnten.
Eine Einladung zum abendlichen Bankett, das zu Ehren der Gäste aus dem Osten veranstaltet wird, müssen wir leider ablehnen. Dazu fehlt es uns ganz einfach an der entsprechenden Garderobe.
Unsere Gastgeber haben dafür Verständnis.
Zum »Ausgleich« allerdings lädt uns einer der finnischen Piloten für den Spätnachmittag in seine Familiensauna ein. Die verbleibende Zeit nutzen wir, um alle Vorbereitungen für unseren Start am morgigen Tag zu treffen.
Es gelingt uns durch Vermittlung der Luftwaffe, eine Starterlaubnis in den frühen Morgenstunden zu erhalten, obwohl der Platz für alle Flugbewegungen gesperrt ist.
Wir lassen Benzin in den Tank gluckern, bis dieser randvoll ist.
Wir polieren die Haube auch Hochglanz.
Wir genießen nach all dem Trubel des Tages die absolute Ruhe auf dem abgelegenen Liegeplatz unseres kleinen Vogels, die warme Sonne, den ungewohnten Umstand, einfach »Zeit zu haben«. Jürgen beweist wieder einmal sein Talent, sich ohne Übergang totaler Erholung und Entspannung hinzugeben.
Es ist plötzlich verschwunden, und ich finde ihn im Schatten des nächsten Gebüsches, wo er so tief schläft, daß kein Geräusch ihn wecken konnte.
Auch ich lege mich in den Schatten.
Es bleibt aber beim geruhsamen Dösen mit offenen Augen. Bilder der Erlebnisse des heutigen Tages ziehen vorbei: Warten auf die Ankunft der russischen Flugzeuge.

Ihr Überflug im geschlossenen Verband.
Weitgezogene Platzrunde. Dabei Spreizen der Schwenkflügel für den Landeanflug.
Erneuter Überflug, Auflösung der Formation und Einschwenken zur Landung. Auslösen des Bremsfallschirmes, aufsetzen und ausrollen.
Einweisen der einzelnen MiG 23 auf den Begrüßungsplatz, gegenüber den dort aufgestellten sechs MiG 21 der Gastgeber.
Die Cockpithauben öffnen sich hydraulisch, wobei ein Zischton zu hören ist.
Paradeaufstellung der Gäste und der Gastgeber.
Die russischen Piloten tragen Anzüge in getöntem Weiß, die ihnen das Aussehen von Krankenpflegern verleihen.
Für diesen Anlaß haben sie wohl auf ihre militärischen Kampfanzüge verzichtet.
Sogar eine Dolmetscherin haben sie mitgebracht.
Pummelig, Ledertasche schwenkend, in einem Kostüm, das halb Uniform ist, halb Rotekreuzschwester in Zivil.
Fahnen, Nationalhymnen, Kommandos.
Wegtreten!
Wegschleppen der Flugzeuge zu versteckten Abstellplätzen im gegenüberliegenden Wald.
Auch die begleitenden großen Transportmaschinen rollen zu Abstellplätzen am jenseitigen Rande des Platzes.
Langsam klingt die Erregung ab, die mich befallen hatte: Inmitten russischer Soldaten und angesichts russischer Waffen.
Erinnerungen wollen sich aufdrängen.
Aber ich will jetzt nicht an Kriegszeiten denken und bin jetzt erst recht froh darüber, daß wir morgen in aller Frühe wegfliegen. Dieser eine Tag voller militärischem Imponiergehabe hat mir vollkommen gereicht.
Das Haus unseres Saunagastgebers erreichen wir mit einem Omnibus. Es gehört zu einer jener Bungalowsiedlungen am Stadtrand, wie sie uns beim Blick aus der Luft an allen größeren Orten im Lande aufgefallen sind: meist einfache, aber zweckmäßige Fertighäuser, reihenweise hineingestellt in den wild wuchernden Wald.
Der Hausherr – Offizier und Pilot der Luftwaffe – stellt uns eine Handvoll seiner Freunde vor, die ihn anläßlich des heutigen Flugereignisses besucht haben.
Es sind junge Männer aus allen Teilen des Landes. Sie sind Mitglieder einer losen Vereinigung, die es sich zur Aufgabe gemacht hat, Studien über die

Entwicklung der finnischen Luftfahrt zu betreiben. Ergebnis ihrer Arbeiten sind umfangreiche Sammlungen von Dokumenten, Fotos und Gegenständen. Selbstverständlich pflegen sie Kontakte zu allen Menschen, die etwas zu ihren Bemühungen beitragen können.

Besonders umfangreich sind ihre Sammlungen über den Einsatz der deutschen Luftwaffe in den Jahren 1941 bis 1944 in Lappland und Karelien.

Sie verbringen ihre Freizeit und ihre Ferien regelmäßig in den Wäldern und in der Tundra im Norden des Landes. Dort suchen sie nach Spuren aus den Kriegen gegen Rußland. Sie kennen die Plätze, wo Wracks von Flugzeugen liegen, die der Krieg hinterlassen hat, zumeist, weil deren Abtransport nicht lohnend oder, wie in den meisten Fällen, unmöglich war. Auch Reste von Flugzeugen, deren Verbleib bisher unbekannt war, haben sie schon gefunden und damit zur KLärung von Vermißtenfällen beigetragen.

Was sie von diesen Fundorten zusammengetragen und abtransportiert haben, füllt heute schon ein Museum.

Auch zwei Bücher über den Einsatz der deutschen Luftwaffe von finnischen Flugplätzen aus sind entstanden.

Es sind Übersichten über Luftwaffenverbände und deren Aktivitäten, wie sie mit Sicherheit in keinem deutschen Archiv zu finden sind.

Auch mein Name und Fotos meines Flugzeuges finden sich darin im Zusammenhang mit Hinweisen auf Flugeinsätze, die ich für das finnische Oberkommando durchgeführt habe. Nicht zuletzt diese Veröffentlichungen sind es, denen ich wiederholte Einladungen nach Finnland verdanke, einen Auftritt im dortigen Fernsehen und Zeitungsinterviews.

Zu alten Freundschaften sind neue gekommen, über die ich stolz und glücklich sein kann.

Das Haus unseres Gastgebers gleicht eher einem Luftfahrtmuseum. Allein das Archiv umfaßt 12 000 Fotos neben einer großen Menge von Dokumenten.

Der Schreibtischsessel im Arbeitszimmer ist der Beobachtersitz aus einem russischen Flugzeug, dessen Trümmer in der Tundra gefunden wurden. In einer Ecke steht ein Funkersitz aus einer deutschen Ju 88, vierzig Kilo schwer, mit der kompletten Panzerung versehen. Allein der Abtransport dieses Stükkes über unwegsame Urwald- und Moorgebiete war die Arbeit eines Urlaubs in Lappland.

Es spricht für die Einstellung der finnischen Öffentlichkeit, wie auch offizieller Stellen, gegenüber der Pflege von Tradition, daß die Arbeiten der jungen Luftfahrthistoriker private und öffentliche Anerkennung und Unterstützung genießen. So hat zum Beispiel die Luftwaffe in wiederholten Fällen Hubschrauber zu Verfügung gestellt, wenn große und schwere Stücke aus unzugänglichen Gebieten geborgen werden mußten. Unter anderem ist es auf diese Weise gelungen, eine komplette Me 109 zu bergen und wieder aufzubauen.

Das Klima und die unverdorbene Luft im hohen Norden haben es begünstigt, daß die Fundstücke auch nach nunmehr vierzig Jahren erstaunlich gut erhalten sind. Es sind kaum Korrosionserscheinungen zu sehen. Lediglich Teile aus Stahl zeigen einen leichten Anflug von Rost, der aber mit wenig Mühe beseitigt werden kann.

Unsere finnischen Freunde können mit Recht stolz sein auf ihre Leistungen. Es ist schade, daß im Vergleich dazu bei uns zu Hause der Pflege der Tradition und der korrekten Dokumentation der Zeitgeschichte so wenig Aufmerksamkeit gewidmet wird.

Als der Hausherr schließlich ankündigt, daß die hauseigene Sauna aufgeheizt sei, können wir finnische Gastfreundschaft erleben, wie sie bevorzugten Gästen vorbehalten ist.

Wir sind zu Mitgliedern der Familie geworden.

In der entspannten Atmosphäre der heißen Sauna kommen wir uns über die gemeinsamen Interessen in Luftfahrt und Technik auch näher im Sinne echter Freundschaft.

Sauna bedeutet für die Finnen ja eine Art Losungswort, einen Teil ihrer Lebensäußerung.

In der Sauna fällt das Reden und Diskutieren leicht.

Alle sind gleichrangig, weil ja alle ohne Kleider sind.

Sauna bedeutet nicht nur Bad, oder wie bei uns zu Hause, Abschwitzen überflüssiger Pfunde.

Sauna ist Entspannung, schöpferische, euphorische Stimmung. Zur Lösung besonders hartnäckiger Probleme, etwa schwieriger Geschäftsverbindungen, geht man nicht selten in die Sauna.

Hannu, unser Gastgeber, erzählt uns, daß es noch nicht lange her ist, daß sogar die Regierung einmal in der Woche in der Sauna zusammengetreten sei und dort Entscheidungen auf höchster Ebene getroffen habe.

Diese Übung mußte allerdings spätestens dann entfallen, als auch weibliche Regierungsmitglieder mitzureden hatten.

Es ist nämlich nicht üblich, daß die Geschlechter gemeinsam in die Sauna gehen, ausgenommen natürlich in den Familien.

Wir sind um ein wichtiges Finnlanderlebnis reicher.

In der Vorfreude auf den morgigen Flug nordwärts in Richtung Polarkreis legen wir uns schlafen.
Sehr früh schon sind wir am Morgen des neuen Tages im planmäßigen Omnibus unterwegs zum Flugplatz.
Schönstes Flugwetter.
Den ersten Höhepunkt des neuen Tages bildete bereits das typisch finnische Frühstück im Hotel. Dieses Frühstück zeichnet sich nicht nur dadurch aus, daß für die Gäste ein großes kaltes Buffet bereitet ist mit ausgesuchten Köstlichkeiten aus Küche und Keller. Es unterscheidet sich auch in besonderem Maße von der tristen Atmosphäre der Frühstückszimmer in den Hotels des mittleren Europas.
Nicht unpersönliche Schnellabfertigung, sondern das Bemühen, durch unaufdringliche Höflichkeit und Zuwendung dem Gast zu einem heiteren Tagesanfang zu verhelfen.
Man verläßt das Hotel mit dem Gefühl, den neuen Tag mit einem kleinen Fest begonnen zu haben.
Jürgen stellt erneut fest, daß er ein bedingungsloser Freund Finnlands geworden ist.
Über den Wäldern schwebt im flachen Gleitflug ein Verkehrsflugzeug, eine alte »Caravelle« der Finnair, im Landeanflaug auf den Flugplatz Rissalla zu. Sie zieht eine dunkle Abgasfahne hinter sich her und zeigt uns, wo der Flugplatz liegt, dem unser Omnibus zustrebt.
Ich werde etwas ungeduldig, wenn die Fahrt immer wieder unterbrochen wird, weil Haltestellen an der Straße sind oder weil der Verkehr zu Verzögerungen zwingt.
Um so mehr fällt uns die ruhige Gelassenheit der finnischen Mitfahrgäste auf. Die Bemerkung eines unserer jungen Freunde von gestern abend fällt mir ein, der sagte, daß wir Deutschen vierzig Stunden in der Woche arbeiten, weitere fünfzig Stunden schlafen und die restlichen Stunden mit von Arbeit ausgefüllter Freizeit verbringen.
Unvermittelt öffnet sich eine große Lichtung im Wald. Moderne Gebäude stehen da in der rundum unberührten Landschaft: der Flugplatz. Nachdem wir am gestrigen Nachmittag unseren Vogel bereits für den heutigen Flug vorbereitet hatten, können wir uns jetzt sofort zur Flugleitung begeben, um eine sorgfältige Flugvorbereitung zu machen, uns nach dem Wetter zu erkundigen und den Flugplan aufzugeben.
Das Tagesziel ist Rovaniemi, die bekannte Bezirkshauptstadt unmittelbar am Polarkreis. Die Strecke bis dorthin beträgt gut 500 Kilometer. Um keinerlei

Risiko einzugehen, wollen wir eine Zwischenlandung in Oulu vornehmen, das etwa auf halber Strecke an der Küste des Bottnischen Meerbusens liegt. Der Tower hier in Rissalla ist mit einem zivilen und einem militärischen Diensthabenden besetzt, weil ja ziviler und militärischer Flugbetrieb nebeneinander stattfindet.
Alle Dienststellen sind über die Ausnahmegenehmigung für unseren Start informiert und behandeln uns mit großer Zuvorkommenheit. Wir erhalten die notwendigen Auskünfte über den Platz Oulu, über die Flugstrecke und über die Rollwege und Abflugverfahren hier am Platz. Auch die neuesten Anflugkarten für Oulu und Rovaniemi können wir hier kaufen, aus denen die oft recht komplizierten An- und Abflugwege ersichtlich sind.
Mittlerweile ist auch Hannu Valtonen, unser Gastgeber, erschienen, um uns, falls notwendig, behilflich zu sein. Er ist in Uniform, weil er heute in seiner Eigenschaft als Presse-Offizier Dienst tun muß.
Jürgen schwelgt bereits wieder im Kartenfalten!
Seine Tabakpfeife, die aufgrund ihrer Größe eher ein Tabakofen ist, qualmt dick und wohlriechend. Seine Geschäftigkeit ist zweigeteilt – fast zu gleichen Teilen – in Bedienung der Pfeife und dem Umgang mit Papier, Bleistift, Radiergummi und Navigationsrechner.
Aber er macht beides mit großer Korrektheit und Gründlichkeit.
Die erste Teilstrecke, bis Oulu, verläuft parallel zu der gut ausgebauten Überlandstraße, die Südfinnland mit dem Norden verbindet. Dies wird uns die Navigation leichtmachen, weil wir die breite Schneise, die sie in den Wald schneidet, meistens in Sicht haben werden.
Der Meterologe auf dem Wetterbüro sagt uns gutes Streckenwetter voraus. Allenfalls an der Küste, wo unser Etappenziel liegt, könnten begrenzte Schauer mit niedrigen Wolken und schlechter Sicht auftreten.
Zu Fuß sind wir dann zum Liegeplatz unseres »Tandemfalken« geschlendert, vorbei an Soldaten, die mit den Vorbereitungen für den Flugtag beschäftigt sind und an Wachposten mit umgehängten Waffen.
Zahlreiche Zuschauer beim Verstauen unseres Plastiktüten-Gepäcks und bei den Startvorbereitungen.
Die Reihenfolge sieht für den heutigen Tag vor, daß Jürgen im hinteren Sitz fliegt, während mir die Aufgabe des Piloten im vorderen Sitz zufällt.
Anlassen unseres 65-PS-Motorchens, zehn Minuten Warmlaufenlassen.
Abbremsen – Fertig!

Unter Spionageverdacht in Oulu

Karte und Schreibblock lege ich auf die Seite, weil ich erwarte, daß Kompaß und Uhr genügen werden, um den Kurs entlang der großen Straße zu kontrollieren.

Schon nach zehn Flugminuten muß ich allerdings erkennen, daß diese Erwartung falsch ist.

Außer endlosem Wald und einer Kette zusammenhängender Seen können wir nichts erkennen – keine Spur von der Straße, die weniger als zehn Kilometer neben unserer Kurslinie verläuft!

Ich müßte höher gehen, wenn ich die schmale Trasse im Wald erkennen wollte. Gerade das aber wollte ich nicht, weil es den Verzicht auf das Erlebnis des Fliegens in geringer Höhe über diese einmalige Landschaft bedeutet hätte, den Verzicht darauf, zwischen den Bäumen den Moosboden des Waldes zu erkennen, Wildwechsel wahrzunehmen, die sich durch Sumpf- und Unterholz schlängeln, vorbei an halb verdeckten Wasserflächen.

Hie und da ein Schiff, dicht besetzt mit Fahrgästen.

Kilometergroße Holzflöße, wie man sie vielleicht nirgendwo auf der Welt zu sehen bekommt.

Diese riesigen schwimmenden Gebilde werden mit Schleppkähnen über weite Strecken des zusammenhängenden Seensystems zu den Verarbeitungsstätten transportiert.

Wir versuchen im Vorbeifliegen zu zählen und kommen auf die Zahl von fünfhundert bis siebenhundert einzelnen Flößen, die mit Ketten und Trossen so untereinander verbunden sind, daß ein schwimmendes Paket von mehreren Hundert Metern Länge und vielleicht hundert Meter Breite entsteht.

Jedes dieser einzelnen „Kleinflöße“ wird aus zwanzig bis fünfundzwanzig rohen Baumstämmen gebildet, die eine einheitliche Länge haben und mit kräftigen Ketten zusammengeschnürt sind.

Das Sammeln, Zusammenstellen und der Transport solch großer Holzmassen bedeutet sicher nicht nur harte Arbeit, sondern setzt auch viel Können und Mut voraus.

Es ist fast zu viel, was dieses tiefe Fliegen über Wald und Wasser unseren Augen und Sinnen bietet.

Unsere geringe Geschwindigkeit und die gute Sicht aus der Glashaube unseres Cockpits vermitteln einen Eindruck, als ob wir »zu Fuß« über einen Teppich aus Baumkronen, Moos, Sumpf und Wasser gingen.
Ich verzichte ganz bewußt auf die Einhaltung einer »Sicherheitshöhe«, die im Notfall für einen Gleitflug zur nächsten freien Fläche im Gelände ausreichen würde oder für das rechtzeitige Erkennen etwaiger Flughindernisse gut wäre. Hier in der flachen Landschaft der »tausend Seen« gibt es zum einen keine Flughindernisse und zum anderen käme im Ernstfall so oder so nur eine Notlandung auf den Baumkronen in Frage. Wozu also darauf verzichten, die Hand am Puls der Landschaft zu halten?
Auch um eine punktgenaue Navigation kümmere ich mich nicht, bemühe mich lediglich, möglichst genau die Kompaßzahl zu halten. Ich weiß ja, daß die große Straße knapp rechts neben meinem »Fußweg« verläuft, und ich weiß auch, daß diese Straße nach einer knappen Stunde Flugzeit unseren Kurs kreuzen wird, um dann auf der linken Seite neben uns herzulaufen.
Hier und dort zeigt die Karte rechts oder links von unserem Kurs einen kleinen Kreis als Zeichen für ein Dorf oder eine Ansiedlung. Diese »Siedlungen« entpuppen sich dann in fast allen Fällen als nichts weiter wie ein einzelnes kleines Bauernhaus, umgeben von einigen Wiesen und Feldern, zu welchem ein gewundener roher Feldweg führt, der von irgendwoher aus dem Wald herauskommt.
Irgendwo auf halber Strecke erlaubt uns die besonders markante Form eines Sees eine genaue Standortbestimmung und damit auch die Bestimmung von Windrichtung und -stärke. Ich kann dadurch bereits hundert Kilometer vor Oulu die minutengenaue Ankunftszeit ausrechnen und sie beim ersten Funkkontakt nach dort durchsagen.
Inzwischen aber schieben sich unsere Flügel über Wald und Wald, über Moor und Wasser, gelegentlich über ein seltenes rotbemaltes Holzhaus, einen Waldweg, der sich in Schlangenlinien dem Gelände anpaßt. Eine fremde Welt. –
Es ist ein erster Vorgeschmack dessen, was uns erwartet, wenn wir in den nächsten Tagen die menschenleeren Gebiete des nördlichen Karelien und die Tundra Lapplands bis hinauf zu den Fjorden und Gebirgen der Eismeerküste überfliegen.
Und mit keinem anderen Fluggerät als unserem motorisierten Segelflugzeug ist es möglich, mit einer solch geringen Geschwindigkeit in solch engem Kontakt zum Erdboden zu fliegen.
Schon die kleinen Reiseflugzeuge und »Familienkutschen« zwingen zum Flie-

gen in größerer Höhe, abgesehen davon, daß ihre Geschwindigkeit doppelt so groß ist wie die unsere.
Der Blick aus dem Verkehrsflugzeug schließlich vermittelt zwar einen großartigen Eindruck dieser Welt des hohen Nordens, ohne aber die spezifischen Besonderheiten erkennbar zu machen.

Meine ureigene Kenntnis der Eismeerlandschaft aus der Luft umfaßt zwar einige hundert Flugstunden im Kriege. Die meisten davon mußte ich aus Gründen der Taktik im Tiefflug fliegen. Aber die hohe Geschwindigkeit meiner Ju 88 von immerhin 360 Kilometern pro Stunde und die Tatsache, daß es zumeist um Leben und Tod ging, waren nicht dazu angetan, wahren Genuß des Fliegens und der Eigenheit der Landschaft zu vermitteln.

In meinem Unterbewußtsein empfinde ich es gut, daß Jürgen mit im Flugzeug sitzt, denn ich meine, daß ich alleine überfordert wäre, alle Eindrücke aufzunehmen und zu verarbeiten.
Funkkontakt mit Oulu.
Sie geben uns eine Schlechtwetterwarnung: Regenschauer, schlechte Sicht, niedrige Wolkenuntergrenze!
Das muß wohl mit dem Küstenklima zu tun haben, denn auf unserer Strecke im Landesinneren herrscht schönstes Sommerwetter. Unruhig geworden, löse ich mich vom Boden und klettere langsam auf größere Höhe. Von Schlechtwetter weit und breit keine Spur. Dagegen bilden sich innerhalb einer überraschend kurzen Zeit herrliche Kumuluswolken über den ganzen Himmel. Ein Segelfliegerhimmel wie aus dem Bilderbuch!
Immer wieder muß ich meinen kleinen Motor drosseln, weil die Thermik mit ungewohnter Kraft wirksam ist und uns nach oben schleudert.
Wir wissen jetzt, warum ausgerechnet hier in Finnland segelfliegerische Höchstleistungen geflogen werden, von denen man bei uns nur träumen kann!
Je näher wir unserem Ziel und der Küste kommen, desto mehr verändert sich das Landschaftsbild. Statt weit auseinanderliegenden Einzelgehöften sieht man kleine Dörfer. Hie und da eine Kirche als Mittelpunkt. Öfter auch eine ausgebaute Straße. Und dann, wenige Flugminuten vor dem Ziel, erkennen wir im Dunst die schwarze tiefliegende Wolkenbank.
Nicht umsonst hat Oulu uns gewarnt, denn beim Näherkommen wird deutlich, daß es keine Lücke gibt, um zum verdeckten Flugplatz durchzuschlüpfen.

Ich muß buchstäblich in Kreisen hinunter bis auf Bodennähe. Ein weißer Vorhang reicht herunter von schwarzen Wolken: Ein ganz besonders ergiebiger Regenschauer. Er verhindert die Sicht dorthin, wo, knapp dahinter, der Flugplatz liegt. Ich habe längst die Anflugkarte für den Platz hervorgeholt und bin über meinen Standort punktgenau im Bilde. Sogar den Pflichtmeldepunkt für den Einflug in die Kontrollzone habe ich vor mir, wenn auch wegen des Regens kaum erkennbar. Es ist ein kleines Dorf mit Namen Liminka.
Weil unser »Tandemfalke« es sehr übelnimmt, wenn man mit ihm durch starken Regen fliegt, wage ich zunächst nicht, in das Unwetter hineinzufliegen, sondern fliege außerhalb des Regenvorhanges auf und ab, in der Hoffnung, daß der böse Schauer wenigstens für einige Augenblicke ruhiger werden möge.
Motorseglers Freud und Leid!
Vor wenigen Minuten noch euphorische Stimmung unter der Plexihaube und nun die Erkenntnis, daß ein einziger starker Regenguß ausreicht, den Weiterflug zu verhindern.
Ich weiß aus ernsthafter Erfahrung, daß der riesengroße Flügel meines Seglers den größten Teil seines Auftriebes verlieren kann, wenn er mit einem dicken Schleier aus Wasser überzogen wird. Nicht in erster Linie das zusätzliche Gewicht ist die Ursache, sondern vielmehr die total gestörte Grenzschicht der umströmenden Luft.
Ich bin mir darüber klar, daß ich eher eine »trockene« Notlandung auf irgendeinem geeigneten Feld in Kauf nehmen würde, als in solch einen Regenguß hineinzufliegen.
Wir haben guten Funkkontakt mit Oulu. Zum Glück, auch wenn die Wettermeldungen vorerst noch hoffnungslos schlecht sind. Ich spüre, wie Jürgen in seinem hinteren Sitz unruhig wird. Er ist auch nicht zu beneiden, ist er doch buchstäblich mir und meinen Entscheidungen ausgeliefert, einer unausgesprochenen Abmachung zwischen uns, wonach jeweils derjenige Pilot, der im vorderen Cockpit sitzt, bestimmt, was zu tun ist. So jedenfalls hat es sich auf der bisherigen Strecke bewährt.
Allmählich zeigt die Wolkenwand Konturen, und auch der Regenvorhang lichtet sich deutlich.
Obwohl eine neue Wettermeldung vom Platz keine Besserung verkündet, entschließe ich mich zu einem Versuch, die fünfzehn Kilometer bis zur Landebahn durch den schwächer gewordenen Regen zu wagen.
Herunterhängende Wolkenfetzen behindern die Sicht manchmal bis nahezu Null. Schon kriechen dicke Wasserrinnsale über die Flügeloberseite und war-

nen mich. Der Fahrtmesser geht zurück, was mich zwingt, mehr und mehr Gas zu geben, bis mein Motor schließlich mit Vollgas läuft. Ich wage jetzt nicht mehr, eine Umkehrkurve zu fliegen, sondern taste mich durch Regen, herunterhängende Nebelfetzen und schlechteste Sicht vorwärts.
Auf meinen Knien liegen die Karten, die mir den vorgeschriebenen Weg innerhalb der Kontrollzone zeigen und die großmaßstäbliche Karte mit dem Übersichtsplan des Flugplatzes, die »Visual Approach Chart« und die »Aerodrome Chart«.
Wir melden dem Tower unseren Einflug in die Kontrollzone und bitten um Landeinformationen.
Die Antwort kommt prompt: »Landefreigabe für die Bahn drei-null, Windrichtung und -stärke . . ., Luftdruck . . .«
Dann die Zusatzinformation: »Regenschauer, schlechte Sicht, Instrumentenflugbedingungen«!
Meine Stoppuhr läuft – ich hatte mir ausgerechnet, daß ich vom letzten Pflichtmeldepunkt bis zum Platz neun Minuten benötigen würde. Diese Zahl und der Kompaßkurs von 335 Grad sind jetzt meine einzigen Werte für die Navigation. Es wäre hoffnungslos und falsch, sich nach Landmarken orientieren zu wollen. Die ganze Aufmerksamkeit muß darauf gerichtet sein, einen sicheren Abstand vom Boden einzuhalten und einen Durchschlupf zwischen den herabhängenden Regenwolken zu finden, ohne allzuweit vom Kompaßkurs abzukommen. Regenschlieren auf der Haube nehmen die Sicht nach vorne fast vollkommen. Ich schiebe das Seitenfenster auf, auch wenn Regenwasser hereinkommt. So kann ich wenigstens nach schräg vorne sehen, wenn auch nur wenige Meter weit.
Der schwarze Wald unter uns hört plötzlich auf.
Dafür wird es noch tieferes Schwarz:
Wasser!
Gleich sind die neun Minuten um.
Ich weiß, daß mein Flugzeug, kurz bevor ich den Platz erreichen werde, über ein breites Wasser führt. Das heißt, daß die Platzgrenze eigentlich gleich in Sicht kommen müßte, vorausgesetzt, daß ich die letzten fünfzehn Kilometer nicht vom richtigen Kurs abgekommen bin.
Lichter voraus, unter uns, neben uns!
Wir sind mitten über einer Landschaft aus bunten Lichtern, Betonflächen, Startbahnen. – Der Flugplatz!
Ein Haken, den ich in Bodennähe ausführen muß und der allen Regeln und guten Sitten widerspricht, bringt mich in die Anflugrichtung auf die Bahn

drei-null, und ohne daß dies bemerkt worden wäre, haben wir aufgesetzt und rollen an blauen Begrenzungslichtern den Taxiway entlang in die Richtung, wo wir einen Abstellplatz vermuten können.
Dann hat uns auch der Tower entdeckt und gibt uns Orientierungshilfe in Richtung Tankstelle.
Zwar hat der Regen fast aufgehört, als wir unsere Haube öffnen, jedoch hängen rundherum diese dunklen Wolkenmauern und Regenvorhänge, die uns das Leben schwer gemacht haben. Vorerst aber sind wir froh und mehr als erleichtert, daß wir am Boden sind!
Bis auf zwei Männer, die durch die Regenpfützen auf uns zukommen, können wir im weiten Umkreis keinerlei Leben erkennen.
Auch der Tankwart ist nicht in seinem Bereitschaftshäuschen. Die beiden kommen näher.
Wir grüßen sie und sind darauf gefaßt, die üblichen Fragen nach woher, wohin, nach unserem Flugzeug und nach unserer Person gestellt zu bekommen.
Der Gegengruß der beiden fällt aber eher etwas frostig aus, und sie stellen auch nicht die üblichen Fragen, sondern geben sich als Polizeibeamte zu erkennen.
Im gleichen Atemzug verlangen sie unsere Ausweispapiere und fordern uns in streng dienstlichem Ton auf, ihnen zu folgen. Auf unsere Fragen bekommen wir zur Antwort, daß wir verdächtig seien, verbotenerweise fotografiert zu haben.
Mich durchfährt ein eisiger Schreck, denn natürlich haben wir fotografiert. Sehr viel sogar, und gefilmt haben wir auch jede Menge!
Ich denke an die Tasche mit vielen belichteten Filmen, die unter meinem Sitz liegt und sehe schon Beschlagnahme, peinliches Verhör und tagelange Verzögerungen, bis man uns weiterfliegen lassen würde.
Unser ganzer schöner Plan schien ernsthaft gefährdet.
Oder sollte man uns gestern in Kuopio übelgenommen haben, daß wir dort die Russen und ihre Flugzeuge ohne jede Hemmung fotografiert haben?
Dies war aber doch eine öffentliche Veranstaltung, und es haben viele Leute fotografiert, wenn auch nicht aus nächster Nähe, wie wir, die wir ja zu den bevorzugten Gästen gehörten.
Glücklicherweise war es Jürgen, der sich schneller gefangen hatte als ich und sofort reagierte.
Er erklärte, daß wir natürlich fotografiert und auch gefilmt hätten. Zum Beispiel habe er gerade eben noch beim Vorbeirollen die Front der Abfertigungsgebäude gefilmt, weil dort die Aufschrift »OULU« zu lesen sei. Und

mit leicht pikiertem Unterton: »Oder ist das hier in Ihrem Lande etwa nicht erlaubt?« Schon im Weggehen bittet er mich augenzwinkernd, doch noch das Flugzeug zu versorgen und nachzukommen. Er selbst würde inzwischen den Herren zur Verfügung stehen.

Damit hat er die finster blickenden »Kriminaler« regelrecht überrumpelt und mir die Gelegenheit verschafft, unser kostbares Filmmaterial irgendwie »verschwinden« zu lassen.

Zunächst denke ich an ein Versteck außerhalb des Flugzeuges, erinnere mich aber dann an ein verstecktes Loch im Kabinenboden unserer Maschine, durch welches ich alles verdächtige Material schnell und unauffällig tief hinunter in den hermetisch dichten Fahrwerkschacht praktizieren kann.

Richtig wie im Film gestaltet sich dann unsere »Vernehmung«. Diese erfolgt zunächst getrennt in zwei verschiedenen Räumen: Angaben zur Person, wielange in Finnland und wo, unsere weiteren Absichten. Es riecht sehr nach Spionageverdacht! Sogar im Fahndungsbuch blättern sie herum.

Der zweite Teil des Verhörs folgt im Dienstraum auf dem Tower und in Gegenwart des dortigen Diensthabenden.

Es ist offensichtlich, daß die Polizisten einen »Sachverständigen« dabei haben wollen, denn es geht immerhin darum, ob und unter welchen Bedingungen das Fotografieren aus dem Flugzeug in Finnland erlaubt ist.

Schließlich ist es aber gerade jener »Sachverständige«, der Tower-Controller, der uns hilft, aus dieser ganz und gar unangenehmen Sache herauszukommen. Es zeigt sich nämlich, daß er meinen Namen kennt und auch Einzelheiten über meine Fliegerei für Finnland im Kriege. Dies alles schildert er unseren finsteren Verdachtschöpfern mit vielen Worten und dramatisch ausgeschmückten Gesten. Die Wirkung stellt sich sofort ein.

Aus polizeilichen Amtspersonen werden angenehme und höfliche Gesprächspartner, die sich sogar entschuldigen wegen ihrer Diensthandlung.

Ich muß meine finnischen Geschichten erzählen.

Und sie lassen durchblicken, daß wir nur dem dummen Zufall zum Opfer gefallen seien, daß ausgerechnet heute ihr Dienstplan einen Routinebesuch auf dem Flughafen vorgesehen habe. Wir scheiden zwar vordergründig als Freunde, in Wirklichkeit aber kann ich erst wieder ruhig atmen, als Oulu hinter uns liegt.

Für den Weiterflug betanken wir unseren Vogel und lassen ihm eine gründliche technische Durchsicht angedeihen, die allerdings in erster Linie darin besteht, unsere Filmpakete aus ihrem Verlies heraufzuangeln. Wir müssen dazu nicht nur den vorderen Sitz herausnehmen, sondern auch die Befesti-

gungsschrauben der Bodenplatte lösen. Zum Glück war in den Unterteil des Rumpfes kein Wasser eingedrungen, etwa dadurch, daß wir mit dem Hauptrad durch die tiefen Regenpfützen rollen mußten, so daß das empfindliche Filmmaterial keinerlei Schaden erlitten hatte.
Immer noch verbietet es das schlechte Wetter, mit Schauern und einer Sichtweite von weniger als der halben Flugplatzlänge, zum Weiterflug zu starten. Längst haben wir auf dem Papier die zweite Tagesetappe mit dem Ziel Rovaniemi vorbereitet und den amtlichen Flugplan aufgegeben.
Während wir noch darauf warten müssen, bis die angeforderte Wetterauskunft aus dem Fernschreiber tickern wird, lassen wir es uns gerne gefallen, daß uns unser neuer Freund und Retter zum Kaffee einlädt.
Seinem Vorschlag, doch über Nacht hier in Oulu zu bleiben, können und wollen wir aber nicht folgen, auch wenn er uns in Aussicht stellt, uns zu einem besonders schönen Abend unter finnischen Deutschlandfreunden zu verhelfen.
Im Falle von Schlechtwetter auf der Strecke nach Rovaniemi blieb uns als Ausweichplatz nur Kemi, wenn wir nicht hierher nach Oulu zurückfliegen wollten. Die Stadt Kemi liegt etwa hundert Kilometer nordwärts von Oulu, unmittelbar an der Küste des Bottnischen Meerbusens, an der Mündung des großen Flusses Kemijoki.
Der dortige Flugplatz ist mir gut bekannt, weil ich während des Krieges über längere Zeit von dort aus meine Einsätze fliegen mußte. Er ist auch bei sehr schlechter Sicht leicht zu finden, weil seine Startbahn genau in der Verlängerung der kilometerlangen Hauptstraße der Stadt liegt. Es ist gerade so, als ob sich diese Hauptstraße auf dem Flugplatz fortsetzen würde mit einer dazwischenliegenden Unterbrechung von fünfzehn Kilometern Waldlandschaft.

Im Kriegsjahr 1942 gehörte Kemi zu den seltenen Städten, die in der Nacht hell erleuchtet waren und keiner Verdunkelungsvorschrift unterlagen.
Dies führte in einigen Fällen dazu, daß Piloten unserer Staffel, die bei Nacht und Schlechtwetter vom Feindflug zurückkamen, zur Landung auf die Lichterkette der Hauptstraße ansetzten und erst im letzten Augenblick erkannten, daß sie Straße und Landebahn verwechselt hatten.

Für den Fall, daß das Wetter uns den beabsichtigten Weg bis zum Polarkreis versperren würde, wäre ein Schlechtwetterflug entlang der Küste möglich. Hafen und Stadt Kemi wären nicht zu verfehlen. Dann im Tiefflug entlang der Hauptstraße, Druck auf die Stoppuhr, Blick auf den Kompaß und »An-

schleichen« über Wald und Feld bis zu den Lichtern der Landebahn. Endlich jedoch fängt der Fernschreiber zu klappern an und druckt unsere Wetterberatung aus:
Gute Bedingungen bis Rovaniemi. Das miserable Wetter sei nur auf einen schmalen Streifen entlang der Küste begrenzt.
Nichts wie weg! Wenn wir einen Weg in diese Falle herein gefunden haben, so wird es wohl auch einen Durchschlupf nach draußen geben!

Nicht zu glauben: Vom Regen in die Thermik

Die Zeit vergeht, und es will und will sich keine Besserung des Platzwetters einstellen.
Um zwanzig Minuten vor zwei schließlich ist unsere Geduld zu Ende.
Mit guten Ratschlägen versehen und besorgten Warnungen vor den zahlreichen Hindernissen, die rund um den Platz bis zu hundert Meter hoch in die Wolken ragen, stelle ich die D-KOAP auf den Startpunkt der Bahn drei-null.
Geduldiges Abwarten, bis der Regenguß eines Schauers abgeklungen ist.
Dann, nach Minuten, hört das Trommeln auf Flügeln und Haube auf, die Sicht bessert sich, ich gebe Vollgas!
Die Dreitausendmeterbahn verliert sich, kaum daß wir in der Luft sind, im Wassernebel herabhängender schwarzer Wolken. Mein erster Impuls ist, umzukehren und wieder zu landen. Dies aber muß ich aus Gründen der Vernunft und Sicherheit unterlassen, hätte es doch bedeutet, in Bodennähe und mit regennassen Flügeln eine Umkehrkurve und eine Landekurve innerhalb der Platzgrenzen fliegen zu müssen.
Frevelhafter Leichtsinn wäre es gewesen, dann schon lieber geradeaus in die »Suppe« hinein und im Zickzack um die schwärzesten Dinger herum!
Leichte Rechtskurve, Eindrehen auf Nordkurs.
Diesen Weg hinaus aus dem engeren Bereich des Flughafens habe ich vor dem Start »auswendig« gelernt.
Er würde uns, korrekt geflogen, auch bei schlechtester Sicht an den hochragenden Hindernissen von Stadt und Hafen vorbeiführen und im weiteren Verlauf in den Bereich besserer Sicht, höherer Wolkenuntergrenze und schließlich des angekündigten Schönwetters bringen.
Trotz Vollgas stark verminderte Geschwindigkeit und herabgesetzte Ruderwirkung!
Ich sitze auf den äußersten Spitzen der Nerven meiner Sitzfläche!
Jürgen hält sich ein weiteres Mal prächtig – läßt alles über sich ergehen, ohne ein Wort zu sagen!
Meine Höhe über Grund ist sehr gering.
Kaum glaube ich, aufatmen zu können, drücken mich die Nebel und Schauer wieder hinunter.

Man kann es nicht abschätzen, wie hoch wir Bäume, vereinzelte Häuser oder Hochspannungsmasten überfliegen. Die Anzeige des Höhenmessers ist wertlos, weil sie ja etwas sagt, was längst vorbei ist und weit hinter uns liegt.
Für einen Augenblick tauchen schemenhaft die Umrisse von Verladekränen und Schiffsmasten auf.
Wir haben die äußeren Anlagen des Hafens gestreift, überfliegen im gleichen Augenblick die Küste, tasten uns über die Dächer von Vorstadtsiedlungen.
Dann tauchen wir übergangslos heraus aus dem bodennahen Schwarz und befinden uns in einer Art »Glocke«, deren Rand rundherum auf dem Boden aufliegt.
Jetzt nutze ich das bißchen Fartüberschuß, das unser nasser kleiner Vogel in sich hat, und gehe in einen engen Kreis, wobei ich die Nase nach oben ziehe, weg vom hindernisreichen Boden.
Gott sei Dank! Wir haben wenigstens etwas Luft zwischen uns und dem Boden, wenn auch rundherum ein geschlossener Vorhang aus dunklen Wolken herabhängt.
Ich kann weiter steigen, erreiche schließlich stolze hundert Meter Höhe.
Und, was besonders wichtig ist: Der Fahrtwind hat mein Flugzeug trockengeblasen. Flugzeug und Pilot fühlen sich wie neu geboren.
Jetzt soll mir meine Erfahrung im Blindflug helfen, aus unserem Käfig herauszukommen!
Mit nordöstlichem Kurs tauche ich in die Suppe hinein. Das ist mir nur dank eines guten Wendezeigers möglich. Es wird zunächst recht finster um unsere Haube heraum. Aber die Luft ist frei von Turbulenz, und es regnet zum Glück auch nicht.
Kurs halten, glauben, was die Instrumente sagen und tun, was sie »befehlen«!
Auf keinen Fall glauben, was das vielgerühmte »fliegerische Gefühl« vortäuscht!
Es dauert und dauert. Immer noch bin ich blind.
Fast unmerklich klettert der Zeiger des Höhenmessers nach oben. Dann, nach endlos erscheinenden Minuten – sind es zehn gewesen, waren es mehr? –, wird es oben und rundherum heller, dann blendend weiß, dann scheint die Sonne!
Wir befinden uns in einer Wolkenlandschaft von großartiger Schönheit!
Ein senkrechter Schacht, so eng, daß ich beim Kreisen die Wände streife!
Oben ein Stück blauer Himmel. Dunkler Wald knapp unter uns dreht sich entgegen der Richtung meiner Kreise. Ich will versuchen, im Sichtflug zu bleiben und kreisend Höhe zu gewinnen.

Wir steigen mit eineinhalb Metern pro Sekunde. Mehr leistet unser »Tandemfalke« nicht, wenn enge Kreise geflogen werden müssen.
Inzwischen scheint es, daß sich der blaue Fleck über uns verkleinert, während sich die Wolken unter uns geschlossen haben.
Wieder muß ich zum Blindflug in die Wolken eintauchen, denn ich habe eingesehen, daß es ein fliegerischer »Pfusch« wäre, krampfhaft zu einem winzigen Stück blauem Himmel hinaufkreisen zu wollen, in einem »Lichtschacht«, der sich ebenso schnell wieder schließen kann, wie er sich geöffnet hat.
Wendezeiger, Kompaß, Fahrtmesser, Variometer, Libelle!
Unser Höhenmesser zeigt beruhigende dreihundert Meter über Grund!
Und Petrus hat ein Einsehen!
Schon nach vielleicht fünf Minuten Wolkenflug wird es erneut hell. Es gibt wieder ein Oben und Unten! Und was für eines!
Unter uns, über unberührten Waldflächen, zerfließende Reste der Regenfront, die wir glücklich hinter uns gebracht haben. Und oben, hoch über uns, ein Bilderbuchhimmel!
Ein helles Sommerblau, halb bedeckt mit Schönwetterwolken. Es sind Cumuli, die frisch und jung aussehen, glatte Unterseite, hochgewölbte Oberseite. Man sieht ihnen an, daß jede von ihnen die Krone eines ungewöhnlich kräftigen thermischen Aufwindes ist.
Jetzt bin ich dran zu sagen, »das glaubt mir kein Mensch!« Und ich meine damit den Schlechtwetterflug heraus aus einer Regenfront mit teilweise aufliegenden Wolken, wobei die Sicherheit nur deshalb gewahrt blieb, weil die schlimmsten Teilstrecken im Blindflug überwunden wurden. Aber auch dies wird mir kein Mensch glauben wollen, daß unser Motorsegler schon wenige Minuten nach dem Verlassen der Schlechtwetterfront zu einem Segelflugzeug geworden ist.
Im gleichen Augenblick nämlich, als der Himmel sich für uns geöffnet hat, werden wir von harten Böen geschüttelt. Wir tanzen und taumeln durch Abwinde und Aufwinde. Lose Gegenstände schweben durch die Kabine und müssen eingefangen und befestigt werden.
Sofort aber auch erwacht in mir der Segelflieger:
Statt geradeauszufliegen und zu versuchen, Orientierung aufzunehmen – immerhin sind wir seit unserem Start vierzig bis fünfzig Kilometer weit geflogen und haben vom Boden, außer einigen verschwommenen Konturen, nichts sehen können –, mich also endlich um die Navigation zu kümmern, ziehe ich den Vogel in eine enge Kurve mitten in die schönste Thermik hinein und kreise nach oben.

Es bedarf wirklich nur weniger Kreise, bis die Wolkenbasis erreicht ist. Jetzt erst gehe ich auf Kurs. Und jetzt kann ich mich mit der Landschaft befassen. Wo befinden wir uns?
Wie weit sind wir seit dem Verlassen des Flugplatzes geflogen, und sind wir rechts oder links von unserer Kurslinie? Karte wie auch Landschaft zeigen Einförmigkeit: Wald und Moor, sonst nichts, so weit man sehen kann!
Keine Straße, keine Eisenbahn, kein Haus, kein Gewässer, nicht einmal Täler und Hügel!
Es hat also im Augenblick überhaupt keinen Sinn, sich in diesem Einerlei zurechtfinden zu wollen. Nach altem Rezept fliege ich also weiter und halte möglichst genau den vorher ausgerechneten Kompaßkurs bei, in der Hoffnung, daß irgendwann doch eine Straße, ein markantes Gewässer oder eine Siedlung auftaucht, die eine Standortbestimmung erlaubt.
Was ich fliege, ist aber eher ein segelfliegerischer »Freudentanz« von Aufwindwolke zu Aufwindwolke. Ein Zickzackweg in eine Richtung, die ich für den ungefähren Weg zu unserem Tagesziel halte. Die Aufwinde sind über viele, viele Kilometer so stark und so dicht hintereinander, daß ich den Motor auf Leerlauf drosseln und trotzdem mit Höchstgeschwindigkeit an den Wolken entlanggleiten kann.
Welch ein Erlebnis!
Auch das glaubt mir kein Mensch!
Uhr und Rechenschieber erlauben mit ziemlich guter Genauigkeit eine Abstandsbestimmung vom Startplatz. Dies und die hin- und herpendelnde Anzeige der Kompaßrose muß für die Einhaltung eines Weges genügen, dessen Ende irgendwo im Norden, direkt am Polarkreis liegt. Eine Stadt, eine Straße und ein großer Fluß unterbrechen dort die Eintönigkeit der Landschaft. Wir können damit rechnen, daß wir diese Zeichen finden werden, zumal ja sehr gute Wetter- und Sichtbedingungen herrschen.
Warum also nicht das genießen, was der Augenblick bietet: Fliegen ohne Motor, nur getragen von unsichtbaren Energien, die wir nutzen können, weil wir eine technische Kunst beherrschen und weil wir ein wunderbares Flugzeug dafür haben!
Ich weiß, daß Jürgen nicht ganz einverstanden ist mit solchen Auswüchsen meiner Euphorie und bin ihm dankbar dafür, daß er keine ernsten Einwände erhebt.
In seinem Bemühen um Erdorientierung entdeckt er dann, daß in der ICAO-Karte sehr markant die Trassen von Hochspannungsleitungen eingezeichnet sind, und es gelingt ihm tatsächlich, anhand einiger solcher schnurgeraden

und sich kreuzenden Waldschneisen unseren Standort zu bestimmen.
Während ich über einen Ritt durch Aufwinde ohne Beispiel juble, kommt von ihm ein Jubel der Erleichterung, weil wir nun wissen, wo wir sind und wie der Weg weitergeht.
Die Wolken und damit die Thermik werden weniger, je weiter wir nach Norden kommen.
Wir werden kurz nach drei Uhr in Rovaniemi sein, das kann man jetzt abschätzen, nachdem wir über unseren Standort informiert sind.
Spannung und Euphorie haben sich gelegt, aus einem Hochgenuß ist Genüßlichkeit geworden.
Jürgen gibt lauten und nicht artikulierten Gesang von sich. Die Karte zeigt, daß gleich ein Fluß unseren Kurs kreuzen muß und eine Straße, die den Windungen des Flusses folgt. Auch ein Kreis ist eingezeichnet mit einem Namen dabei: Ein Dorf, eine Siedlung oder auch nur ein alleinstehendes Haus, wie wir inzwischen gelernt haben.
Obwohl wir vergleichsweise hoch fliegen – die Thermik hat uns bis auf 1400 Meter hochgetragen –, können wir den »Fluß« erst im letzten Augenblick erkennen.
Was in der Karte wie ein großes Wasser aussieht, ist in Wirklichkeit ein kleines, vielfach gewundenes Bächlein.
Und die Straße, welche die Karte verspricht, ist weiter nichts als ein unbefestigter Holzabfuhrweg, der am Bach entlang in den Wald hineingetrieben worden ist.
Ein Vergleich mit der Karte ermöglicht eine genaue Standortbestimmung.
Auf die Eintragung einer neuen Kurslinie in die Karte kann ich verzichten, denn wenige Kilometer links von uns erkennen wir erneut eine Hochspannungsleitung. Diese führt auf einer breiten Schneise schnurgerade bis Rovaniemi.
Für die letzten fünfzig Kilometer unserer heutigen Tagesaufgabe haben wir also keine Orientierungssorgen mehr.
Vorsorglich aber versehe ich den Flugweg auf der Karte mit Markierungen für jeweils zehn Minutenabstände, denn irgendwelche erkennbaren Landmarken sind im Einerlei des Waldes nicht zu erwarten.
Schon jetzt nehme ich die Anflugkarten für den Flugplatz heraus und studiere sie, um mich über Flugweg und Meldepunkte zu informieren.
Die Anmeldung über Funk wird uns sofort quittiert.
Verständigung »fünf«! Als ob wir in unmittelbarer Platznähe wären.
Weit voraus wird der Verlauf des Flusses erkennbar, der uns zusammen mit

Alpenflug. Gipfel und Massive markieren den Flugweg, während in den Tälern noch Frühnebel liegen.

3. August. Auf der Strecke von Rovaniemi nach Ivalo. Die berühmte »Eismeerstraße« schlängelt sich durch die Tundra. Wo sie unseren Flugweg kreuzt, dient sie uns als willkommenes Navigationshilfsmittel.

Linke Seite oben: 2. August, finnischer Sommerhimmel – ein Paradies für Segelflieger.

Unten links: Wolkenschatten über der Wald- und Seenlandschaft des nördlichen Finnlands lassen erkennen, daß die thermischen Aufwinde schachbrettartig über das Land verteilt sind.

Rechts: Wir sind am Polarkreis. Auch hier noch ausgeprägter Kumulushimmel, wenn auch die dünner gewordenen Wolken nachlassende Wärmeenergie anzeigen.

Selbst hier – gar nicht mehr weit vom Nordkap – haben sich einige Menschen angesiedelt.

Rechte Seite oben: Weit ragt eine kleine Felsenzunge in die See hinaus, während voraus im Norden Nebelbänke die Küste verhüllen.

Unten: Das Felsplateau des Kaps liegt mehr als zweihundert Meter über dem Wasserspiegel.

Wir fliegen zu später Abendstunde unter dem Licht der tiefstehenden Sonne des Mittsommerlichts über das einsame Land. Weiter im Süden ist es jetzt dunkle Nacht.

Linke Seite oben: Fliegen über die kahlen Küstengebirge Nordnorwegens. Weit reichen die Fjorde in das Land hinein.

Unten: Auf den Scheren im hohen Norden. Ein großes Zentrum fischverarbeitender Industrie hat sich hier gebildet.

Die Deutsche Alpensegelflugschule in Unterwössen. Meine fliegerische ›Heimat‹ und Ausgangspunkt zum Nordkap-Flug.

einer großen Straße zu unserem Ziel begleiten wird. Es ist der Kemijoki, der bei Kemi ins Meer mündet. Die Straße wird von Rovaniemi weiterführen durch die Tundra Lapplands bis zur Eismeerküste.
Sie ist, wie gesagt, unter dem Namen Eismeerstraße bekannt und berühmt.

Für Augenblicke werden Erinnerungen wach an Tiefflüge mit der Ju 88 während des Krieges. Namen von Kameraden fallen mir ein, die damals ihr Leben lassen mußten. Abgeschossen, vermißt, notgelandet in der Tundra oder mit dem Fallschirm abgesprungen. Tagelange, wochenlange Strapazen, um aus der Wildnis zurückzufinden.

Heute fliege ich wieder am Himmel jener Erinnerungen. Es ist Frieden und nichts kann mein Erlebnis schmälern. Vorne, an der Grenze unserer Sichtweite, kündigt sich eine kahle Fläche an: Dort muß Rovaniemi sein, Stadt und Flugplatz.
Ich überfliege unseren Pflichtmeldepunkt, einen markanten kleinen See mitten im Wald.
Dann die Stadt. Ausgehend vom alten Kern weit auseinanderfließende Häuserzeilen.
Im Hintergrund, dort wo sich der Horizont im Dunst auflöst, erkennen wir als häßliche Wunde im unberührten Wald den Flugplatz.
Kilometergroße Startbahn, Betonflächen, Gebäude.
Ebenso wie Rissalla bei Kuopio wird der Flugplatz Rovaniemi gleichzeitig zivil und militärisch genutzt.
Hier liegt das Lapplandgeschwader der finnischen Luftwaffe, ausgerüstet mit modernen schwedischen Saab-Maschinen und mit französischen Fouga Magister-Trainern.
Um zu vermeiden, daß wir ähnlich empfangen werden wie in Oulu, haben wir vorsorglich Foto- und Filmkameras verstaut sowie unser Filmmaterial möglichst unauffällig verpackt. In hartem Flugsicherungsenglisch kommt die Landefreigabe und die Anweisung für den Rollweg zum Abstellplatz.
Es ist im Augenblick kein Flugbetrieb. Der Platz mit seinen großzügigen Gebäuden und Anlagen wirkt wie ausgestorben, fast geisterhaft. Hätten wir nicht den guten Funkkontakt zum Tower, könnten wir glauben, außer uns gäbe es kein lebendes Wesen hier.
Auf den Meter genau werden wir auf einen Abstellplatz auf dem Vorfeld eingewiesen.
Haube auf – raus!

Nun sind wir also am Polarkreis, nur wenige Flugminuten davon entfernt. Ein empfindlich kühler Wind, der über die Betonflächen bläst, läßt uns dies auch eindringlich spüren.
Obwohl die Sonne aus einem glasklaren Himmel herunterstrahlt und obwohl es früher Nachmittag ist – unsere Landezeit war 15.03 Uhr –, kramen wir als erstes unsere Wollpullover heraus und ziehen sie über, bevor wir darangehen, das Flugzeug zu entladen und für die Nacht zu verankern.
Immer noch kümmert sich niemand um uns, die Stille ist fast unheimlich. Wir wissen jedoch, daß von irgendwelchen Fenstern des vierstöckigen Gebäudes Ferngläser auf uns gerichtet sind. Noch haben wir den Oulu-Schock nicht ganz überwunden und demonstrieren lässige Unbefangenheit.
Die knapp zweihundert Kilometer von Oulu bis hierher haben wir mit einem Schnitt von 125 km/h geflogen. Eine gute Leistung, wenn man die anfängliche Krebserei durch das Regenwetter und meine Vergnügungseskapaden im Wolkenaufwind berücksichtigt.
Jürgen geht auf die Suche nach einem Tankwart. Wir möchten unseren Vogel möglichst heute noch volltanken, bevor wir ihn am Boden festbinden.
»Aber paß auf, daß du nicht über den Polarkreis stolperst!«
Dreißig Minuten später ist alles erledigt: Der Tank gefüllt, die Rechnung bezahlt, Gepäck ausgeladen und das Flugzeug für die Nacht verankert.
Wir schlendern mit unserem Plastiktaschengepäck auf das imposante Empfangsgebäude zu, um die notwendigen Formalitäten zu erledigen.
Immer noch zeigt sich kein Mensch – keine Bewegung.
Einziges Geräusch das Aufheulen eines Triebwerkes von der weit entfernten militärischen Seite her.

Nichts erinnert hier mehr an den Militärfliegerhorst, so wie ich ihn aus dem Jahre 1942 in Erinnerung habe.
Wo stand damals die Flugleitungsbaracke, wo waren Unterkünfte, Kantine, Kasino?
Wo mag der Mast mit dem Windsack gestanden haben, der mir besonders im Gedächtnis geblieben ist?

Alles ist neu, modern, großzügig: Der langgezogene Betonblock des hohen Verwaltungsgebäudes, der ebenso langgezogene flache Anbau für Abfertigungshalle, Restaurant, Kiosk.
Etwas abseits im Hintergrund der technische Bereich mit großen Hangars und Werkstätten.

Ich habe noch das damalige Bild in Erinnerung:
Große, freie Flächen aus sandigem Boden, spärlich bewachsen mit Rentiermoos. Zur Tarnung stehengebliebene Büschel aus Krüppelbirken und halbverkümmerten Fichten.
Vielfach verzweigte Fahrwege, die mit Holzknüppeln befestigt waren. Weit auseinandergezogene Abstellplätze für Flugzeuge und Fahrzeuge, gut getarnt in den Wald hineingebaut.

Statt dessen heute von Horizont zu Horizont nichts als Beton. Am Tower sehen wir mit mannshohen Buchstaben »Rovaniemi« angeschrieben, und wir erkennen, daß man dafür Stangen von Rentiergeweihen verwendet hat.
Das müßte man fotografieren!
Ob man darf?
Oulu hat uns in dieser Beziehung zu gebrannten Kindern gemacht!
Also gehen wir nochmals zurück zur D-KOAP, schalten das Funkgerät ein und bitten brav beim Tower um Fotografiererlaubnis.
Lachend wird sie uns gegeben.
Womit zumindest ein Teil des Oulu-Traumas aus der Welt geschaffen war!
Am Polarkreis!
Wir lassen uns viel Zeit, den ersten Eindruck einer fremden Umgebung aufzunehmen.
Welch ein Eindruck!
Am Rande des Flugplatzes, dort, wo bei uns zu Hause ein hoher Zaun mit Stacheldraht ist, wo betonierte Straßen und Wege verlaufen, dort steht statt dessen der Wald.
Wie alles in Finnland zuerst Wald ist, so auch hier.
Es ist kein Wald wie wir ihn kennen.
Nicht fachmännisch gehegte und gepflegte Forstwirtschaft. Nicht »Verlassen-der-Wege-verboten«-Kultur.
Die wetterharten, kälte- und schneegewohnten Bäume wachsen auf kargem Boden.
Nackter, blankgeschliffener Fels zwischen dünnen Stämmen, Flechten und Moos.
Am Waldrand, der die Auffahrt zum Flughafen begrenzt, warten wir auf den bestellten Mietwagen, der uns in die Stadt bringen soll. Zum ersten Male, seit wir unterwegs sind, verzichten wir auf die gemütliche Ecke, wo wir beim Bier das hinter uns liegende Flugerlebnis nachklingen lassen.

Dieser Tag hatte uns seit unserem Abflug in Kuopio um rund 500 Kilometer weiter nach Norden gebracht.
Mit großer Eindringlichkeit empfinden wir, daß wir eine Grenze überflogen haben, die mehr bedeutet, als verändertes Klima. Sie trennt den besiedelten, »kultivierten« Raum des Südens von der menschenleeren und unberührten Welt des hohen Nordens.
Besonders die Strecke von Oulu nordwärts hat uns dies deutlich gemacht. Wir sahen, wie die Vegetation nach und nach zurückging, wie Siedlungen, Straßen, Feld- und Waldwege seltener wurden und am Ende ganz aufhörten, bis schließlich nur noch zwei künstlich hergestellte Verbindungen blieben: eine große Straße und die elektrischen Überlandleitungen. Und natürlich das Verkehrsflugzeug.
Kein Verkehrsmittel aber kann diesen Übergang eindringlicher vermitteln, wie unser »Falke«, der uns gleichsam »auf dem Fußweg« über das Land trägt. Nicht das Auto auf einer Straße, wo der Wald den Ausblick nach links und rechts versperrt und schon lange nicht der »Airliner«, der in großer Höhe fliegt und aus Gründen der Wirtschaftlichkeit mit Minuten geizt.
Die Stadt Rovaniemi mit ihren 30 000 Einwohnern ist der letzte »Stützpunkt der Zivilisation« am Rande der Tundra. Hauptstadt Lapplands, Verwaltungs- und Schulzentrum, bedeutende Museen.
Die Stadt wurde gegen Ende des Krieges fast vollständig zerstört. Auch wenn Straßen und Häuser nach modernen Gesichtspunkten wieder neu aufgebaut sind, so ist doch nicht zu verkennen, daß sich bereits Patina angesetzt hat, unter welcher allzu Modernes verdeckt wird.
Klima, Landschaft und Menschenschlag sorgen dafür, daß sich der Charakter der Stadt von selbst seiner geografischen Lage anpaßt. Ein supermodernes Hotel mitten im neuen Stadtzentrum hat uns aufgenommen.
Getrennt durchstreifen wir die Stadt auf der Suche nach Mitbringseln. Dies wird eine Enttäuschung, weil auch hier im hohen Norden ausschließlich die Erzeugnisse einer Andenken-Industrie angeboten werden, die auf der ganzen Welt gleich aussehen und sich meistens nur durch ein anderes aufgeklebtes Abziehbild unterscheiden.
Außerdem verbieten es Platz- und Gewichtsgründe, daß wir die Zuladung unseres Flugzeuges auch nur geringfügig vergrößern. So ergibt es sich ganz von selbst, daß wir uns ohne besondere Verabredung schon frühzeitig im Restaurant unseres Hotels wiedertreffen.
In Erinnerung bleibt uns eine ernüchternde, sterile Hotelatmosphäre, die nur gemildert werden konnte durch ein gutes Essen nach finnischer Art und

durch den Genuß guten Bieres. Wir machen unseren Plan für den nächsten Tag, wobei wir selbstverständlich gutes Wetter voraussetzen. Wir sind uns darüber klar, daß wir möglichst keine einzige Stunde des guten Wetters versäumen dürfen, das uns von den Alpen bis hierher begleitet hat. Das nachfolgende Schlechtwetter dürfte uns keinesfalls eingeholt haben, bevor wir nicht das Nordkap erreicht und umrundet haben würden.
Erstmals heute zeigt der Luftdruck leicht fallende Tendenz, was möglicherweise eine Umstellung der Großwetterlage einleiten könnte. Aus alter Erfahrung weiß ich auch, daß die Küstengebirge am Eismeer, die wir ja überfliegen müssen, bei einer bevorstehenden Änderung der Großwetterlage sehr häufig eine Art Wetterscheide bilden, so daß es fast eine Regel ist, daß zwar das Binnenland noch gute Sichtflugbedingungen bietet, die Küste jedoch und das vorgelagerte Gebirge mit Nebel und aufliegenden Wolken aufwartet.
Dies ist die Auswirkung der krassen Temperaturgegensätze zwischen dem vergleichsweise warmen Wasser des Golfstromes, das die Küsten Norwegens umströmt, und den recht kühlen Temperaturen der Küstengebirge und der von dort herabströmenden Luftmassen.
Den Rest dieses Abends im Hotel verbringen wir mit dem Studium unserer Navigationskarten und der Planung des Weiterfluges. Es ist meine Absicht, den Weg zum Nordkap durch den Porsanger-Fjord zu nehmen. Er erstreckt sich vom Nordkap in südlicher Richtung 120 Kilometer weit in das Land hinein. An seinem Ende liegt an der Mündung des Flusses Lakselv das gleichnamige Dorf und der NATO-Flugplatz Banak.

Banak war im Kriege der am weitesten nördlich gelegene Stützpunkt der deutschen Luftwaffe. Mit ihm verbinden sich viele Erinnerungen für mich.

Dies und der Flug durch den romantischen Fjord bis hin zum Nordkap sind meine Gründe, warum ich gerne in Banak zwischenlanden will.
Leider aber verweigern uns die norwegischen Behörden die Landegenehmigung, obwohl Banak auch von einem zivilen Inlandflugdienst genutzt wird. So müssen wir einen Umweg planen, der uns über das norwegische Alta und Hammerfest zum Kap führen soll.
Hier zeigt sich eine Lücke in unseren Vorbereitungen.
Hätten wir die Landegenehmigung frühzeitig von Deutschland aus beantragt, wäre sie uns sicher erteilt worden. Unser kurzfristiger Antrag von Finnland aus ließ dem norwegischen Instanzenweg einfach viel zu wenig Zeit.
Man lernt nie aus!

Meine Geschichte zu Banak, die ich Jürgen gerne an Ort und Stelle vorgeführt hätte, muß ich aber trotzdem loswerden und erzähle sie ihm zwischen Bier und Navigationsrechnung:

Ich landete damals als Pilot des ersten Flugzeuges meiner Staffel auf der aus Holzknüppeln bestehenden Startbahn.
Wir hatten unsere Ju 88 irgendwo am Rande der Moosfläche, welche den Platz bildete, abgestellt und kletterten über die Einstiegsleiter ins Freie.
Zwischen Gestrüpp aus kaum mannshohen Krüppelbirken kam uns ein Trupp von beinahe angsterregendem Aussehen entgegen. Es waren Männer des Baukommandos, die schon seit vielen Wochen hier gelebt und gearbeitet hatten.
Was sie dabei leisten mußten, ist sicher ohne Beispiel. Es gelang ihnen, einen voll funktionsfähigen Flugplatz zu bauen mit Startbahn, Wohn- und Verwaltungsbauten, sanitären Einrichtungen, Strom- und Wasserversorgung, einen Platz, der sogar für große Flugzeuge, die höchste Ansprüche an die Bodenorganisation stellten, benutzbar war.
Fast haben wir uns gewundert, daß die Gestalten, deren Äußeres jede Ähnlichkeit mit einem Soldaten verloren hatte, uns in deutscher Sprache begrüßten.
Ihre Gesichter waren von dichten Bärten zugewachsen, und ihre Uniformen nicht mehr als solche erkennbar.
Ihr »Anführer« gab sich als Major Matthias zu erkennen, einstmals Stationsleiter der Lufthansa in Stuttgart, von wo her ich ihn sogar persönlich aus meiner dortigen Tätigkeit als Angestellter im Wetterdienst kannte.
Er begrüßte uns als die Besatzung der ersten Ju 88, die auf »seinem« Flugplatz gelandet sei, und gab seiner Freude Ausdruck, daß der Knüppeldamm sogar unsere schwere und sensible Maschine ausgehalten habe.
Dann erklärte er uns die Umgebung mit jenen Worten, die wir niemals vergessen werden:
»Hier seid Ihr nun wirklich am A.... der Welt!
Und da oben an jenem Berg, wo dieser Wasserfall mehr als hundert Meter tief über senkrechte kahle Felswände herabfällt, dort oben ist das Loch!«

Ob wir morgen nun nach Banak kommen oder nicht, unser Flugweg wird uns trotzdem mehr von dieser »letzten Wildnis Europas« vermitteln, als wir aufnehmen und verarbeiten können.
Trotz später Stunde war es dann noch heller Tag, als wir in die Betten gehen.

Dritter August.
Früher, als wir es verabredet haben, treffen wir uns beim Frühstück.
Beide haben wir nicht ein solch dickes Fell, um ohne gespannte Unruhe dem heutigen Tag entgegenzuschlafen.
Wird das Wetter wohl weiterhin gut bleiben?
Wird unser kleiner Vogel weiter treu und brav seinen Dienst tun?
Auch mit einer möglichen Notlandung in der Tundra beschäftigen sich unsere Gedanken, denn wir werden über eine Strecke von mehr als 500 Kilometern fast ausschließlich menschenleere, weg- und steglose Wildnis unter uns haben.
Unser heutiges Vorhaben:
Weiter in ziemlich genau nördlicher Richtung bis nach Alta in Norwegen mit einer Zwischenlandung in Ivalo am Inari-See in Finnisch-Lappland.
Schon das Studium der Karten zeigt, daß wir heute einen Höhepunkt unseres ganzen Fluges erleben werden, wenn uns nicht das Wetter einen Strich durch die Rechnung machen sollte. Wir werden mit unserem kleinen Vogel quer durch den subarktischen Tundragürtel fliegen. Wir werden Lappland sehen, dort, wo es am »lappländischsten« ist, werden hinüberwechseln über die Grenze nach Nordnorwegen hinein, wo man dieses Gebiet »Finnmark« nennt.
Vielleicht werden wir solche riesigen Renherden überfliegen, wie ich sie von damals kenne.

Ob diese Tiere ob unserer harmlosen Luftkutsche ebenso in Panik geraten würden wie damals, als wir mit 360 Stundenkilometern und dem Brüllen von dreitausend Pferdestärken im Tiefflug darüber hinwegbrausten?
Damals taten uns die scheuen Tiere leid, aber die Umstände haben uns gezwungen, rücksichtslos gegen die Kreatur zu sein!
Sicher haben uns ihre Besitzer, friedliche, liebenswürdige Lappen, verwünscht.

Auf dem ersten Streckenteil bis Ivalo finden wir sogar links und rechts der Flugstrecke einige Landeplätze in der ICAO-Karte eingezeichnet. Wir markieren sie für alle Fälle deutlich.

Vom Polarkreis über Tundra zum Nordkap

Sie liegen irgendwo rechts oder links von der Eismeerstraße und waren ehemals von der deutschen Luftwaffe angelegt und benutzt worden. Auch wenn sie heute nicht mehr in Betrieb sind, jene ehemaligen Stützpunkte mitten in der unzugänglichen Wildnis, so sind sie doch für uns als mögliche Notlandestreifen wichtig. Das ganze Gebiet der Tundra über Hunderte von Kilometern nach allen Richtungen bietet nicht den kleinsten Fleck, der eine Notlandung ohne Totalschaden zuließe.

Auch die Suche nach einer vermißten Flugzeugbesatzung und deren Bergung ist in der unendlichen Einöde besonders schwierig, wenn nicht gar im Einzelfall aussichtslos.

Leider finden wir für die letzten hundertfünfzig Kilometer unserer Strecke – dem Gebiet der norwegischen Finnmark – keine solchen Notlandeplätze in der Karte.

Früh bringt uns die Taxe zum Flugplatz, wo wir auch am heutigen Donnerstag dieselbe Grabesruhe erleben wie gestern bei unserer Landung.

Ein strahlender Sommertag kündigt sich an!

Dementsprechend können wir uns viel Zeit bei unseren Flugvorbereitungen lassen.

Unsere Wetterberatung tickert von irgendwoher aus dem Fernschreiber: Gutes Streckenwetter und bessere Sicht als an den Vortagen.

Ein Ferngespräch, vorsorglich mit Ivalo geführt, bestätigt diese Auskunft. Es wird uns auch versichert, daß wir dort Benzin für unseren Vogel bekommen können.

Der Windsack am Mast draußen zwischen den Betonbahnen hängt schlaff herunter.

Der Beamte auf der Flugleitung legt im Gegensatz zu unseren bisherigen Erfahrungen großen Wert darauf, daß unser Flugplan sorgfältig ausgearbeitet ist.

Welche Frequenzen können wir mit unserem Funkgerät überdecken?

Punktgenaue Flugstrecke!

Pflichtmeldepunkte!

Man hat hier so seine Erfahrungen mit Fliegern, die wegen mangelnder Praxis

oder infolge schlampiger Vorbereitung über der Tundra »verlorengingen«. Zum Teil sogar für immer verloren!
Fliegern, die sich in mehr als nur einem Fall aber auch verirrten, hinüber über die Grenze, ins Russische hinein. Gerade davor warnt uns der Beamte eindringlich.
Nach seiner Schilderung ist es in allerjüngster Zeit finnischen Piloten übel ergangen, die auf dem Gebiet des »befreundeten« sowjetischen Nachbarn herunter mußten, weil sie sich verflogen hatten:
Beschlagnahme des Flugzeuges, wochenlanger Gefängnisaufenthalt wegen Verdachtes der Spionage.
Keinerlei Informationen über die Grenze hinweg und deshalb diesseits eine sehr aufwendige und vergebliche Suchaktion. Sehr sorgfältig informieren wir uns anhand der Karten über die Kompaßabweichung, die »Variation«, in diesen nördlichen Breiten. Der Verlauf der Isoklinen zeigt regelrechte Schlangenlinien auf der Karte, so daß wir erwarten können, daß unser kleiner Kugelkompaß über weite Strecken hinweg fast wertlos sein würde.
Wir täten also gut daran, eine genaue Bodennavigation durchzuführen!
Zunächst aber, bis Ivalo, verläuft unsere Kurslinie fast deckungsgleich mit der Eismeerstraße, deren Windungen sich um den eingezeichneten Strich in der Karte herumschlängeln.
Endlich sind wir so weit.
Letzte Ratschläge und gute Wünsche!
Wir können die Haube schließen und das Motorchen warmlaufen lassen.
Heute sitzt Jürgen vorne, ist verantwortlicher Pilot und Chef an Bord.
Die Sonne sorgt für Wärme im Cockpit. Das empfinden wir als sehr angenehm, nachdem wir zuvor in unserer leichten Sommerkleidung regelrecht gefroren hatten.
Kartenmaterial, Navigationsbesteck, Fotoausrüstung, Ersatzfilme, Sonnenhut, alles, was ich griffbereit zur Hand haben muß, lege ich mir zurecht. Längst haben wir ja gelernt, trotz beengter Raumverhältnisse unsere »Arbeitsplätze« so einzurichten, daß wir alles Nötige blind finden.
Jürgen schaltet das Funkgerät ein.
Erster Kontakt mit dem Tower: »Guten Morgen – Verständigung fünf!«
Öltemperatur und Öldruck stimmen, ebenso die Drehzahl. Wir erhalten Rollerlaubnis und Anweisungen für den Start.
Um 9.22 Uhr heben wir ab und verlassen den riesigen Flugplatz in nördlicher Richtung.
Schon Minuten später ist die Welt verändert!

Jürgen fliegt sehr tief, und wir erkennen deshalb besonders deutlich, daß wir über unberührtes Land fliegen.
Es gibt keinen Weg, keine abgegrenzten Felder, keine gerodete Fläche im alles bedeckenden Wald.
Die großen Seen, wie sie für das südliche Finnland kennzeichnend sind, fehlen. Statt dessen sehen wir dort, wo das Gelände eine Mulde aufweist, mehr oder weniger große Wassertümpel. Diese sind umgeben von einem kahlen verlandeten Gurtel, dem man im langsamen Darübergleiten ansehen kann, daß er unpassierbar ist für Mensch und Tier.
Dann kommt ein Kranz mooriges Land mit einem Bewuchs aus hügelartigen Grasbüscheln und dazwischenstehenden Krüppelbäumchen.
Birken, Fichten und Kiefern von eher kümmerlichem Wuchs. Erst dann beginnt der Wald – Wald soweit das Auge reicht.
Das ganze weite Land ist flach und sanft gewellt.
Bis zum Horizont keine Berge und kein Tal!
Unsere Karten weisen in größeren Abständen mit Namen gekennzeichnete Orte auf. Diese erweisen sich, wenn wir überhaupt etwas davon zu sehen bekommen, als alleinstehende kleine Holzhäuschen. Ihr Zweck ist es offenbar, Jägern oder anderen Menschen, die im Wald zu tun haben, einen wettersicheren Unterschlupf zu bieten. Kein Weg, nicht mal ein ausgetretener Trampelpfad. Dann und wann windet sich ein Wildwechsel zu einem Sumpf- und Wasserloch.
Rechts von uns wissen wir die Eismeerstraße, die sich in einem flachen Flußbett durch den Wald schlängelt. Noch nicht zehn Minuten sind wir unterwegs, als wir im Funk gerufen werden. Es ist Rovaniemi. Sie wollen unseren Standort und unsere Höhe wissen.
Ein See, der in Flugrichtung erkennbar wird und der in der Karte sogar mit einem Namen gekennzeichnet ist, erleichtert uns die Positionsangabe.
Wir werden gebeten, uns in fünf Minuten wieder zu melden. Wenig später ruft uns Kemi, das immerhin mehr als hundert Kilometer weiter im Süden liegt und fragt, ob wir hören könnten. Man nimmt es sehr ernst mit unserer Betreuung!
Wir sind mit unserem ungewöhnlichen Luftfahrzeug für die Flugsicherung des hohen Nordens offenbar nicht normaler Alltag, sondern werden als regelrechter »Pflegefall« behandelt.
Dies empfinden wir mit Dankbarkeit, denn in einem Ernstfall würden Hilfsaktionen erleichtert, wenn unser Flug in Abständen von fünf Minuten überprüfbar ist.

Im Cockpit kommt eine Stimmung auf, die der Situation angemessen ist: Es ist das Gefühl einer grenzenlosen Einsamkeit.
Unser Vogel trägt uns fort von unserer Welt in ein leeres Land, wo es nur noch Wald und Wildnis gibt.
Wir müssen uns zwingen, daran zu glauben, was wir gelernt haben, daß nämlich dieser Landstrich knapp nördlich des Polarkreises für finnische Begriffe noch lange keine menschenfeindliche Wildnis ist. Es ist nur ein Vorgeschmack dessen, was uns erwartet auf unserem Weg 600 Kilometer weiter nach Norden, dort, wo die Mitternachtssonne den Horizont streift.
Jürgen bringt uns in einen stetigen Steigflug.
Ihm ist offenbar doch nicht ganz wohl dabei, in solch geringer Höhe zu fliegen.
In 1200 Meter Höhe über Grund trimmt er das Flugzeug wieder horizontal, nachdem zu erkennen war, daß sich zwar der Horizont erweitert, unsere Situation sich jedoch nicht verändert hat. Im Ernstfall wären wir diesem fliegerfeindlichen Land ausgeliefert, ob wir nun aus großer Höhe oder aus dem Tiefflug auf die Bäume hinunter müßten.
Ich überschlage, daß uns der »Tandemfalke« bei stehendem Motor aus unserer jetzigen Höhe noch ungefähr 25 Kilometer weit tragen könnte, und muß zugeben, daß darin immerhin eine gewisse Sicherheit zu sehen ist.
Wir könnten hinübergleiten, dorthin, wo wir die Eismeerstraße wissen, und unseren »Bruch« dort in die Bäume legen.
Inzwischen zeigen sich am Himmel erste flache Cumuli, und eine leichte Vertikalbewegung der Luft macht sich bemerkbar.
Dann erkennt man rechts von unserem Kurs eine geschlängelte Senke in der Kontur der Erdoberfläche.
Es ist der Verlauf des Flusses, der die Eismeerstraße begleitet.
Unabhängig voneinander bestimmen wir unseren genauen Standort, und Jürgen meldet ihn über Funk an Rovaniemi.
Es ist nur der Name eines jener einsamen Holzhäuser, den wir unseren Karten entnehmen können.
Freundlicherweise quittiert außer Rovaniemi auch Kemi unsere Meldung.
Man wünscht uns guten Weiterflug, bittet aber gleichzeitig um weitere Standortmeldungen in Abständen von zehn Minuten. Sollte die Verbindung mit Rovaniemi abreißen, so sollen wir auf Ivalo umschalten.
Unser Kurs verläuft so, daß wir die Eismeerstraße häufig in Sicht haben. Ihr Sand- und Schotterbelag zeichnet sich deutlich ab, wenn sich der Wald einmal lichtet.

Wir erwarten als nächsten markanten Punkt die »Stadt Sodankylä«. Dies ist die einzige geschlossene Ansiedlung auf unserem Weg nach Ivalo. Sie verdankt ihre Existenz wohl der Straße und lebt von der Holzindustrie.
Auch ein Flugplatz oder zumindest ein Landefeld ist dort eingezeichnet, was ungemein beruhigt, denn meine Gleitwinkelrechnung sagt, daß wir ohne Motor bis dorthin gleiten könnten.
Wir suchen den Horizont ab, bis wir weit voraus einen Fleck in der Landschaft ausmachen, der ahnen läßt, daß dort das Einerlei der Tundra unterbrochen ist.
Minuten später haben wir die Gewißheit, daß es die Stadt mit dem schwierigen Namen ist.
Noch bevor Jürgen unseren Standort an Rovaniemi melden will, kommt von dort die Frage, ob D-KOAP immer noch fliegt, »still in the air« sei. Die Stadt zeigt sich als eine Siedlung, die zwischen Eismeerstraße und Fluß angelegt ist. Wir erkennen zwei Straßen, die in Nord-Südrichtung verlaufen, und drei oder vier Querstraßen. Ein Sportplatz ist zu sehen, der in seiner Ausdehnung fast halb so groß ist wie die gesamte Stadt.
Deutlich ist zu sehen, daß die Siedlung erst in neuerer Zeit entstanden sein muß. Eine eher häßliche Narbe in der unberührten Tundra.
In einiger Entfernung machen wir auch den Flugplatz aus. Es scheint ein ehemaliger Militärfliegerhorst zu sein, der nicht mehr genutzt wird.
Ein sehr langes, braunes Sandband mit einer kürzeren und schmalen Querbahn. Rundum Wald. Keine Gebäude, lediglich eine Schotterstraße verbindet den Platz mit der Stadt. Nichts deutet darauf hin, daß dort regelmäßiger Flugbetrieb stattfindet.
Immerhin haben wir für die nächsten zwanzig Kilometer das beruhigende Gefühl, nach hierher umkehren zu können, wenn dies notwendig werden sollte, und zwar im Gleitflug und ohne Motor.
Minuten später sind »Stadt« und Flugplatz hinter uns außer Sicht.
Wir schweben wieder über der Tundra.
So weit wir sehen können, nichts als tote Tundra!
Bleistift, Zirkel, Lineal und Rechenschieber sind alles, was uns hilft, den richtigen Kurs zu finden und den jeweiligen Standort zu bestimmen.
Noch eine Stunde und acht Minuten bis Ivalo!
Der eine und andere größere See kann identifiziert werden. Auch die Eismeerstraße kreuzt dann und wann unseren Kurs, wird jedoch sofort wieder rechts oder links vom Wald verschluckt, so daß sie für die Navigation kaum nützlich ist. Ein namenloser Flugplatz ist etwa auf halber Strecke zwischen

Sodankylä und Ivalo in die Karte eingezeichnet. Er liegt nur wenig ostwärts von unserem Kurs. Ich habe mir für alle Fälle die Minute ausgerechnet, wann dieses Feld querab liegen müßte – man kann nie wissen!
Leider beginnt sich das Bild des Himmels zu verändern. Innerhalb von Minuten verschwinden die freundlichen Cumuli und machen einer immer dichter werdenden Decke aus Schichthaufenwolken Platz . . .
Nur noch einzelne Sonnenflecken geben dem dunklen Wald ein scheckiges Aussehen.
Die Luft bleibt aber ruhig. Es ist kein Wind zu spüren, was uns beruhigt, weil wir hoffen können, daß eine einzige geschlossene Wolkenbank nicht unbedingt bedeuten muß, daß das Wetter sich umstellt.
Der namenlose Flugplatz kommt in Sicht. Er zeigt sich ebenfalls als lange, braune Sandbahn, umgeben von Wald.
Kein Gebäude, keine Anzeichen von Leben.
Jedoch auch hier der Eindruck, daß der Platz zumindest als Notlandestreifen erhalten bleiben soll.
Beim Überflug erkennen wir eine Vielzahl von Bombentrichtern, die noch aus dem Krieg stammen. Dies scheint allerdings das einzige Überbleibsel, denn weder Gebäude noch Straßen oder Wege sind erhalten geblieben.
Jürgen meldet sich im Funk bei Rovaniemi ab und ruft Ivalo. Angabe von Position und Höhe, »type of aircraft is a powered glider!«
Sie wollen es nicht glauben und bitten um Wiederholung der Angabe des Flugzeugtypes.
Jürgen hat bereits die voraussichtliche Ankunftszeit für Ivalo ausgerechnet und gibt diese gleich durch: 11.20 Uhr. Wir überfliegen einen Punkt, wo eine auffallend gut ausgebaute Straße von der Eismeerstraße abzweigt und sich in östlicher Richtung in den Wald hineinwindet, und erkennen gleichzeitig, was es damit auf sich hat:
Es ist die Zufahrtsstraße zu einem supermodernen Hotelkomplex, den wir weit im Osten sehen können. Wenn man will, kann man dort, ohne auf Bequemlichkeit und Komfort verzichten zu müssen, die Einsamkeit Lapplands erleben.
Aus der weiten Übersicht, die der Blick aus unserem Cockpit bietet, muß man solche Zeichen des modernen Tourismus eher als einen Anachronismus empfinden.
Weit am nördlichen Horizont ist bereits die riesige Wasserfläche des Inari-Sees zu ahnen.
Vorläufig aber verändert sich das Bild der Tundra. Die flache Wald- und

Moorebene zeigt erst kleine Wellen und Beulen, die schließlich zu einer Hügellandschaft werden.
Kahle felsige Buckel ohne Vegetation, dazwischen gewundene Flachtäler mit üppigem Grün und einem Wasserlauf in breitem Kiesbett.
Man möchte anhalten können, aussteigen und durch dieses Land streifen!
Wir aber können nicht einmal Kreise fliegen, denn dies würde gegen den Ehrgeiz von Jürgen gehen, der größten Wert darauf legt, vorausgemeldete Ankunftszeiten auf die Minute genau einzuhalten!
Es ist keine Marotte von ihm, sondern nach seinem Verständnis ein Stück Fliegerhöflichkeit dem Mann am Boden gegenüber.
Auf die Minute genau kommt der Platz in Sicht.
Jürgen drosselt den Motor – geht in den Gleitflug.
Überflug Pflichtmeldepunkt.
Vom Boden kommt die Landeinformation: Landerichtung, Luftdruck, Windrichtung und -stärke.
Wieder ein Flugplatz mit den Ausdehnungen eines internationalen Airports!
Landezeit: 11.17 Uhr.
Betulich weist uns der Tower über die Rollwege zum Abstellplatz, wo einige andere kleine Flugzeuge stehen.
Trotz des Hochsommertages ist es empfindlich kühl, so daß wir als erstes unsere warmen Wollpullover überziehen, ehe wir uns auf den Weg zum Abfertigungsgebäude begeben.
Dort erfahren wir, daß zwar Benzin für unser Flugzeug vorhanden sei, wie man es uns telefonisch bereits bestätigt habe, daß aber im Augenblick leider der Tankwart nicht aufzufinden sei. Er habe für heute Feierabend gemacht, einen Vertreter oder zweiten Kollegen habe er im Augenblick nicht. Der Rund-um-die-Uhr-Betrieb hier im Bereich der Mitternachtssonne zwingt ihn, seine Dienstbereitschaft nach dem Flugbetrieb auf dem Platz einzuteilen, und da ist eben um diese Mittagszeit eine längere Pause. Schließlich muß man ja auch einmal schlafen.
Der Tag kennt vierundzwanzig Stunden lang keine Nacht, dementsprechend der Lebens- und Arbeitsrhythmus auch keine Regelmäßigkeiten wie dort, wo Tag und Nacht, Morgen und Abend, Sonnenaufgang und Sonnenuntergang den Stundenplan diktieren!
Alles Herumtelefonieren nützt nichts, der im Augenblick wichtigste Mann für uns bleibt unauffindbar. Wir sollen halt warten bis morgen, da sei er wieder da, und man wolle uns gerne eine gute Übernachtungsgelegenheit in Ivalo besorgen und uns auch dorthin fahren!

Dies wollen wir nicht, so verlockend die Aussicht auf eine »Nacht« am Inari-See auch wäre.
Der Himmel trübt sich nämlich mehr und mehr ein und mahnt uns damit, keine Zeit zu verlieren und so schnell wie möglich unseren Weg in Richtung Norden weiterzufliegen.
Nur allzu leicht könnte es uns passieren, daß wir, einen einzigen Flugtag vom Nordkap entfernt, hängenbleiben würden und umkehren müßten, weil wir die Entwicklung des Wetters allzu sorglos eingeschätzt haben.
Wir brauchen lächerliche zwanzig Liter Benzin!
Der freundliche Flugleiter gibt sich noch einmal alle Mühe, uns zu helfen, auch wenn er uns seine Entäuschung deutlich spüren läßt, daß wir seinen Vorschlag, doch hier zu bleiben, abgelehnt haben.
Obwohl es gerade Mittagszeit ist, scheint der ganze Flugplatz menschenleer. Sogar das Restaurant ist geschlossen.
Schließlich erreichen wir die Flugplatzfeuerwehr.
Wenn wir wenigstens einen Kanister mit Superbenzin von einer Straßentankstelle bekommen könnten, dann wäre uns schon geholfen. Unser Motor ist damit genauso zufrieden, wie mit dem entsprechenden Flugbenzin aus der Flugplatztankstelle.
Es vergeht eine lange Zeit – viel zu lange für unsere Ungeduld – dann meldet sich die Feuerwehr wieder mit der Auskunft, daß auf dem ganzen Platz kein Superbenzin für uns aufzutreiben sei, daß man aber einen leeren Kanister gefunden habe und versuchen würde, ein Fahrzeug aufzutreiben, mit dem wir in den Ort fahren können, wo eine Tankstelle sei.
Und es dauert und dauert!
Inzwischen erfahren wir vom Flugleiter, unserem »Freund und Helfer«, viel über Land und Leute hier am nördlichen Ende der finnischen Eismeerstraße. Besonders aber sind wir beeindruckt von seinem Wissen über alles, was mit Deutschland zu tun hat, eine Beobachtung, die man überall in Finnland machen kann. Unsere Geschichte, unsere Kultur, unsere Gegenwartspolitik – alles dies ist ihm geläufig, als ober in Deutschland leben würde. In der Schule habe er einmal Deutsch gelernt und freue sich nun, in unserer Sprache mit uns reden zu können.
Irgendwo aus einer entfernten Ecke kommt ein kleiner Lastwagen gefahren – die einzige Bewegung auf dem riesigen Gelände seit unserer Landung.
In der Tat, er kommt auf das Vorfeld, hält an.
Ein Mann steigt aus und winkt zu uns herauf.
In der einen Hand schwenkt er einen leeren Benzinkanister! Im Eiltempo

rumpeln wir die enge Wendeltreppe des Turmes hinab und werden von dem Fahrer mit einem breiten Lachen empfangen und eingeladen, im Führerhaus seines Lasters Platz zu nehmen.
Er versteht weder deutsch noch englisch, so daß zur Verständigung nur die Zeichensprache bleibt. Aber er kennt unser Problem und weiß, daß wir zu einer Tankstelle in den Ort müssen.
Auf einer schmalen Straße geht es durch Wald und Tundra recht flott voran, zumal wir nicht behindert werden. Außer uns ist zu dieser Stunde offenbar niemand unterwegs zwischen Airport und »Stadt«.
Noch spärlicher ist die Vegetation als in Rovaniemi.
Der Wald besteht aus verfilztem und verkümmertem Gehölz. Die kahlen Flächen mit nacktem Fels und moos- und flechtenbedecktem Boden sind größer und häufiger.
Keine Lücke mit Wiese oder Ackerfeld, kein Zaun, keine Abgrenzung.
Es ist, als ob sich rechts und links unserer Straße nie ein Mensch oder ein Tier aufhalten würde.
Einige Male kommen wir an kleinen Holzhäuschen vorbei, die neben der Straße in einer freigeholzten Lichtung stehen. Erst beim zweiten Hinsehen erkennen wir, daß dort Menschen wohnen. In solchen, wenige Quadratmeter großen, baufälligen Holzhütten lebt jeweils eine ganze Familie.
Wir sehen Kinder am Straßenrand, die uns zuwinken.
Unser Fahrer winkt zurück und gibt zu verstehen, daß dies Freunde von ihm seien oder Verwandte.
Strom, Wasserleitung, Kanalisation gibt es natürlich nicht. Wovon mögen sie leben? Womit verdienen Vater und Mutter das notwendige Geld?
Vielleicht mit irgendeiner Arbeit auf dem Flugplatz?
Unsere schmale Betonstraße mündet in eine breite Sandpiste, die uns in nördlicher Richtung weiterführt. Dies ist die Eismeerstraße, wie uns der Fahrer stolz verdeutlicht. Und dann stehen links und rechts die Häuser von Ivalo. Unser lustiger Fahrer wird zum Fremdenführer.
Obwohl wir kein Wort verstehen von dem, was er sagt, begreifen wir, daß Ivalo ein ganz großartiges und wichtiges Zentrum der ganzen Region ist. Wir begreifen, daß es für ihn das Zentrum der Welt überhaupt ist.
Nirgends ist alles großartiger eingerichtet als hier, und nirgends kann das Leben schöner sein.
Wir zeigen uns beeindruckt, wenn er uns die Bedeutung dieses und jenes Hauses erklärt. Die Schule, einen Gasthof, der sich Hotel nennt, das Rathaus, den breiten Dorfplatz.

Sogar einen Supermarkt gibt es, dessen Umfang allerdings recht bescheiden ist. Alle Häuser sind aus Holz gebaut und meistens mit roter Farbe angestrichen.
Anstatt uns zur Tankstelle zu bringen, holpert er voller Stolz kreuz und quer auf Seitenwegen durch den Ort und will uns offenbar auch noch das letzte Haus und die letzte Sehenswürdigkeit zeigen.
Schließlich deuten wir auf unsere Uhren und zeigen ihm damit, daß wir leider keine Zeit mehr haben für Besichtigungen und daß wir nun dringend zur Tankstelle müßten.
Endlich die Hauptstraße! Bankfiliale, Doktor, Apotheke, Postamt, Polizeistation.
Dann, ganz am Ende, zwei Tankstellen!
Wir hatten uns jedoch getäuscht, wenn wir glaubten, nun sofort zu unserem Benzin zu kommen.
Lachend fährt er weiter, biegt noch einmal in einen Seitenweg ein, hält dann auf dem Hinterhof eines Lagerhauses.
Etliche Pakete und ein Bündel langer Eisenstangen werden aufgeladen.
Langes Palaver mit dem Magazinverwalter, wobei offenbar wir den Gesprächsstoff bilden. Noch einmal müssen wir unsere Ungeduld zeigen, ehe es endlich weitergeht zur Tankstelle. Jetzt fehlt nur noch, daß es dort kein Superbenzin gibt! Aber es gibt! Wir können aufatmen.
Wenn wir glaubten, nun ginge es auf dem schnellsten Weg zurück zum Flughafen und zu unserer D-KOAP, so hatten wir uns abermals getäuscht.
Der nächste Halt ist beim Supermarkt, der uns ja im Vorbeifahren schon einmal gezeigt wurde.
Unser Freund verschwindet im Laden, kommt aber diesmal recht schnell wieder heraus mit einem Päckchen.
Frische Erdbeeren! Wunderschöne, frisch gepflückte Früchte. Es ist kaum zu glauben, daß man hier im subarktischen Raum derartige Kostbarkeiten ganz selbstverständlich einfach so im Vorbeigehen aus dem Supermarkt holen kann!
Nur das Flugzeug und der Airport können dies möglich machen.
Die Uhr zeigt auf halb zwei, als die Fahrt weitergeht.
Es mußten also zweieinhalb Stunden vergehen, ehe wir glücklich einen vollen Kanister Benzin aufgetrieben haben.
Und noch liegt der weite Weg zurück zum Flugplatz vor uns. Nicht genug damit, deutet sich ein erneuter Aufenthalt an! Gestenreich kündigt uns der Fahrer an, daß nun die Hauptattraktion der Führung käme.

Schon außerhalb der Häuserzeile, welche die Hauptstraße des Ortes darstellt, wieder auf der Eismeerstraße in Richtung Süden, biegt der Wagen rechts ab und folgt einem sandigen Waldweg.
Dann tauchen unvermittelt zwei Häuschen auf, ganz in der Art, wie wir sie auf der Herfahrt am Rande der Straße gesehen haben.
Ein anhaltendes Hupsignal lockt ein kleines Mädchen und eine junge Frau aus dem Haus.
Begrüßung mit viel Temperament, Jubel über das Mitbringsel. Auch wir werden vorgezeigt, und wortreich erklärt der Vater, daß er uns aus einer großen Verlegenheit habe helfen können. Wir müssen, bevor die Fahrt weitergeht, Haus und Hof noch bewundern. Dabei haben wir den Eindruck, daß diese Familie wohl zu den bessergestellten gehören muß.
Alles, das Häuschen und das Drumherum, macht einen gepflegten Eindruck, so klein und einfach es auch ist.
Nach allem, was wir zum Vergleich gesehen haben, ist der Stolz unseres Freundes auf seine Familie und auf sein Eigentum berechtigt.
Endlich, nach mehr als vier Stunden Aufenthalt, ist unser Flugzeug wieder startbereit für die zweite Etappe dieses heutigen Tages, für die 250-Kilometer-Strecke über das finnische und norwegische Lappland nach Alta an der Eismeerküste.
Im Nachhinein waren wir über diese nicht eingeplante Verzögerung eher froh, bot sie uns doch die Gelegenheit, ein Stück Finnisch-Lappland zu erleben.
Der 24stündige Rund-um-die-Uhr-Tag hier im Land der Mitternachtssonne ist wohl die Erklärung dafür, daß man viel, viel Zeit hat für alles und jedes.
Als wir uns, versehen mit guten Wünschen und einer Wetterauskunft, die »eher durchwachsen« war, von der Piste heben, zeigen unsere Uhren eine Minute vor drei an.
Auf dem zweiten Teil der Strecke, dort, wo der Gürtel des Küstengebirges beginnt, sollen Regenschauer mit tiefliegenden Wolken und schlechter Sicht zu erwarten sein.
Bevor wir auf Kurs gehen, sehen wir uns diese »kleine Welt Ivalo« noch einmal aus der Luft an.
Jürgen gerät noch einmal ins Schwärmen: »Dees glaubt mir kaa Mensch!«
Nun aber fliegen wir dem Höhepunkt unserer Expedition in die letzte Wildnis Europas entgegen!
Grob gerechnet können wir zwischen halb fünf und fünf Uhr am Alta-Fjord sein. Wegen der Uhrzeit brauchen wir uns ja keine Sorge machen, weil auch

in Alta der Flugplatz rund um die Uhr in Betrieb ist. Auch die Zollabfertigung ist vierundzwanzig Stunden am Tage besetzt.
Einige Sorge bereitet uns natürlich das angekündigte Schlechtwetter auf Teilen der Flugstrecke.
Wir haben uns deshalb vorsorglich drei Alternativen ausgerechnet für den Fall, daß uns der direkte Weg zum Ziel versperrt sein sollte: Erstens verschiedene Umwege, die uns je nach Wetterverhältnissen in den Alta-Fjord führen, zweitens Ausweichen nach Banak zum Porsanger-Fjord. Man würde uns dort eine Landung nicht verweigern können, wenn uns das Wetter in eine Zwangslage brächte. Und drittens, das Bitterste, nämlich zeitgerechtes Umkehren zurück nach Ivalo.
Der Überflug der Grenze nach Norwegen muß bei dem Pflichtmeldepunkt Karigasniemi erfolgen. Dies führt zu einem leichten Knick in unserer Kurslinie.
Karigasniemi ist die einzige geschlossene Siedlung über Hunderte von Kilometern im Umkreis. Der Ort liegt am Grenzfluß Tana. Dort führt auch die einzige Straße über die Grenze, die in nördlicher Richtung weiterführt, bis zum Porsanger-Fjord, wo auch der Flugplatz Banak liegt. In Ivalo hat man uns vor dem Start eindringlich darauf hingewiesen, daß der Überflug dieses Pflichtmeldepunktes ganz genau erfolgen müsse. Es bestünde ein Abkommen mit Norwegen, wonach dort ein Bußgeld erhoben werden könne, wenn ein Flieger nachweislich nicht an der vorgeschriebenen Stelle die Grenze überflogen habe.
Diese Maßnahme sei nicht etwa eine kleinliche Schikane, man habe sie vielmehr aus Gründen der Sicherheit treffen müssen, um Such- und Rettungsaktionen nach etwa vermißten Flugzeugen zu erleichtern.
Jürgen, der vorne sitzt, läßt den »Falken« ganz langsam höher und höher steigen. Er will Abstand gewinnen von der fliegerfeindlichen Tundra, will hoch fliegen, um größeren Überblick zu haben. Es erleichtert das Finden des richtigen Kurses, wenn man weiter sehen kann, und es ermöglicht im Notfall einen längeren Gleitflug, um vielleicht doch ein geeignetes Fleckchen für eine Notlandung zu finden.
Wir steigen auf 1200 Meter über Grund und fliegen in dieser Höhe weiter. Unter uns Wald, kleinere und größere Wasserflächen, die kilometerweit von Sumpfgürteln umgeben sind. Dazwischen in gleichmäßigen Abständen kahle, glattgeschliffene Felsenbuckel, die in Nord-Südrichtung ausgerichtet sind und der Erdoberfläche teilweise das Aussehen eines Waschbrettes verleihen. In den Senken zwischen diesen Felsrücken sammelt sich das Wasser in kleineren

oder auch großen Rinnsalen und Bächen. Hinter der Hinterkante unseres rechten Flügels bleibt die riesengroße Fläche des Inari-Sees zurück. Seine Ufer verschwimmen im Dunst, auch aus unserer Höhe ist die ganze Fläche bis zum jenseitigen Ufer nicht zu überblicken. Immerhin ist die größte Ausdehnung dieses Binnensees mehr als hundert Kilometer.
Inzwischen fliegen wir unter einer geschlossenen Wolkendecke. Trübes Licht. Da und dort Regenschauer, die gleich grauen Vorhängen bis auf den Boden herunterhängen.
Dies behindert uns zwar nicht, macht uns aber doch besorgt. Sollte es zu einem geschlossenen Regengebiet kommen, so erschiene ein Ausweichen nach Norden hin möglich. Dort sieht der Himmel vergleichsweise hell aus. Rechts von uns, etwa fünfzehn Kilometer neben unserem Kurs, wissen wir die Straße, die zur Grenze führt. An ihr würden wir versuchen, entlangzufliegen, sollte das Wetter dazu zwingen. Spätestens in der Gegend des Grenzortes Karigasniemi müßte es sich entscheiden, ob wir weiterfliegen würden mit Kurs auf Alta, ob wir versuchen würden, Banak im Norden zu erreichen, oder aber ob wir umkehren müßten.

Der »Schleichweg« nach Banak von Süden her ist mir vom Krieg noch in recht guter Erinnerung. Oft bin ich ihn damals mit meiner »Achtundachtzig« bei tiefhängenden Wolken entlanggeflogen. Wenn rundum alles »dicht« war, konnte man von Süden her, dem Fluß Lakselv folgend, durch einen breiten Bergeinschnitt hindurchschlüpfen zum Südende des Porsanger-Fjordes, wo der Flugplatz lag.

Noch aber fliegen wir mit ausreichender Sichtweite und beruhigend hoher Wolkenuntergrenze.
Etliche große Seen bieten zuverlässige Landmarken für die Navigation. Sie ermöglichen auch eine genaue Bestimmung unserer Grundgeschwindigkeit und der Windrichtung.
Ohne diese Wasserflächen wären wir so gut wie blind über dieser gleichförmigen, endlosen Weite, denn es bieten sich in der Eintönigkeit keine anderen Sichtmarken. Und unser Kompaß ist infolge der ständig wechselnden inklinationsbedingten Abweichungen mehr als unzuverlässig.
Sorgfältig suche ich am Boden nach irgendwelchen Anzeichen menschlichen oder tierischen Lebens.
Nichts – rein gar nichts!
Wälder und Sümpfe sind offenbar tot.

Auch keine Spur von jenen großen Rentierherden, die mir vom Krieg her in Erinnerung sind, wie sie sich auf den kahlen, nur mit spärlichen Moospolstern bewachsenen Felsrücken aufgehalten haben.
Der gewaltige Eindruck der ehrfurchtgebietenden Weite macht uns stumm. Welch ein Erlebnis! Kein Superlativ unserer Sprache reicht aus, das zu beschreiben.
Erstmals in einem ganzen ausgefüllten Fliegerleben habe ich das Gefühl, in einem »zerbrechlichen« Flugapparat aus Holz und Leinwand zu sitzen, mit dem ich einer Natur ausgeliefert bin, deren Kräfte und Dimensionen grenzenlos sind.
Ich denke an Egon Scheibe in Dachau, den Konstrukteur und Hersteller des »Tandemfalken« und an die vielen Segelflugzeuge, die seinem Konstruktionsbüro und seinen Werkstätten entstammen. Und mit diesem Gedanken schiebe ich meine Besorgnis beiseite, denn ich weiß, daß unser Leichtvogel so sicher ist, wie es moderne Ingenieurkunst überhaupt gewährleisten kann.
Aus eigener, bitterer Erfahrung weiß ich auch, was es heißt, in der Tundra zu Boden gehen zu müssen und zu Fuß einen Weg heraus aus der Wildnis zu suchen.
Dabei ertappe ich mich, wie ich den kleinen Kompaß untersuche, der an der Glashaube über meinem Kopf angeschraubt ist. Ihn würden wir auf einem Fußmarsch durch Wald und Sumpf gebrauchen können – und nicht einmal einen Schraubenzieher haben wir an Bord, um ihn abschrauben zu können!
War unser bisheriger Flug von den Alpen bis zum Polarkreis mehr oder weniger Routine, wenn man von den Überseestrecken und den Teilstücken über geschlossenem Seenebel absieht, so ist jetzt, jenseits des Polarkreises, ein wirkliches Abenteuer daraus geworden.
Wir schweben im Zeitlupentempo über eine Welt, in der sich seit Urzeiten nichts verändert zu haben scheint.
Menschen scheinen hier noch nie gelebt zu haben oder haben sich längst zurückgezogen.
Wir wissen, daß in jedem Finnen eine heimliche Sehnsucht nach der Einsamkeit dieser Tundra steckt. So wird sicher dieser oder jener Fährtensucher für Tage oder Wochen durch diese Wälder streifen. Er wird aber keine Spuren hinterlassen, die für uns erkennbar wären, geschweige denn, den Zustand der Wildnis ändern.
Man kann das Außergewöhnliche unserer Situation vergessen angesichts dieses Fluges »über dem Ende der Welt«!
Nur das mehr und mehr sich verschlechternde Wetter macht uns nüchtern:

Voraus und links und rechts unseres Kurses ballen sich dunkle Schauerwolken, die bis in geringe Höhen hinabhängen.
Die darüberliegende mittelhohe Stratusdecke wird immer dichter und hat sich dunkelgrau verfärbt.
Jürgen muß einem ersten Schauer ausweichen und kurz darauf einem zweiten.
Die Navigation wird dadurch erschwert.
Immer wieder sind es die markanten Konturen größerer und kleinerer Seen, die eine Standortbestimmung möglich machen. Diese sind in unserer ICAO-Karte sehr genau eingezeichnet und deshalb gut zu identifizieren.
Endlich kommt von rechts die Straße auf unsere Kurslinie zu, die zu unserem Pflichtmeldepunkt an der Grenze nach Norwegen führt.
Voraus können wir durch die Lücke zwischen zwei Schauern auch den Fluß erkennen, der die Grenze markiert.
Jürgen setzt unsere Standortmeldung ab, wobei er es wieder einmal genießt, den fremdartigen Namen Karigasniemi über die Zunge fließen zu lassen.
Der Ort ist hier, mitten in der Tundra, ein Anachronismus. Eine regellose Ansammlung von Häusern, im Wald verstreut. Eine Brücke über den Fluß mit vielen Pfeilern. Diesseits und jenseits des Ufers sind deutlich die »amtlichen« Gebäude erkennbar, die wohl Zoll- und Grenzpolizei beherbergen.
Karigasniemi ist eine finnische Siedlung. Auf der norwegischen Seite des Flusses sind außer dem Grenzgebäude gerade noch einige dürftige Holzhütten zu sehen.
Nirgendwo haben wir jemals eine solch weltferne Grenzstation gesehen. Man kann annehmen, daß die paar hundert Menschen in ihren bescheidenen Holzhäuschen da unten ihre Existenz ausschließlich der Straße und der Grenze verdanken.
Das karge Land kann nicht hergeben, was sie zum täglichen Leben benötigen.
Wie mag sich ihr Leben im Winter gestalten, wenn bis zu fünfzig Grad Kälte sind, wenn ewige Nacht herrscht, die kaum einer kurzen Dämmerung Zeit läßt.
Nach dem Grenzüberflug müssen wir unseren Kurs ändern. Statt wie bisher mit 320 Grad schieben wir uns nun mit 300 Grad über die Landkarte.
Zunächst können wir der Straße folgen, bis diese bei dem Ort Karasjok nach Norden abbiegt. Dieser Ort hat auf norwegischer Seite die gleiche Bedeutung wie Karigasniemi auf der finnischen: letzte Durchgangsstation vor der Grenze.
Wir entschließen uns, den direkten Kurs nach Alta weiterzufliegen und nicht

der Straße zu folgen, die uns zum Ausweichplatz Banak führen würde. Das Wetter scheint dies zu erlauben, außerdem haben wir genügend Reserven, um zu einem späteren Zeitpunkt umkehren zu können, falls dies notwendig würde.
In Ivalo haben wir uns abgemeldet, ebenso bei der Zentrale in Rovaniemi. Nun hat Jürgen auf die Frequenz von Alta umgeschaltet.
Alta antwortet nicht!
Wir erklären es uns aus der großen Entfernung und daraus, daß der Flugplatz am Alta-Fjord von recht hohen Bergen umgeben ist und damit im »Funkschatten« liegt.
Jürgen versucht es mit Banak, aber auch von dort kommt keine Antwort. Zu der Ungewißheit wegen des Wetters jetzt auch noch ohne Funkverbindung, das ist zu viel des Abenteuers!
So schaltet Jürgen noch einmal die Frequenz von Ivalo und bekommt auch sofort Antwort, wenn auch leise und kaum verständlich. Unsere neue Standortmeldung und die Information, daß Alta nicht hört, wird prompt quittiert. Wir fliegen weiter – jetzt in doppelter Weltabgeschiedenheit: Zum einen die tote Einöde am Boden, deren Trostlosigkeit durch den grauschwarzen Himmel noch unterstrichen wird, und zum anderen ohne eine Möglichkeit, eine Information an eine Bodenstelle geben zu können oder von dort zum empfangen. Am meisten zu schaffen macht uns, daß wir nichts wissen über das Wetter auf der noch vor uns liegenden Strecke.
Noch aber haben wir genügend Benzin im Tank und brauchen zunächst nicht daran denken umzukehren.
Sicher würde sich unser Freund, der Flugleiter von Ivalo, freuen, wenn wir wieder zurückkämen. Dies jedoch wollen wir auf jeden Fall vermeiden, wollen wir doch schon morgen das Nordkap umrunden, noch bevor die sich abzeichnende Wetterverschlechterung das Erreichen unseres Zieles verhindert. Allmählich ändern sich die Konturen am Boden:
Das Land ist nicht mehr gleichmäßig flach. Aus den langgestreckten Felsplateaus werden deutliche Erhebungen und kahle felsige Berge.
Rechts von uns erheben sich die Berge des Küstengebirges steil aus der flachen Ebene heraus. Sie ragen mit ihren Gipfeln in die Wolken.
Aber dann lichtet sich voraus das Gewölk ganz unvermittelt. Am fernen westlichen Horizont zeichnet sich ein heller Streifen ab, der deutlich durch die herabhängenden Wolkenschlieren und Regenvorhänge hindurchscheint. Wir müssen noch einen letzten, örtlich begrenzten Schauer umfliegen, dann liegt übergangslos ein wahres Wetterparadies vor uns:

Zwar ist der Himmel nach wie vor von einer geschlossenen Stratusdecke bedeckt. Diese stört aber nicht, denn sie ist sehr hoch. Der Horizont hat sich geweitet. Die Flugsicht nach vorn und nach links und rechts reicht hundert Kilometer weit. Ein Blick über den Flügel nach hinten, dorthin, wo wir herkommen, läßt tiefes Gewölk erkennen, das teilweise bis zum Boden reicht und an vielen Stellen dichte Regenschauer aufweist, die sich hellgrau vor dunklem Hintergrund abzeichnen.
Wären wir in umgekehrter Richtung geflogen, so hätten wir vor dieser Wolkenwalze kapituliert, hätten kehrtgemacht und gesagt, daß kein vernünftiger Mensch in solch ein Wetter hineinfliegt, schon gar nicht mit einem Segelflugzeug, das mit einem winzigen Motorchen ausgerüstet ist!
Vorne aber, weit am westlichen Horizont zeigt sich zwischen Boden und Wolkendecke ein blenden heller Streifen, der für uns im wahrsten Sinne des Wortes jener sprichwörtliche »Silberstreifen« ist.
Nach links sieht man bis zur Grenze der Sichtweite die gleichförmige flache Tundra, während auf der rechten Seite nur wenige Kilometer entfernt die kahlen Berge der Küstengebirge aufragen, teilweise noch verdeckt von den abziehenden Regenwolken. Hier sieht man auch Flecken von ewigem Schnee uns Eis.
Und immer noch meldet sich Alta nicht im Funk!
Ein besonders großer See markiert den 50-Kilometer-Abstand von unserem Ziel.
Obwohl die trostlose Wildnis von Horizont zu Horizont die gleiche ist, und obwohl wir, wenn wir hier hinunter müßten, ebenso verloren wären, wie auf der ganzen hinter uns liegenden Strecke, hat sich die Stimmung in unserem engen Gehäuse aus Plexiglas in gleichem Maße geändert wie das Flugwetter. Wir wissen jetzt, daß wir in spätestens dreißig Minuten in Alta sein werden, wir sehen, daß dort gutes Wetter ist.
Wir möchten jetzt stehenbleiben können in der Luft, um noch mehr aufnehmen und genießen zu können. Fremde, wilde, romantische Welt! Kein Gedanke daran, daß unsere Sicherheit von einigen Kilogramm simpler Technik abhängt, von einem Volkswagenmotor, der durch einige Umbauten den Erfordernissen eines kleinen Flugmotors angepaßt worden ist.
Von links schlängelt sich ein großer Fluß ins Bild. Der Alta-Fluß.
Breite, viele Kilometer lange Kiesbänke an den Ufern. Sein Lauf wird uns zum Ziel führen. Dort, wo der Fluß in den Fjord mündet, dort liegt auch der Flugplatz.
Jürgen gibt unseren genauen Standort mit einem Funkspruch »in the blind«

(etwa: »an jeden, der uns hört«) an die Bodenstelle in Alta durch.
»Landung in zehn Minuten«!
Das war die einzige Möglichkeit, da wir keine Bestätigung erwarten, nachdem bis jetzt alle unsere Meldungen ohne Antwort geblieben waren. Und es wird heller und freundlicher, je näher wir dem Fjord kommen!
Mehr noch: Alta antwortet!
Eine weibliche Stimme ruft unser Kennzeichen und radebrecht etwas in einem Englisch, das wir nicht verstehen können.
Jürgen wiederholt für alle Fälle noch einmal seine Standortmeldung und unsere voraussichtliche Ankunftszeit.
Prompt komm die Antwort.
Zwar wieder unverständlich, immerhin aber können wir annehmen, daß wir verstanden worden sind.
Eine letzte Biegung um einen Berg herum, immer dem Lauf des Flusses folgend, wie die Anflugkarte es vorschreibt.
Und dann: »field in sight!« – (Flugplatz in Sicht).
Es ist noch einmal ein Höhepunkt, was sich unseren Augen bietet.
Der Fjord liegt vor uns!
Von einer tiefstehenden und glasklar strahlenden Sonne beschienen. Die Wolkendecke liegt hinter uns und hinter den Bergen im Osten wie messerscharf abgeschnitten.
Von Süden her schweben wir nun in den Fjord hinein.
Eine breite Wasserfläche, spiegelglatt, breitet sich nach Norden aus. Dort scheint sie abgegrenzt durch hohe, schneefleckige Berge. Das allerdings ist eine Täuschung. Aufragende Felsenberge sind quer in das Wasser hineingewachsen und geben dem Fjord seine vielfach gewundene Form. Die Betonbahn des Flugplatzes liegt vor unserer Nase. Sie liegt auf dem Kiesbett am Ende des Fjordes und ist mit einer großzügigen Aufschüttung in das Wasser hinein verlängert worden.
Jürgen hat den Motor gedrosselt und schwebt zur Landung an.
Jetzt kommt sogar, deutlich zu verstehen, vom weiblichen Diensthabenden am Boden die längst fällige Landeinformation, welche nichts anderes besagt, als das, was wir sowieso tun, nämlich im Direktanflug den Platz anzusteuern.
Sogar die Landebahnbefeuerung hat man für uns eingeschaltet!
Landezeit: 16.30 Uhr.
Weil sich niemand um uns kümmert, suchen wir uns selbst einen Abstellplatz für den »Falken«, verankern ihn und machen ihn fertig für die Nacht, die keine Nacht werden sollte.

Immerhin liegt Alta 400 Kilometer nördlich des Polarkreises. Da geht heute, am dritten August, die Sonne nicht mehr unter den Horizont.
Empfindlich kühl ist es – wir ziehen wieder unsere Wollpullover über. Wir sind in einer kaum zu beschreibenden Hochstimmung. Hinter uns liegt ein Flugerlebnis, das für uns einmalig bleiben wird.
Das Wetter hat sich gewandelt und läßt für den morgigen Tag beste Bedingungen erwarten.
Gegenseitig machen wir uns auf die großartige Umgebung aufmerksam: Die kahlen, steilen Felswände, die mit ihrer eigenen Spiegelung das Ufer des Fjords markieren. Kleine, kahle Felseninseln im Wasser. Am Südende des Fjords, dort, wo das Wasser die Grenze des Flugplatzes bildet, die Stelle, wo während des Krieges das deutsche Schlachtschiff »Tirpitz« verankert war und schließlich versenkt wurde.
Eis und Schnee auf den Bergen, die die Sicht nach Norden begrenzen.
Hinter den Gebäuden des Flugplatzes erhebt sich im Westen ein kahler Bergrücken. Dort sieht man die Häuser der Stadt.
Unbürokratische Zollformalitäten.
Auf dem Tower, wo wir die vorgeschriebenen Landeformalitäten erledigen wollen, treffen wir ein junges Mädchen, das allein und verlassen ist. Mit Mühe können wir von ihr erfahren, daß sie unsere verschiedenen Funkmeldungen wohl gehört, sie aber nur zum Teil verstanden und deswegen lieber gleich unbeantwortet gelassen habe.
Der diensthabende Flugleiter sei ihr Verlobter. Dieser aber sei unten bei der Feuerwehr zum Kartenspielen und habe ihr den Auftrag gegeben, solange seinen Arbeitsplatz zu besetzen, bis er wieder zurückkäme.
Sauber!
Langer Abend zwischen gutgekleideten Omnibustouristen verschiedener Nationalität.
Heimweg zu Fuß unter der Mitternachtssonne.
Nie gesehener Lichtzauber. Glutrot reflektieren nackte Felsenberge im Süden die Strahlen der tiefstehenden Sonne.
Welch ein Tag!
»Das glaubt mir kein Mensch!«
Vierter August.
Früh schon sind wir auf dem Flugplatz.
Blauer Himmel, glasklare Sonne, einzelne weiße Restwolken am Himmel.
Nach unserem Plan, den wir gestern abend sorgfältig ausgearbeitet hatten, wird dies ein langer Flugtag werden.

Runde 700 Kilometer haben wir uns vorgenommen.
Eine geplante reine Flugzeit von fünfeinhalb Stunden.
»Pilot in command« werde ich sein.
Flugplan aufgeben, Wetterberatung einholen, Flugzeug tanken, Haube polieren, Gepäck verstauen, Karten und Navigationsbesteck bereitlegen, Vorflugkontrolle.
Telefonat nach Hammerfest, ob dort Tankmöglichkeit besteht.
Alles inzwischen eingespielte Routine.
Um fünf Minuten nach halbneun brummeln unsere fünfundsechzig Pferdestärken am weißen Mittelstrich der Startbahn entlang in Richtung Norden, in den Fjord hinein.
Es liegen zwei große Etappen vor uns für diesen Tag, die sich von der Landschaft her grundlegend unterscheiden und damit auch verschiedene fliegerische Anforderungen stellen: Der erste Teil soll uns von Alta zum Nordkap führen mit einer Zwischenlandung in Hammerfest und dann auf direktem Weg wieder zurück nach Alta. Den Tankstop in Hammerfest halten wir für ratsam, weil uns ein Nonstopflug von Alta zum Kap und zurück zu wenig Sicherheitsreserven in unserem kleinen Tank gelassen hätte. Immerhin beträgt die Strecke hin und zurück mehr als 350 Kilometer.
Auch eine nochmalige Wetterauskunft würde uns in Hammerfest nützlich sein können.
Wieder zurück in Alta, sollte dann die zweite Tagesaufgabe noch einmal ein einsamer Tundraflug nach Süden sein, nach Kiruna, in Nordschweden.
Wir fliegen in einen strahlendhellen Morgen hinein. Jürgen hat sich darauf eingestellt, möglichst viel zu filmen und zu fotografieren.
Fast auswendig gelernt haben wir gestern abend die einzelnen Etappen der Strecke. Schon das Studium der Karten läßt erwarten, daß wir dem Höhepunkt unserer Expedition entgegenfliegen.
Es ist aber auch abzusehen, daß außergewöhnliche fliegerische Anforderungen auf uns zukommen und schwerwiegende Entscheidungen notwendig werden.
Lieber hoch fliegen oder lieber tief?
Weite Strecken über See oder lieber große Umwege entlang der Küstenkontur?
Anpassung an Wetterveränderungen – im Zweifelsfalle immer umkehren!
Vor allem aber so zu fliegen, daß von dem Einmaligen und Außergewöhnlichen des Fluges durch Fjorde soviel wie möglich zu genießen sein würde. Schließlich sind wir uns klar, daß wir wohl nie wieder unter solch günstigen

Umständen über die nördlichsten Regionen Europas würden fliegen können.
Alta bleibt hinter uns.
Unter uns, gleichsam zwischen den Pedalen, auf denen meine Beine stehen, kräuselt sich das Wasser des Fjordes.
Fünfzig Kilometer lang und vielfach gewunden und verzweigt ist der Alta-Fjord, ehe er in das offene Meer mündet.
Schon bald nach dem Abflug versperrte die erste Felsbarriere – hochaufragende kahle Berge – den direkten Weg.
Dies zwingt mich zur Entscheidung, im Tiefflug zu bleiben und lieber solche Hindernisse zu umfliegen, als mühsam auf Höhe zu klettern.
Ich kann mir ausrechnen, daß ein solcher Tiefflug nahe der Wasseroberfläche keine Beeinträchtigung der Sicherheit bedeuten würde, weil für die Navigation durch Fjorde und über freie Seestrecken nicht unbedingt die erweiterte Sicht aus größerer Höhe erforderlich ist und andererseits eine Notlandung sowieso nur im Wasser nahe der Küste möglich wäre. Ob ich nun aus tausend Metern Höhe zu einem menschenfernen Ufer hinunterschwebe oder aus fünfzig, das macht kaum einen Unterschied.
Dafür aber wird uns der Tiefflug über dem Wasser, über Felseninseln und an den Ufern entlang Eindrücke vermitteln, wie sie in dieser Form nur aus unserem Kleinstflugzeug möglich sind.
Dies ist ja das Besondere, daß unser Weg nicht »kanalisiert« ist durch eine Straße, ein Schiff oder ein Verkehrsflugzeug, sondern, daß wir frei fliegen können, wie und auf welchem Wege wir wollen.
Wolkenloser Sonnenhimmel!
Tiefblaues Wasser, rundum aufragende Berge, deren Felswände fast senkrecht in den Fjord abfallen.
Immer wieder der feine weiße Strich aus Wasser und zerstäubten Wassertropfen eines herabstürzenden Wasserfalles.
In geringer Höhe, meterknapp, überspringt mein Vogel einen Felsrücken, einen Bergvorsprung, der mir den Weg versperren will.
Grauer, blankgeschliffener Stein, kaum bewachsen, nur mit Flechten und Moos. Im Sonnenlicht spiegeln die Farben silbergrau, braungrün und gelb. Strauchgestrüpp, vereinzelt in Felsspalten, zeigt ein helles Grün.
Wir huschen darüber hinweg, bis hinter der jenseitigen Felskante der nächste Seitenarm des Fjordes unter uns liegt.
Und der nächste Bergvorsprung ist schon da!
Darüber oder außen herum?
Ich lasse es darauf ankommen, spiele das oft geübte Spiel mit einer interessan-

ten optischen Täuschung, die wir besonders bei unseren Flügen im Hochgebirge immer wieder erleben: Man fliegt einen Berg, einen Grat oder einen Sattel zwischen zwei Bergen an, um auf dessen andere Seite hinüberzufliegen. Obwohl der Höhenmesser sagt, daß die eigene Höhe deutlich über der des Hindernisses liegt, hat man den sicheren Eindruck, viel tiefer zu sein. Man ist versucht, Höhe zu gewinnen. Es kostet Überwindung, den Instrumenten im Flugzeug zu glauben und weiter auf die scheinbar hochaufragende Wand zuzufliegen.

Beim Näherkommen, aber wirklich erst im letzten Augenblick, zeigt es sich, daß tatsächlich der Höhenmesser recht hatte und nicht die eigenen Augen: Als würde das Hindernis von einer großen Faust nach unten gedrückt, »duckt« es sich buchstäblich und läßt ausreichenden Platz, um es zu überfliegen. Wer dieses Phänomen nicht kennt und nicht oft geübt hat, kann leicht die Nerven verlieren, sollte er es miterleben müssen, ohne selbst Einfluß nehmen zu können.

Obwohl mit klar ist, daß ich Jürgens Nerven etwas strapaziere, mache ich mir dieses Vergnügen auch beim nächsten und übernächsten Bergrücken.

Verwirrende Vielfalt von Buchten, Seitenarmen, Felsinseln! Zwischendurch drängt es mich, um mehr Überblick zu bekommen, doch etwas höher zu gehen. Ich muß aber erkennen, daß wir zwar die nächste markante Ecke im Fjord einige Minuten früher sehen, daß uns aber das ganze Großartige dieses tiefen Fliegens an der Wasseroberfläche verlorengeht. So gehe ich wieder hinunter und folge im Tiefflug den Windungen des Fjordes. Uhr und Kompaß spielen jetzt nicht mehr diese Rolle wie bei Überlandflügen im Flachland am Rande der Alpen.

Der Kompaß deswegen nicht, weil seine Abweichungen hier im hohen Norden kaum kontrollierbar sind, und die Uhr ist für die Navigation nur ein ganz grober Anhalt, weil der Flugweg am gewundenen Ufer entlang in Schlangenlinien verläuft, die nichts mehr mit einer »Luftlinie« zu tun haben. Auch unsere Geschwindigkeit wechselt wegen der häufigen Höhenänderungen in unkontrollierbaren Intervallen. Es ist nur mein Daumen, auf den ich mich verlassen muß, der auf der Karte am eingezeichneten Strich entlangwandert von der einen Felsnase zur anderen, von der einen Bucht zur nächsten. Um ehrlich zu sein, ich nehme es nicht gar so ernst mit diesem Mitkoppeln, weil ich weiß, daß wir Hammerfest am Ausgang des Fjordes auf keinen Fall verfehlen können. Es ist mir vielmehr nur darum zu tun, möglichst viel von der Einmaligkeit dieses Flugerlebnisses mit meinen Sinnen erfassen und aufnehmen zu können.

Eine Erinnerung aus meiner Kindheit kommt mir in den Sinn: Da war auf dem Bahnhof unseres Dorfes ein wunderschönes farbiges Bild angeklebt. Es war eine Werbung für Nordlandreisen mit einem Luxusdampfer. Ein Schiff lag in einem norwegischen Fjord, der genauso aussah, wie dieser, durch den ich gerade meinen kleinen Vogel steuere: Spiegelglattes Wasser, das Spiegelbild des Luxusschiffes und das der umliegenden kahlen Berge im Wasser, großartige Einsamkeit.

Die Wunschträume, welche dieses Bild damals auslösten, diese Wunschträume gehen jetzt, bei diesem Flug, in Erfüllung.

Und nicht nur das. Ich selbst kann diese Träume ganz nach meinem eigenen Willen steuern und gestalten, denn ich habe einen Steuerknüppel in der Hand, mit dessen Hilfe mir mein kleines Flugzeug gehorcht.

Welch ein Erlebnis!

Zwischendurch vergesse ich aber nicht die Wirklichkeit: Öldruck, Öltemperatur, Treibstoffvorrat, Treibstoffverbrauch? Auch beuge ich mal den Kopf tief in das Cockpit hinein, dann kann ich besser hören, ob der Motor rund läuft und seinen »gesunden« Ton hat.

Als es Zeit wird, Funkkontakt mit Hammerfest aufzunehmen, bedauere ich fast, daß dieses Schweben, Gleiten und Tanzen durch die Fjorde bald schon zu Ende sein soll.

Dann und wann sind auf der Karte Symbole eingezeichnet, zum Teil sogar mit Namen versehen, die einen bewohnten Ort angeben. Wir finden dann am Ende einer Bucht eine winzigkleine Grünfläche. Darauf zwei oder drei rotbemalte Holzhäuser. Schmaler, flacher Kiesstrand am Wasser. Ein kleines Boot, an Land gezogen, als einzige Möglichkeit einer Verbindung mit der »Außenwelt«. Eine oder zwei Familien leben hier.

Wie mag ihr Tag aussehen? Wovon leben sie, womit ernähren sie sich? Wo und wie lernen ihre Kinder Lesen und Schreiben? Postverbindung, Radio, Fernsehen, elektrischer Strom?

Eine Frau hängt Wäsche zum Trocknen auf. Sicher weiß sie, daß es »draußen« Waschmaschinen gibt aber ebenso sicher ist es, daß sie sich hier in der Bucht zu Hause fühlt, auch ohne urbane Maschinenkultur.

Hammerfest gibt uns die Landefreigabe, während wir in geringer Höhe in die Buch einbiegen, an deren Ufer die Stadt liegt. Die Häuser dieser nödlichsten Stadt Europas gruppieren sich an dem langgezogenen Ufer in mehreren Reihen zu den flachen Hängen hinauf. Im Hintergrund ragt steil das Gebirge auf. Ein alter und ein neuer Teil geben der Stadt zwei Gesichter. Modernen Betonbauten im Hafenbereich stehen die typischen kleinen Holzhäuser des

älteren Teils der Stadt gegenüber, die in bunten Farben bemalt sind.
Lagerhäuser, Tanklager und Liegeplätze für große Schiffe unterstreichen die Bedeutung des Hafens. Auch einige bekannte Großbetriebe der fischverarbeitenden Industrie haben hier ihren Sitz.
Die Piste des Flugplatzes ist auf halber Höhe der Berge im Norden der Stadt angelegt. Sie ist zum Teil aus dem Fels herausgesprengt und weist eine beträchtliche Neigung auf.
Ein kleiner Hangar, ein Zwischengebäude und der Tower sind aus Holz gebaut oder zumindest mit Holz verkleidet.
Kein Baum, nicht einmal irgendwelches Strauchgewächs.
Was die kahle Umgebung braungrün färbt, ist kümmerliches Gras, Moos und Flechten.
Die Berge rundherum und im Hintergrund zeigen Flecken von Eis und Schnee.
Der Flugplatz wird im regelmäßigen Liniendienst mit kleineren Flugzeugen angeflogen. Wir sehen eine »Twin-Otter« und einen Hubschrauber. Dieser verkehrt zwischen den vorgelagerten Inseln und dem Festland.
Man hat uns den Start zum Weiterflug verweigert, bevor nicht eine neue Wetterberatung für den Flug zum Nordkap erfolgt sei. Diese muß von irgendwo weit her eingeholt werden, was unseren Aufenthalt sehr in die Länge zieht.
Mit randvollem Tank können wir dann endlich zehn Minuten nach zehn Uhr starten, versehen mit einer Wetterauskunft, die nur Gutes verspricht.
Die herrschende Windrichtung zwingt uns zu einem Start bergaufwärts. Dies und ein hoher Bergrücken in der unmittelbaren Verlängerung der kurzen Startbahn führen zu Bedenken, ob unser vollbeladener »Falke« es schaffen würde, im vorgeschriebenen Geradeausflug den Platzbereich zu verlassen.
Nach einem langen Palaver mit dem Flugleiter erhalte ich schließlich die Genehmigung, nach eigenem Ermessen noch vor dem Platzende mit einer bodennahen Rechtskurve in eine Mulde hineinzufliegen, die bergabwärts führt, hinunter zur Stadt. Wir schaffen es dann aber doch ohne dieses riskante Manöver.
Aufatmen – weiterfliegen in die Welt der verlassenen Eismeerfjorde hinein.
Noch einen Abschiedsgruß an Hammerfest: »Vielen Dank und auf Wiedersehen!«
»Ich spüre, daß ich unmittelbar vor dem Höhepunkt meines Lebens stehe!«
So jubelt Jürgen in die »Ei-Vau« (Bordsprechanlage) hinein. Es ist aber auch alles dazu angetan, solche Gefühlsausbrüche zu haben:

Das Cockpit voller Sonne, uneingeschränkte Flugsicht, spiegelblankes Wasser in Buchten und Fjorden.
Die Karte zeigt, daß der direkte Weg zum Kap genau hundert Kilometer beträgt. Er führt entlang der Küste, wobei der Großteil über Wasser zu fliegen ist, lediglich unterbrochen von kahlen Felsrücken, die gleich Zungen vom Gebirge her in das Wasser hineinragen.
Kilometerbreite Buchten und tief in das Gebirge hineinreichende Fjorde wechseln sich ab.
Kleine, kleinste und größere Inseln – blanke Felsen – ragen aus dem Wasser.
Wieder entscheide ich mich, im Tiefflug zu bleiben, obwohl dadurch die Navigation recht schwierig wird. Oft ist es nicht möglich, im niedrigen Vorbeiflug zu erkennen, um welchen Fjordausgang es sich handelt. Da wäre der Überblick aus größerer Höhe notwendig.
Ich verzichte aber ganz bewußt darauf.
Wir sind ja nicht unterwegs, um eine Navigationsaufgabe zu lösen, so wie man es von einem fortgeschrittenen Flugschüler verlangt, sondern wollen die Einmaligkeit und Großartigkeit unseres »Fliegens durch den Höhepunkt unseres Lebens«, wie Jürgen dies nennt, ohne Einschränkung erleben.
Wir würden nicht ein Erlebnis empfinden, als ob wir inmitten einer grenzenlosen Einöde aus nacktem Felsengebirge und Wasser die einzigen Lebewesen seien. Als ob unsere Möglichkeit, lebend wieder herauszukommen von einem winzig kleinen Stückchen Technik abhängig sei, unserem zerbrechlichen Motorsegelflugzeug.
Wir würden aber auch nicht die seltenen Zeichen von menschlichem Leben hautnah beobachten können, die es hier trotz ewiger Nacht im Winter und trotz 24stündigem Tag im Sommer gibt. Menschen, Familien, von denen wir uns nicht vorstellen können, wie und wovon sie leben, uns vor allem nicht vorstellen können, warum sie hier in der Einsamkeit und Weltabgeschiedenheit leben.
Wir würden nicht die Frau beobachten können, die am Weiher hinter dem alleinstehenden Häuschen dicht unterhalb einer senkrechten Felswand gerade dabei ist, ein Dutzend Enten zu füttern.
Auch nicht ihren Mann, den Fischer, würden wir bei seiner Arbeit in seinem kleinen Ruderboot im ufernahen Gewässer des Fjordes beobachten können, wie er sich mit seinem Netz abmüht. Wir würden ihm nicht zuwinken können im Vorbeiflug und auch nicht sein Zurückwinken sehen.
An der Küste entlang führt eine Uferstraße nach Norden, die wir immer wieder sehen, wenn das Ufer zu unserem Flugweg vorspringt. Diese Straße

4. August. Der Zufall will es, daß unsere Uhr genau zwölf zeigt, als wir das Nordkap anfliegen.

Auch dies ist das Nordkap: Ein häßliches Touristenzentrum ist entstanden. Von einer Schiffsanlegestelle am Fjord führt sogar eine Autostraße auf das Plateau.

Es geht wieder südwärts auf direktem Weg zurück nach Alta. Zu unserer Erleichterung beginnt sich der Küstennebel aufzulösen.

Schnee- und Eisreste auf kahlen Felsrücken zwischen den Fjorden.

Ich bleibe im Tiefflug, um diese fremde Welt so nah als möglich erleben zu können.

Unvergleichliche Eindrücke lassen vergessen, daß unsere Sicherheit vom einwandfreien Lauf eines kleinen Motorchens abhängt.

Auf halbem Wege zurück nach Alta haben wir wieder Sonne. Reflexe auf dem Wasser, aber auch auf unserer Kanzel blenden uns.

Gepäck und Kleidung mußten dem Platz in unserem Kleinflugzeug angepaßt sein.

Irgendwo, weit im Süden, wissen wir die Zivilisation.

Wieder zurück im Alta-Fjord

Gebirgslandschaft am Alta-Fjord

Wir sind zurück vom Kap – ab hier haben wir wieder Funkkontakt mit Alta, wo wir am Vormittag gestartet sind.

Nach kurzer Zwischenlandung fliegen wir weiter von Alta nach Süden. Ein letzter Blick in die Fjord- und Bergwelt der norwegischen Eismeerküste.

Kiruna, unser Tagesziel am 4. August: Nach den großartigen Eindrücken Ernüchterung. Die berühmten Erzvorkommen haben hier weit im Norden eine Industriestadt entstehen lassen.

5. August. Heute ist Wochenende, da konnten wir zum Tanken einen kleinen Sportflugplatz im nördlichen Schweden anfliegen.

Unser Eismeer- und Lapplandabenteuer liegt hinter uns. Erste größere Siedlungen im nördlichen Schweden kommen in Sicht.

Abendhimmel am Polarkreis.

Zum Abschied schenkt uns der Hohe Norden noch einmal einen Sommerhimmel.

Knapp fünfzehn Flugminuten südlich des Nordkaps überflogen wir die Stelle, wo im Jahre 1941 die Besatzung einer Ju 88 im Geröllfeld oberhalb der Vegetationsgrenze notlanden mußte. So sieht das Wrack heute aus – nach mehr als vierzig Jahren.

scheint recht gut ausgebaut zu sein. Ihr Bau hat einen großen Aufwand erfordert, denn in den Fjorden und Buchten gibt es ganz selten einen flachen Strand. Die Felswände ragen steil aus dem Wasser auf, so daß der schmale Streifen für die Straße oft aus dem Fels heraugesprengt werden mußte. Gelegentlich endet die Straße an einem Anlegesteg. Dort werden die Autos auf eine Fähre verladen und ans andere Ufer gebracht. Dies erspart den großen Umweg, den die Straßenführung am tief in das Land hineinreichenden Fjord entlang bedeuten würde.

Jetzt aber sehen wir nichts mehr von der Straße. Sie nimmt ihren Weg in das Gebirge hinein, wechselt hinüber zum Porsanger-Fjord, um an dessen hundert Kilometer langem Ufer das Nordkap zu erreichen.

Wir aber brauchen keine Straße.

Unser Vogel trägt uns elegant durch dieses Widerspiel von Fels und Meer, von braungrünem Ufer und Fjorden, von Klippe und Welle.

Wir sind frei wie die Möven im Luftraum, können Hindernisse auf der geraden Linie überfliegen oder können uns herumschwingen und hineintasten in versteckte Winkel, die den Menschen da unten auf ihren festgelegten Wegen verschlossen sind.

»Das glaubt mir kein Mensch!«

Diesmal ist es nicht der spontane Jubelschrei von Jürgen. Leise sagt er es offenbar zu sich selber. Die Großartigkeit der Landschaft und unser vogelgleiches Hindurchgleiten haben uns stumm gemacht.

Man möchte den Anderen auf Wahrnehmungen links oder rechts von unserer Glashaube aufmerksam machen, unterläßt es aber, als ob man ihn wie bei der Andacht in einer Kirche nicht stören möchte.

Trotz des monotonen Geräusches des Motors, das die Stille nicht stört, sondern eher noch unterstreicht, höre ich von hinten in kurzen Abständen das Klicken der Kamera. Jürgen will soviel wie möglich im Bild festhalten, denn unsere eigenen Sinne können nur einen Bruchteil speichern von dem, was unter uns, über uns, neben uns vorbeizieht.

Wir endecken, daß die seltenen Siedlungen, zumeist einzelne Häuser oder kleine Gruppen von drei oder vier buntbemalten Holzbauten, die mit Namen in unsere Karten eingezeichnet sind, auf einer großmaßstäblichen Karte, die wir uns für diese Etappe zum Kap extra besorgt haben, noch Zusätze tragen. Wir finden Bezeichnungen wie »Farm«, »Factory«, »Settlement«, »Light«, »Dairy«, »Telegraph-Station«.

Das verleiht unserem Flug neben dem Abenteuerlichen noch etwas Romantisches.

Immerhin gibt es da ganz oben im menschenleeren Norden, in einer Fjordabgelegenheit, ein einzelstehendes Haus, zu dem nicht einmal eine Straße hinführt, lediglich über einen Anlegesteg am Wasser erreichbar, vielleicht mit noch einem kleinen Nebengebäude, welches die »Dairy« des Gebietes ist, die Milchsammelstelle, die Molkerei.
Und immerhin kann man in größeren Abständen ein Haus finden, wo ein Anschluß an das Telefonnetz besteht.
Wir überfliegen eine glatte felsige Hochfläche, wo große Flecken von Schnee- und Eisresten das Bild bestimmen. Und sehen im meterknappen Vorbeigleiten eine Reihe von Telefonmasten, die zwei Drähte tragen. Keine Masten wie wir sie kennen, kräftig, hoch und kerzengerade. Es sind eher kümmerliche Holzstangen, teilweise krumm und verwachsen, wie sie die Tundrawälder hervorbringen, und sie waren nicht in einer geraden Linie ausgerichtet, sondern schlängelten sich in unregelmäßigen Windungen über Eis, Schnee und Fels. So also sieht der Nervenstrang aus, der weit im Norden an einem Haus endet, das in unserer Karte die Bezeichnung »Telegraph-Station« trägt«.
Noch einmal erscheint ganz überraschend am Ende einer Bucht zwischen hochaufragenden Bergen, die mit Eis- und Schneekappen versehen sind, eine große Ansiedlung. Eine Vielzahl von großen und kleinen Fischerbooten liegen im glatten Wasser vor Anker.
Uferstraße, Häuserzeile, Parallelstraße und nochmals Häuser. Entlang des Ufers ausgebaute Anlegestellen und dazugehörige große Flachbauten.
Ein Zentrum von Fischerei und Fischverarbeitung – vielleicht das nördlichste!
Sportplatz, Kirche und Schule erkennen wir aus der Luft. Es ist eine eher trübselige Zwecksiedlung inmitten großartiger Ursprünglichkeit.
Schon gleich hinter dem nächsten kahlen Bergrücken wieder unberührte Einsamkeit unter unseren Flügeln.
Eine besonders weite Wasserfläche breitet sich vor uns aus. Die nächste Landzunge ist so weit entfernt, daß sogar das Ufer hinter der Krümmung der Wasseroberfläche verschwindet. Links, dort, wo das Meer bis zum Horizont reicht, sind noch einige vereinzelte Felseninseln zu sehen, die sich vielleicht hundert Meter aus dem Wasser erheben.
Meine Uhr sagt mir, daß die Berge weit voraus bereits zu den Inseln gehören müssen, deren nördlichste Spitze das Nordkap bildet.
Die Karte zeigt, daß ich wohl oder übel bis dorthin über See fliegen muß, auch wenn dies einige Überwindung kostet. Es sind mehr als fünfundzwanzig Kilometer. Jetzt sind wir wieder froh, daß wir Schwimmwesten haben.

Anstatt auf gerader Linie über das Wasser zu fliegen, lenke ich den »Falken« in einem Bogen, der seewärts ausbiegt, an einigen Inseln vorbei. Man kann nie wissen . . .!
Diese Inseln, größere und kleine, sind unbewohnt, ohne Vegetation. Auch keine Zeichen, daß etwa Vögel dort ihre Nistplätze haben. Gar nichts außer nacktem Fels.
Im Notfall müßten wir unser Flugzeug unmittelbar am Steilufer in das Wasser setzen und uns schwimmend an Land retten.
Leider zeigt sich weit voraus an den Bergen, wo das Nordkap liegen muß, daß dort sich das Wetter eintrübt.
Nicht Wolken kann man sehen, aber einen breiten grauen Streifen über dem Horizont. Seenebel etwa?
Auch die Küstenberge, die rechts von uns parallel zu unserem Kurs verlaufen, zeigen diese Eintrübung.
Noch fliegen wir aber bei schönstem Sonnenschein im Tiefflug über das breite Stück Eismeer, das uns von unserem Ziel trennt. Bald jedoch wird klar, daß an der Küste jener Nebel liegt, der typisch ist für die Gegend um das Nordkap.
Man hat uns bei der Wetterberatung nicht darauf aufmerksam gemacht.
Je näher wir kommen, um so deutlicher ist zu erkennen, daß die Nebelbank örtlich begrenzt ist und nur wie eine schmale Decke über den Bergen liegt, die unmittelbar an der Küste aufragen. Schon wenige Kilometer landeinwärts scheint wieder die Sonne.
Also bleibe ich im Tiefflug und versuche gar nicht erst, höher zu gehen. Ich hoffe, wenigstens knapp über der Wasseroberfläche die Felsflanken umrunden zu können, welche das Kap bilden. Darüber hinwegfliegen zu können erscheint leider aussichtslos, weil es aus der Entfernung ganz so aussieht, als ob der Nebel auf den Bergen aufliegt.
Schade!
Je näher wir kommen, desto mehr scheint sich der Nebel da vorne zu verdichten. Schon ist die Linie des Horizontes verschwommen und nicht mehr messerscharf, wie sie sich beim Blick nach Norden und Westen zeigt.
Immer noch Sonne im Cockpit. Reflexe im Wasser blenden uns. Das Meer unter uns hat eine tiefgrüne Farbe, welche zum Nordhorizont hin in ein helles Grau übergeht, während es dort, wo die Nebelkappe über den Felswänden liegt, drohend dunkel ist.
Wir nähern uns – immer noch im Tiefflug – wieder der Küste. Der rechte Flügel streicht an einer dunklen, nassen Wand entlang. Fast senkrecht steigt

der blanke Fels mehrere hundert Meter hoch und bildet eine scharfe horizontale Kante. Die Oberfläche der Küstenberge ist eine fast ebene Fläche. Jetzt aber sehen wir, daß die Nebelkappe nicht aufliegt, sondern daß man zwischen Berg und Nebeluntergrenze hindurchsehen kann. Stellenweise sieht man sogar so etwas wie einen hellen Horizont unter der Nebeldecke durchscheinen.
Dieser freie Spalt könnte eigentlich reichen, um mit unserem Flugzeug durchzufliegen!
Langsam steige ich höher, bis ich die Oberkante der Felsen erreicht habe und habe gleichzeitig Gewißheit, daß wir ohne Beeinträchtigung der Sicherheit nun über den Bergen weiterfliegen können.
Noch einmal eine Meerenge – ein Sund.
Sie trennt die Festlandmasse von der großen Insel Mageröya, deren Nordspitze der nördlichste Punkt Europas ist. Mageröya hat eine Ausdehnung von ungefähr fünfundzwanzig Kilometern. Man kann die Insel aus unserer geringen Höhe von nur wenigen Metern über Grund nicht überblicken.
Noch einen erhöhten Felsrücken müssen wir überspringen, wieder gleitet nackter Granitfels unter uns durch. Jetzt überqueren wir einen weiteren Fjord, den letzten, der uns vom Kap trennt. Es scheint, als ob das Bild aus Wasser, Fels und Steilufer nirgends so überwältigend und eindrucksvoll ist wie hier. Wenn nicht die Sonne durch den dicken Nebel abgedeckt wäre, so hätten wir wohl das schönste Bild unseres bisherigen Fluges vor uns, obwohl wir auf dem ganzen zurückgelegten Weg über die Küstenklippen und durch die Fjorde immer wieder gemeint hatten, daß eine Steigerung nicht möglich sei.
Wie bloß soll ich dies alles beschreiben?
Der Sund ist eine Wasserstraße zwischen aufragenden Felswänden. Sie verengt sich, ist nur noch schmaler Durchlaß.
Hier ist das Wasser fast unwirklich still, tiefgrün, ölglatt.
Aber ein Sund ist eben ein Sund!
Ein Fjord dagegen – ja, wie soll man diesen beschreiben – ein Fjord ist eigentlich gar nicht mehr von dieser Welt, denn es gibt keine Worte für seine Schönheit, man kann ihn wohl auch nicht malen oder zeichnen. Schon gar nicht das Bild, das man im Tiefflug aus dem langsamfliegenden Motorsegler sieht. Am besten noch ist es Eduard Grieg mit seiner Musik gelungen, die Schönheit der Fjorde zu beschreiben. Wäre er aber an unserer Stelle gewesen, an Jürgens und der meinen, und mit einem Segelflugzeug durch diese großartige Natur geglitten, so wäre wahrscheinlich sogar er nicht imstande gewesen,

mit seiner Musik das zu beschreiben, was er gesehen und erlebt hätte!
Auf den Felsplateaus liegt fleckenweise Schnee und Eis. Wasserfälle stürzen in die Tiefe. Meist sind sie fein gebündelt, selten zeigen sie sich als mächtige Sturzbäche, die über schwarze Granitwände hinunterstäuben.
Die Berge scheinen kein Ufer zu haben, sie stehen auf ihrer eigenen Spiegelung.
Nein – ich gebe es auf, Worte zu finden für das Erlebnis unseres Fluges durch die Fjorde.
Hier ist alles wilder und imposanter als in der stillen Einsamkeit der finnischen Tundra.
Knapp über der messerscharf abgestochenen Steilkante springen wir das letzte Plateau an. Wir erkennen, daß dieses Norkap eine glatte Hochfläche ist, so groß, daß man eine deutsche Mittelstadt draufstellen könnte. Nach allen Seiten fällt der Granitfels wohl zweihundert Meter fast senkrecht hinab zum Meer. Nur im Süden gibt es eine eingeschnürte Landbrücke zum Massiv der Hauptinsel.
Die Flanken triefen vor Nässe und leuchten dunkel, fast schwarz. Die geschlossene dunkelgraue Nebelkappe hat sich zum Glück etwas angehoben, so daß wir mit unserem Vogel jetzt leicht und sicher durchschlüpfen können. Es taucht ein Gittermast vor unserer Nase auf, der in den Nebel hineinsticht. Wir sehen am nördlichen Ende der glattgeschliffenen Steinfläche einen Komplex mit flachen Gebäuden, beim Näherkommen auch einen großen Parkplatz mit einer Kette von abgestellten Autos. Etliche Kleinbusse sind dabei, die wohl einen Pendelverkehr durchführen, um Touristen von einem Schiffsanlegeplatz über eine ausgebaute Straße zum Kap zu transportieren.
»Dies ist der Höhepunkt meines Lebens!«
Jürgen meint damit wohl nicht nur diesen Augenblick, sondern er meint diesen ganzen heutigen Flugtag.
Wir erkennen, daß die Zufahrtstraße und die freien Flächen vor dem Touristikrummel gut ausreichen würden, um darauf zu landen, und ich nehme den Gashebel zurück, schwebe darauf zu, starte dann aber durch, ohne den Boden berührt zu haben.
Zwei- oder dreimal umkreisen wir das Kap.
Der Zufall will es, daß unsere Uhren genau die Mittagsstunde anzeigen.
Jürgen fotografiert und filmt, und ich gebe mir Mühe, so zu fliegen, daß er gute Bilder machen kann.
Wären nicht diese häßlichen Häuser und Autos am Boden, man könnte glauben, wir hätten ein Stück Mondlandschaft unter unseren Flügeln.

Noch einmal überfliege ich das Plateau und lasse den Flügel nahe an den schwarzen, fast senkrechten Felsflanken entlangstreichen. Noch einen Blick hinab auf das leicht gekräuselte Wasser des Eismeeres.

Heimflug mit Tücken

Dann gehe ich auf Südostkurs, in die direkte Richtung auf Alta, wo wir heute in der Frühe abgeflogen sind.
Gleichzeitig stellt sich das Gefühl ein, eine Aufgabe gelöst zu haben, die man sich selbst gestellt hat.
Und es ist von einer Minute auf die andere eine neue Hochstimmung da, weil die Nase des Flugzeuges nun nach Süden zeigt, in Richtung Deutschland, in Richtung bayerische Alpen, dorthin, wo die Freunde warten und die Familien.
Keiner denkt daran, daß ja genaugenommen erst die gute Hälfte unserer Unternehmung hinter uns liegt.
Noch haben wir den ganzen Rückflug vor uns über Nordnorwegen, Schweden, Dänemark und ganz Deutschland hinweg bis zu den Alpen. Schon Minuten nach unserer Umkehr lichtet sich über uns der Nebel. So weit man sehen kann, haben wir wieder Bilderbuchwetter vor uns.
Der Direktflug zurück nach Alta führt über das Gebirge und nur einige Fjorde reichen so weit landeinwärts, daß wir ihr Wasser sehen werden. Sie sind wichtige Landmarken für die Navigation, weil ja auf den Kompaß kein Verlaß ist. In Alta wollen wir nur einen ganz kurzen Tankstop einlegen und gleich weiterfliegen, damit wir heute abend noch bis nach Kiruna in Nordschweden kommen können.
Alles in allem sind dies noch fünfhundert Kilometer.
Noch einmal fünfhundert Kilometer über menschenleere Wildnis!
Von Kiruna haben wir es dann nicht mehr weit bis zum Polarkreis, und was dann kommt in Nord- und Mittelschweden, ist bereits wieder halbwegs kultivierte Landschaft, wo es eine Eisenbahn gibt und eine Straße.
Flugsicht bis zum Horizont!
Wir können wieder freier atmen, müssen nicht mehr gleichsam mit dem Kopf zwischen den Schultern wenige Meter hoch über blanken Fels huschen, immer darauf gefaßt, einem Hindernis ausweichen zu müssen.
Kaum zu glauben, daß noch vor Minuten am Nordkap Menschen zu uns heraufgewinkt haben, daß dort ein Parkplatz war mit Autos und ein Haus, wo es warme Würstchen und Ansichtskarten zu kaufen gibt!

Immer wieder überprüfe ich sehr sorgfältig den Treibstoffvorrat. Es reicht noch für drei Flugstunden. Das ist beruhigend, denn bis Alta müssen wir mit eineinhalb Stunden rechnen, da bleibt genügend Spielraum für etwaige Umwege.
In geringer Höhe fliegen wir über die Berge und Hochflächen. Der Mageröya-Sund gleitet unter dem Flügel durch.
Diese enge, natürliche Wasserstraße erlaubt es auch großen Schiffen von Westen her in den großen Porsanger-Fjord einzufahren, ohne den Umweg über die Spitze des Nordkaps machen zu müssen.
Die Berge zu beiden Seiten des Sunds, der an manchen Stellen nur wenige Kilometer breit ist, gehen steil bis auf vierhundert Meter hinauf.
Oben auf der Hochfläche gleiten wir zwischen großen Flecken mit Eis- und Schneeresten über kleine und größere Tümpel, wo sich das Schmelzwasser sammelt. Der Überlauf dieser kleinen Seen führt das Wasser zum Steilabfall hin, wo dann diese unvergleichlich schönen Wasserfälle in die Tiefe stürzen, hinunter zum spiegelklaren Sund oder Fjord.
Unbeschwert fliegen wir unsere Richtung von Navigationsmarke zu Navigationsmarke. Es stört mich nicht, daß dazwischen große Abstände liegen, wo keine genaue Standortbestimmung möglich ist. Mir ist nur daran gelegen, möglichst viel Flugerlebnis und möglichst viel von subarktischen Eindrücken einzufangen. Da verzichte ich gerne auf eine punktgenaue Navigation!
Sollte uns ein Notfall auf den Boden zwingen, so ist die Aussicht, ohne Bruch herunterzukommen im Umkreis von hundert Kilometern gleich null. Deshalb fliege ich weiter in geringer Höhe und leiste mir einen Flugweg, der den landschaftlichen Besonderheiten folgt.
Die Sonne haben wir jetzt von schräg vorn. Das ist ein besonders schönes Spiel von Licht und Schatten, von Farbreflexen in kaum zu beschreibender Vielfalt.
Die senkrechten Felswände an der Schattenseite der Fjorde sehen fast schwarz aus.
Wir fliegen nun auf eine Stelle zu, wo auf einer Hochfläche das Wrack einer Ju 88 aus dem Kriege liegt.
Ein norwegischer Freund, Knut Störe, hat mir noch kurz vor unserem Abflug ein Foto davon geschickt und einen Plan der genauen Lage. Es ist ein Punkt in der Nähe der Straße, welche den Reppar-Fjord an der Westküste mit dem Porsanger-Fjord im Osten verbindet.
Ich kann in der Geröllwildnis jedoch das Wrack nicht finden und fliege weiter, ohne lange danach zu suchen.

Ein Gefühl der Beklemmung beschleicht mich, wenn ich daran denke, hier notlanden zu müssen. In welch einer verzweifelten Lage muß jene Besatzung des Kampfflugzeuges gewesen sein, als sie, ausgerechnet hier in einer kahlen Steinwüste, keinen anderen Ausweg mehr wußte, als das Flugzeug auf den Bauch zu legen und mit einer Geschwindigkeit von nahezu zweihundert Kilometern pro Stunde über das Geröllfeld geschleudert zu werden!

Sie haben aber Glück gehabt, denn das Foto zeigt, daß die Besatzung wahrscheinlich ohne besondere Verletzungen davongekommen ist. Sicher haben sie sich überlegt, ob nicht der Fallschirmabsprung die bessere Entscheidung für ihre Rettung wäre. Dies aber wäre hier in der Wildnis des hohen Nordens falsch gewesen, weil die Aussicht, allein auf sich selbst gestellt, bewohntes Gebiet zu erreichen, noch geringer gewesen wäre, als nach einer halbwegs geglückten Bauchlandung. Weiter flog unser kleiner Vogel südwärts.

Die kahlen Bergwüsten wachsen mehr und mehr in die Höhe, je weiter wir uns in südwestlicher Richtung vom Nordkap entfernen. Für einige Zeit werde ich dadurch gezwungen, höher zu steigen als mir lieb ist. Dies kostet Zeit und Benzin, es geht uns aber auch ein schöner Tiefflugkontakt mit der Eismeerwelt verloren.

Ein tiefer Fjordeinschnitt, der sich vor uns auftut, kommt mir deshalb gerade recht, um wieder hinunterzugehen, zum Tiefflug an den steilen Ufern entlang.

Knapp an abstürzenden Felsen schwingt der Vogel hinunter in den Fjord, einen Seitenarm des Alta-Fjords.

Auch wenn wir dadurch einen Umweg von vielleicht dreißig bis fünfzig Kilometern in Kauf nehmen müssen, so sehen wir schon nach wenigen Flugminuten, daß wir dies nicht zu bereuen brauchen.

Man hätte die Uhr anhalten wollen.

Oder mit dem Flugzeug immer wieder in der Luft stehenbleiben können, wie ein Hubschrauber.

Oder anhalten und ein Stück rückwärts fliegen.

Dieses Licht- und Schattenspiel auf dem Wasser!

Eine vielfältig blitzende Straße heller Sonnenreflexe, über der wir entlangschweben.

Einsame Welt ohne Zeichen von Leben und ohne das Grün von Pflanzen. Braungrün gefleckte Flächen an den Felsen zeigen, daß es nur noch das Pilz- und Algenleben der Flechten gibt.

Trotz brummendem Motor der Eindruck absoluter Stille! Kein Windhauch bewegt die Luft, nicht die leiseste Bewegung stört die Lage des Flugzeuges.

Ein einsames Haus, hineingestellt in einen grünen Fleck, den einzigen weit und breit. Rot angemalt, grün das Dach, die Dachsparren am Giebel und die Fensterrahmen weiß. Neugierig wendet unser Vogel die Nase dorthin, aber kein Leben zeigt sich unten.

Weit voraus, wo offenbar unser Nebenfjord in den großen Alta-Fjord mündet, scheint eine querstehende Felswand den Weg zu versperren. Ist es eine Insel oder ist es etwa schon das gegenüberliegende Ufer des großen Fjordes? Ich müßte die Karte studieren, um mich vergewissern zu können, kann dies aber nicht, weil ausgerechnet dieses fragliche Stück Ungewißheit hinter dem Faltknick meiner Karte liegt. Und ich kann jetzt nicht umständlich das Papier neu falten, sondern bin ganz vom Fliegen in Anspruch genommen. So fliege ich weiter, weil ich sicher sein kann, daß es um die Felsensperre da vorne einen Weg herum geben muß, der uns in der gewünschten Richtung weiterbringt. Umkehren, um höher zu klettern, würde ich auch im letzten Augenblick vor dem Hindernis noch können.

Alle meine Entscheidungen, das Fliegen betreffend, meine Abweichungen vom Kurs, mein Fliegen in Bodennähe, meine Abstecher, die Zeit erfordern, läßt Jürgen über sich ergehen, ohne zu kritisieren. Ich bin ihm dankbar dafür, denn ich weiß, daß er in dem einen und anderen Falle nicht einverstanden ist, vielleicht sogar um unsere Sicherheit fürchtet.

Andererseits ist er vom Erleben ebenso gefesselt wie ich. Ich sehe es in der Spiegelung der Glashaube, die mir zeigt, wie er im Wechsel die Film- und Fotokamera bedient. Dem Fjord folgend, biegen wir um einen vorspringenden Felsabsturz herum und erleben eine neue Überraschung: Inmitten der grenzenlosen Gottverlassenheit überspannt eine Brücke den Fjord! Es ist eine elegante Stahlkonstruktion, aufgehängt zwischen zwei hohen Gittergerüsten an beiden Ufern.

Beim Näherkommen erst ist zu erkennen, daß die Ufer auf beiden Seiten gerade soviel Platz gelassen haben, daß jeweils eine Ansiedlung mit einer kleinen Anzahl der bekannten bunten Holzhäuschen entstehen konnte.

Es ist die Brücke, die die große Insel Kvalöy am Ausgang des Alta-Fjordes mit dem Festland verbindet. Vor knapp zwei Stunden sind wir ja auf der Nordwestspitze dieser Insel gelandet – in Hammerfest. Die Brücke ist auffallend hoch über das Wasser gespannt, um großen Schiffen, die, von Alta kommend, die offene See erreichen wollen, die Durchfahrt zu ermöglichen.

Es juckt mich, darunter hindurchzufliegen, aber ich bezwinge mich und fliege daran vorbei. Dies nicht, ohne Jürgen zu ermuntern, meine Disziplin ausdrücklich anzuerkennen!

Schon Minuten später ist jedes Anzeichen von Zivilisation wieder verschwunden.
Der Felsenschacht, der unseren Weg vorzeichnet, biegt nach links ab und verbreitert sich allmählich. Die Berge links und rechts weichen zurück und sind auch nicht mehr ganz so hoch.
Mit Hilfe des Sonnenstandes versuche ich die Anzeige des Kompasses zu korrigieren.
Jetzt endlich habe ich auch Zeit und Ruhe, meine Karte neu zu falten und unseren genauen Standort zu ermitteln.
Noch siebzig Kilometer bis Alta!
Damit kann ich auch unsere Ankunftszeit minutengenau berechnen und in einem Funkspruch durchgeben:
»Voraussichtliche Zeit der Landung wird 12.30 Uhr sein!«
Diesmal antwortet Alta sofort: »Setzen Sie Ihren Anflug fort!«
Immer noch tragen die Berge ihre Kappen aus Eis und Schnee. Die einzelnen Fischer- und Bauernhäuser in den kleinen Buchten am Ufer werden jetzt zahlreicher.
Und immer wieder diese unvergleichlich schönen Wasserfälle! Ein Verkehrsflugzeug meldet sich im Funk bei Alta und gibt die gleiche Minute als voraussichtliche Landezeit an, die ich mir für unsere Landung ausgerechnet habe. Ich bekomme dann auch prompt vom Boden die Anweisung, draußen im Fjord Kreise zu fliegen, bis die DC-9 gelandet sei, die ich inzwischen in Sicht habe.
Um 12.21 Uhr setzen wir auf und zockeln hinter der großen Verkehrsmaschine auf den Abstellplatz zu.
Knapp vier Stunden ist es her, seit wir von hier abgeflogen sind zu einem Flugerlebnis, das Jürgen den Höhepunkt seines Lebens nennt. Auch jetzt, nach der Landung, beteuert er dies. Nur langsam weicht die Spannung und die Erregung von uns.
Der Start zum Weiterflug nach Schweden erfolgt dann auch nach einer ganz ausgedehnten und unbeschwert in die Länge gezogenen Pause.
Meine Uhr zeigt halb fünf, als ich den Vogel von der Startbahn abhebe und in einer weiten Kurve über dem Fjord auf Gegenkurs gehe in Richtung Süden.
350 Kilometer Tundraflug bis Kiruna!
Ausweichplätze oder Möglichkeiten für eine Außenlandung gibt es nicht.
Unsere Gedanken sind immer noch nicht ernsthaft bei der Sache.
Noch ist dieses »Höhepunktempfinden« nicht abgeklungen. – Hoffentlich sind die Fotos und die Filme gut geworden!

Wir hätten gut daran getan, eine zweite Fotoausrüstung mitzunehmen!
Noch einmal – im Vorbeiflug – ein Blick über die Buchten und die kahlen Hügel, dorthin, wo weit verstreut die Häuser der Stadt Alta liegen. Weit draußen sehen wir ein letztes Mal die Inseln, die den Fjord teilen, so daß drei Schiffahrtswege entstehen, die hinausführen zum Meer.
Die Nase des »Falken« zeigt nach Süden; über der rechten Flügelspitze steht die Sonne. Auf ihrem Weg zum nördlichen Horizont wird sie sich langsam der Erde nähern, wird aber nicht untergehen und um Mitternacht immer noch handbreit über den Bergen zu sehen sein.
Übergangslos kriechen wir, indem wir langsam Höhe gewinnen, wieder über das Land ohne Wege, Stege und ohne Menschen.
Tundra, wie gestern auf unserem Flug von Ivalo nach Alta. Kaum ein Unterschied.
Wieder orientieren wir uns an großen Seen, deren Konturen uns die Richtung zum nächsten Orientierungspunkt weisen. Von neuem sind wir gefangen von der Wildnis ohne Leben.
Unsere Stimmung aber ist zweigeteilt: Hinzugekommen ist der Gedanke, daß es südwärts geht, dorthin, wo auch für unseren kleinen Vogel das Fliegen kein Abenteuer mehr ist.
Der Kurs nach Kiruna führt uns wiederum über einen schmalen Streifen finnischen Gebietes. Dieser Streifen, 150 Kilometer lang und 30 Kilometer breit, schiebt sich einem Finger gleich in nordwestlicher Richtung zwischen das schwedische und das norwegische Tundraland hinein. Der Überflug der finnischen Grenze, sowohl beim Einflug wie auch beim Ausflug, ist nur an zwei festgelegten Punkten erlaubt, die gleichzeitig vorgeschriebene Meldepunkte für die Flugsicherung sind. Die zwingt uns zu ziemlich komplizierten Umwegen, die gar nicht leicht zu finden sind.
Man hat uns aber vor dem Start nachdrücklich darauf hingewiesen, daß wir diese Grenzmeldepunkte ganz genau überfliegen müßten, andernfalls würden wir in Schweden ein saftiges Bußgeld zahlen müssen.
Wie gehabt, erleben wir eine sehr sorgfältige Betreuung durch mehrere Bodenfunkstellen und wiederholt die Frage, ob wir noch in der Luft seien: »are you still in the air?«
Wir wechseln die Frequenzen von Alta zu Rovaniemi Control, von dort zu Sundsvall Control in Schweden und schließlich zu Kiruna für den Anflug des dortigen Flugplatzes.
Es vergehen keine zehn Minuten ohne irgendeinen Funkkontakt. Auch Bodenstellen, die wir gar nicht kannten, fragen nach unserer Position. Das alles

ist zwar ein bißchen lästig, vermittelt aber andererseits doch ein recht gutes Gefühl.
Liegt es daran, weil es südwärts geht, heimwärts, oder daran, daß wir uns eingewöhnt haben – die Tundra unter uns – . Die menschenleere Einförmigkeit von Horizont zu Horizont macht uns nicht mehr in solchem Maße beklommen wie in den vergangenen Tagen.
Kaum lassen wir nämlich den schmalen Gürtel des kahlen Küstengebirges hinter uns, wechselt das Bild: Wald, Wasser, Sumpf.
Die Karte verzeichnet eine Straße, die nach Süden führt über 130 Kilometer bis zur finnischen Grenze. Obwohl diese sich fast mit der Linie unseres Kurses deckt, kann ich sie aus der Luft nicht finden. Schade! So muß es beim erprobten Verfahren bleiben, des Vorwärtstastens von einem See zum nächsten. Bei der guten Flugsicht, die wir wieder haben, geht das recht gut, wenn auch manchmal die Identifizierung der gesuchten Wasserfläche erst gelingt, wenn wir bereits darüber hinschweben.
Wir stellen fest, daß unsere Karten Einzelheiten verzeichnet haben, die es in der Natur gar nicht gibt: Eine Siedlung, Verbindungswege, andere Hinweise auf die Anwesenheit von Menschen. Diese müssen wohl seit der letzten Korrektur der Karten verschwunden sein, überwuchert vom Urwald, verlassen, verfallen. Das Ergebnis einer verbreiteten »Landflucht«, die auch die Weiten des finnischen, schwedischen und norwegischen Lapplands erfaßt hat.
Die Wildnis ist »entvölkert«, also auch die letzten der ganz wenigen weit verstreuten Einzelgehöfte sind von ihren Bewohnern verlassen worden. Meist waren es Bauernfamilien, die nicht länger am Rande des Existenzminimums das entsagungsvolle Leben führen wollten.
Es kam zu einer Konzentration auf wenige Siedlungen, die klimatisch oder sonstwie begünstigt sind.
Ein Beispiel ist Kiruna in Nordschweden. Dort gibt es gut bezahlte Arbeitsplätze im Bergbau, bei der Eisenbahn, in der Verwaltung.
Es gibt Schulen und ein gewisses, wenn auch oft fragwürdiges Angebot an Ablenkungen für die Freizeit.
Der Pflichtmeldepunkt Palojärvi an der Grenze zum Finnlandzipfel entpuppt sich als nicht viel mehr als aus einem Haus an einem See, der sehr viel größer ist als die zahlreichen anderen in der Gegend. Schmal und fast dreißig Kilometer in der Länge. Ein Urwaldgewässer, umgeben von Wald und Sumpf.
Wir müssen nun für die Überquerung des Stücks Finnland unseren Kurs ändern von 174 Grad auf 226 Grad. Damit ist natürlich der rechtweisende Kurs gemeint, wie man ihn aus der Karte herausnimmt, und nicht die Zahl, die der

Kompaß anzeigt. Diese differiert immer noch so, daß man ihr mit Vorbehalt und Mißtrauen folgen muß.
Ein See, ein Flußlauf zeigt den Weg und sogar erstmals wieder die Trasse einer Hochspannungsleitung.
Nach fünfzig Kilometern in der neuen Richtung, nach also 23 Flugminuten erreichen wir den Pflichtmeldepunkt an der finnisch-schwedischen Grenze. Es ist Karesuando, eine Siedlung von vergleichsweise größerer Bedeutung. Der Ort liegt an der großen Straße, die nach Nordwesten führt und Finnland mit der norwegischen Nordmeerküste verbindet.
Hier ist auch die Grenze zwischen den Flugsicherungskontrollbezirken von Rovaniemi und Sundwall.
Ich melde mich hier ab und dort an.
Alles klappt prima!
Vielen Dank noch einmal an Rovaniemi!
Noch hundertzwanzig Kilometer Urwald bis Kiruna.
Neuer Kurs: 231 Grad.
Noch 55 Minuten Flugzeit, also geschätzte Landezeit um dreiviertel sechs!
Durchsage der vorgeschriebenen Information an Kiruna und gleichzeitiger Hinweis, daß unser Flugzeug ein Motorsegler – »motorglider« – sei.
Wir wissen, daß diese knappe Flugstunde bis zu unserem Tagesziel das letzte Stück Urwaldflug sein wird, bevor wir wieder »unter Menschen« kommen. Es ist unser Abschied vom Land jenseits des Polarkreises, auch wenn dieser noch gute 200 Kilometer weiter südlich liegt.
Die Karten verzeichnen jetzt schon häufiger Spuren von Menschenhand: Eine Straße schlängelt sich durch die Wälder, einzelnstehende Häuser, die offenbar als eine Art Schutzhütten dienen sollen, eine Hochspannungsleitung.
Und dann – ohne Übergang – entläßt uns das Land, von dem wir fasziniert sind, dem wir verfallen sind, seit wir mehr als tausend Kilometer darübergeflogen sind: Am Horizont tauchen Schornsteine über dem Wald auf und weisen uns den Weg nach Kiruna. Beim Näherkommen kennzeichnen künstliche Berge die Linie des Horizontes – Abraumhalden der berühmten Erzbergwerke. An den Seen im Wald sieht man kleine Ferienhäuser mit den dazugehörigen Anlegestegen.
Zufahrtswege, die letztlich in eine Straße münden.
Innerhalb von wenigen Minuten erleben wir eine Ernüchterung, als ob wir aus einem Traum erwacht wären!
Voraus die Betonbahn des Flugplatzes.
Landeanweisung, Einschweben, Aufsetzen.

Große Betonflächen. Einige abgestellte Kleinflugzeuge.
Wir verankern unseren Vogel für die Nacht.
Unsere Rückkehr aus der Weite nordischer Wildnis in die Alltagswelt konnte sich nirgendwo dramatischer vollziehen als hier in Kiruna.
Ein riesiger Industriekomplex liegt inmitten der unberührten Tundra, der seine Existenz einzig den berühmten Erzgruben verdankt. Die Stadt mit ihren 30 000 Einwohnern gleicht einem Geschwür inmitten der gesunden, unberührten Umgebung des unendlichen Waldes.
Ihre Ausstrahlung endet abrupt dort, wo die Randsiedlungen in den Wald hineingebaut wurden.
Es ist geradezu brutal, wie uns hier die sogenannte Zivilisation überfällt: tristes Hotel, sterile Atmosphäre in der ganzen Stadt, laute Menschen auf den Straßen und in den Gasthäusern. Wir wissen nichts mit dieser unschönen Hektik anzufangen und verkriechen uns in die Betten.

5. August 1978
Der neue Tag beginnt ebenso ernüchternd, wie der gestrige geendet hat. Es geht schon damit los, daß man im Hotel nichts mit unseren Euroschecks anzufangen weiß und wir sogar Mühe haben, auf einer Bank Geld zu bekommen. Mit lästiger Verzögerung kommen wir schließlich auf dem Flugplatz an. Dort weitere Scherereien mit nie erlebten Schwierigkeiten bei der Erstellung des Flugplanes, beim Tanken, bei der Einholung der Wetterberatung.
Wirklich – die Ernüchterung war brutal!
Nichts wie weg von Kiruna!
Jürgen fliegt heute vorn.
Erstes Ziel ist der kleine Sportflugplatz Alvsbyn, etwas mehr als 250 Kilometer südlich in Richtung auf den Bottnischen Meerbusen. Es ist ja Samstag, und somit sind auch die kleinen Plätze in Betrieb, die an Wochentagen geschlossen bleiben.
Zunächst das gewohnte Bild menschenleerer Waldlandschaft bis zum Horizont. Allerdings immer wieder unterbrochen von der Eisenbahn, die von Süden her in Richtung Kiruna verläuft und unseren Kurs kreuzt.
Herrliches Sommerwetter. Nichts deutet darauf hin, daß es sich ändern könnte, wie uns die Meteorologen gesagt hatten. Vereinzelte Kumuluswolken bilden sich, Zeichen aufsteigender Warmluft auch hier nördlich des Polarkreises.
Im Dunst, weit voraus, zeichnen sich flache Berge ab, eher größere Bodenwellen. Ein breiter Fluß begleitet unseren Flugweg.

Sein Lauf ist vielfach gewunden und gibt uns willkommene Anhaltspunkte für die Navigation.
Mehr und mehr besiedeltes und bewirtschaftetes Land.
Einzelnstehende Bauerngehöfte und bald in kürzeren Abständen kleine Dörfer bringen Leben in die Landschaft.
Es sind keine Dörfer, wie wir sie bei uns haben, wo die Häuser um einen Kern herum eng aneinandergeschmiegt liegen. Hier haben diese Siedlungen zwar auch einen Mittelpunkt, wo Kirche, Schule, Gemeindehaus, Handwerker und Kaufladen stehen. Das übrige »Dorf« aber, nur Bauernhöfe, verteilt sich weit verstreut mit großen Zwischenräumen über Wald, Sumpf und kultiviertes Bauernland.
Übergang von Tundra und Wald zu beginnender Besiedlung klimatisch bevorzugter Breiten.
Schnell jedoch, je weiter wir nach Süden kommen, verändert sich dieses Bild: Bald schon überfliegen wir kleine Städtchen, die einen großen Bahnhof haben, neue Wohnsiedlungen, Industriebetriebe der Holzverarbeitung.
Die Orientierung erfolgt nun nicht mehr nach markanten Seen in der Landschaft, sondern wie wir das auch von zu Hause gewohnt sind, nach Fixpunkten, wie Siedlungen, Straßen, Brücken, Eisenbahnen. In immer kürzeren Abständen kommen kleinere und größere Dörfer und Städtchen in Sicht und verschwinden hinter uns. Trotzdem bleibt immer noch der Reiz der Fremdartigkeit. Wald und Wasser dominieren nach wie vor. Zweihundertfünfzig Kilometer von Kiruna nach Alvsbyn bedeutet eine Flugzeit von einer Stunde und fünfzig Minuten.
Schon frühzeitig hat Jürgen Funkkontakt und gibt durch, daß wir zehn Minuten vor zwei Uhr landen werden.
Dies stimmt dann auch auf die Minute genau, sehr zur Befriedigung seines fliegerischen Ehrgeizes.
Ein Dutzend schwedische Fliegerfreunde nimmt uns in Empfang.
Sie führen Segelflugbetrieb durch.
Fragen nach unserem Woher und Wohin, Begutachten unseres Flugzeuges – wir sind wieder unter Unseresgleichen.
Tanken, Telefonieren – kameradschaftliche Unterstützung durch die schwedischen Freunde.
Landemeldung an Sundsvall-Control, gleichzeitig Einholung einer Wetterberatung und Aufgabe eines neuen Flugplanes nach Skeleftea am Bottnischen Meerbusen.
Dies alles gestaltet sich sehr zeitraubend, und wir wären ohne fremde Hilfe

wohl kaum mit den Schwierigkeiten fertig geworden.
Als Tagesziel haben wir uns das vierhundert Kilometer südlich gelegene Sundsvall vorgenommen. Man rät uns aber, nicht direkt dorthin zu fliegen, sondern noch einmal zwischenzulanden und eine neue Wetterauskunft einzuholen, denn Sundsvall befürchtet Schlechtwetter.
Inzwischen versuchen unsere schwedischen Freunde mit allen Mitteln, uns zum Hierbleiben zu überreden.
Wir könnten doch hier in Alvsbyn abwarten, bis sich im Süden das Wetter gebessert habe.
Und was sie uns alles versprechen!
Wir sollen ihre Gäste sein.
Man werde uns von Gastgeber zu Gastgeber weiterreichen, die Reihenfolge dafür sei bereits abgesprochen.
Im Städtchen würden wir uns bestimmt wohlfühlen, und es gebe dort Besonderheiten, die wir unbedingt sehen und erleben müssen.
Sogar einen Reporter von der örtlichen Zeitung haben sie alarmiert, der nun mit Fotoapparat, Filmkamera und Schreibpapier arbeitet.
So verlockend aber diese Angebote auch sind, so können wir sie beim besten Willen nicht annehmen. Für uns ist jeder Sprung in Richtung Süden wichtig.
Als Dank für alle erwiesenen Freundlichkeiten bieten wir dem Fluglehrer einen Flug mit unserem Motorsegler an, den er dann auch, als zweiter Mann im Cockpit, weidlich nutzt. Mit abgestelltem Motor segelt er um die Wette mit seinen Schützlingen.
Um halb vier, eineinhalb Stunden nach unserer Landung, holpern wir über den Rasen zum Weiterflug.
Immer noch blauer Himmel, herrliche Kumuluswolken und jede Menge Thermik!
Es scheint, daß wir unser Tagesziel, Sundsvall, eher zu kurz angesetzt haben und heute noch weiter nach Süden kommen würden. In diesem Zusammenhang haben wir uns in Alvsbyn schon vorsorglich nach der »amtlichen sunset-time« für den heutigen Tag erkundigt und die Auskunft bekommen, daß es zu dieser Jahreszeit für Flüge nach Sichtflugregeln keine uhrzeitbedingte Beschränkung gebe. Man kann, wenn man will, vierundzwanzig Stunden am Tag fliegen – die Mitternachtssonne machts möglich!
Unsere neuen Freunde winken, als Jürgen den Vogel über ihr schönes Fliegerheim zieht.
Dann hat uns die Strecke wieder.
Gutes Wetter – keine Probleme.

Von links kommt die Küste des Bottnischen Meerbusens in Sicht. Skeleftea im Funk – Landeinformation, lange Betonbahn, keinerlei Leben auf dem Platz.
Weiterflug nach Sundsvall, ein 350-Kilometer-Sprung. Trotz Schlechtwetterwarnung sind wir gestartet, weil wir einfach nicht daran glauben können, daß dieses schöne Sommerwetter abrupt zu Ende sein soll.
Beruhigend, daß rechts und links der Strecke viele kleine Flugplätze in der Karte verzeichnet sind, so daß wir im Notfall jederzeit einen Ausweichplatz finden würden.
Rechts von uns steht die Sonne schon recht tief am Horizont. Sie wird zwar irgendwann gegen Mitternacht »untergehen« dabei aber nur ganz wenig unter dem Horizont bleiben, nur eine leichte Dämmerung würde es geben, die aber das Fliegen nicht beeinträchtigen würde.
Wir haben unsere Freude an dem Licht- und Farbenspiel, das sich zwischen Himmel und Horizont darbietet, zumal eine herrliche Wolkenbank, weit im Westen, für zusätzliche Lichteffekte sorgt.
Ganz weit voraus in unserer Flugrichtung zeigt sich ein feiner Schleier hoher Wolken. Bald schon ist zu erkennen, daß es sich dabei um sogenannten »Hohen Aufzug« handelt. Erstes Anzeichen einer herannahenden Schlechtwetterfront. Der Schleier verdichtet sich mehr und mehr zu einer soliden Wolkendecke, und im gleichen Maße nahmen die freundlichen Schönwetterkumuli ab, die uns bisher den Himmel verschönt haben.
Unsere Fliegerei wird dadurch aber nicht beeinträchtigt. Im Gegenteil, je näher wir unserem Ziel kommen, desto einfacher haben wir es mit der Navigation, weil wir über der vielfältig gegliederten Küste fliegen, wo die Standortbestimmung leicht ist. Nichts unterscheidet den Flug jetzt mehr von einem normalen Sonntags-Kaffee-Flug.
Als wir gegen halb acht in Sundsvall landen, ist die Wolkendecke zwar etwas abgesunken, aber es regnet nicht, es herrscht kein unangenehmer Wind und die Sicht ist ausgezeichnet. Man weist uns einen weit abgelegenen Abstellplatz für die D-KOAP zu. Während wir uns viel Zeit lassen, das Gepäck auszuladen und das Flugzeug für die Nacht zu sichern, fallen plötzlich Regentropfen. Unvermittelt beginnt dichter Regen, und wir müssen uns ganz schön beeilen, wenn wir nicht durchnäßt sein wollen, bevor wir das schützende Abfertigungsgebäude erreicht haben.
Schnell noch den notwendigen Papierkrieg erledigt.
Dann erst kommen wir dazu, uns darüber klar zu werden, daß jetzt eine neue Lage entstanden ist.

Wir haben Schlechtwetter, Regen, niedrige Wolken, schlechte Flugsicht. Solange sich da nichts ändert, sind wir an den Boden gefesselt, denn unser »Tandemfalke« ist nun mal kein Schlechtwetterflugzeug.
Die neueste Wetterkarte zeigt, daß uns in unserer Richtung – also Südschweden, Dänemark, Schleswig-Holstein – im Augenblick eine 500 Kilometer breite Wetterbarriere im Wege steht, deren Vorderseite gerade eben Sundsvall erreicht hat.
Das heißt Abwarten bis morgen.
Am nächsten Tag, dem Sonntagmorgen, herrscht trübes Wetter. Gleichmäßiger Landregen, Wolken bis auf den Boden herunter, grauweiße Dampfschwaden aus Mulden und Falten im Wald.
Die Wetterauskunft ist hoffnungslos. Trister Sonntag auf dem Flugplatz. Bereits am frühen Nachmittag müssen wir uns entschließen, noch eine Nacht in Sundsvall zu bleiben . . .
Trotz leichtem Regen und eingeschränkter Flugsicht sind wir dann aber am Montag, dem 7. August 1978, in aller Frühe weitergeflogen. Zum Glück hört der Regen bald auf, denn es ist der Schwachpunkt des Tandemfalken, daß er gefährlich reagiert, wenn Regenwasser über seine Tragflächen rinnt. Ganz besonders gilt dies natürlich, wenn er bis an die zulässige Grenze beladen ist oder vielleicht sogar um einige Kilogramm darüber hinaus. Dann kann es passieren, daß die Spanne zwischen gerade noch zu erreichender Flugleistung und unterster Grenze der Flugfähigkeit ganz gering ist. Für uns bedeutet das, auf keinen Fall in dichten Regen hineinzufliegen, sich immer eine Ausweichmöglichkeit offen zu halten und im Zweifelsfalle umzukehren. Wir fliegen dennoch immerhin fast 600 Kilometer weit bis nach Südschweden. Dort, in Jönköping, gibt es endgültig kein Weiterkommen mehr. Die letzten Kilometer, bevor wir den Flugplatz erreichen, müssen wir in Bodennähe fliegen bei aufliegenden Wolken. Gerade in dem Augenblick, als ich dorthin umkehren will, wo noch erträgliche Sichtverhältnisse herrschen – die Reihenfolge bestimmte mich zum »pilot in command« – gerade in diesem Augenblick erkennen wir den Flugplatz unter uns.
»field in sight«! – Geschafft –.
Obwohl die Uhr erst auf halb eins zeigt, ist es klar, daß an ein Weiterfliegen am heutigen Tage nicht mehr zu denken ist. Wir können – trotz aller Enttäuschung – froh sein, wenigstens bis hierher gekommen zu sein und hier einen großen Flugplatz zu haben, wo alle Hilfen, die wir benötigen, zur Verfügung stehen.
Die Wetterübersicht, die wir uns beim Wetterdienstbüro besorgen, läßt hof-

fen, daß die Schlechtwetterfront bis morgen früh durchgezogen sein wird, was sich dann auch bestätigt.
Weiterflug am 8. August:
Die Auskunft über das Streckenwetter in Richtung Dänemark – Schleswig-Holstein verspricht typisches Rückseitenwetter. Kaltluft, aufgelockerte Bewölkung, einzelne Schauer, gute Sicht.
Die erste Etappe führt uns nach Landskrona am Öre-Sund.
Dort, einem kleinen Landeplatz direkt an der Küste gelegen, konnten wir die Zollformalitäten erledigen für den Grenzüberflug nach Dänemark und Deutschland.
Zunächst machen uns noch einige Staffeln tiefliegender Regenwolken das Leben etwas schwer. Je näher wir jedoch unserem Ziel kommen, desto schöner wird es, und zum Schluß haben wir wieder Sommerwetter mit Kumuluswolken, Sonne und wilder Thermik.
Jürgen, der vorne fliegt, jubelt und singt wieder seine lauten Lieder ohne Text.
Weiter geht es quer über die dänische Inselwelt bis nach Flensburg. Jürgen kann sogar von Kopenhagen eine Freigabe für den Überflug der Stadt in geringer Höhe bekommen.
In Flensburg landen wir um zwei Uhr nach einem Flug, der noch einmal alles von uns verlangt. Im zweiten Abschnitt des Fluges über die Inseln müssen wir nämlich wieder, wie beim Hinflug, buchstäblich blind fliegen, derart schlecht ist die Sicht.
Wie damals schon herrscht starker Dunst, der die Sicht auf ganz geringe Entfernung verschlechtert und der den Horizont unsichtbar macht.
Wieder können wir froh sein, daß wir unseren Wendezeiger haben, der uns hilft, beim Fliegen über Wasser unsere Fluglage und unsere Flugrichtung einigermaßen zu halten. Auch unsere Schwimmwesten bewähren sich wieder als Beruhigungsmittel.
Anstrengende Fliegerei nach der Stoppuhr und erleichtertes Aufatmen nach der Landung in Flensburg.
Wir sind wieder zu Hause!
Das letzte Stück, die Strecke quer durch Deutschland wird unser Vogel von alleine finden. Dies wird nichts weiter sein als Alltagsroutine.
Ganz so einfach wird es dann zwar nicht, weil noch einmal ein Gebiet mit niederen Wolken, Schauern und Gewittern zu durchfliegen ist, das uns sogar zwingt, in Bremerhaven zu landen, um das Schlimmste durchziehen zu lassen. Deswegen schaffen wir es auch nicht, an einem Tag bis zu den Alpen zu

fliegen, sondern müssen in Würzburg übernachten. Als Gäste von Jürgens Eltern verbringen wir aber dort einen denkwürdigen Abend.
Unterwössen sieht uns am 10. August 1978 wieder.
Bei strahlendem Wetter schweben wir gegen zehn Uhr am Vormittag auf die Landebahn zu, von den Freunden im Funk willkommen geheißen.
Und noch einmal haben wir dazulernen müssen:
Eine knappe Viertelstunde vor der Landung in Unterwössen, in der Gegend des Chiemsees, versperrt uns ein örtlich begrenzter Gewitterschauer den Weg. Ihn zu umfliegen ist nicht möglich, denn er sitzt, einem Pfropfen gleich, im Eingang zum Tal der Tiroler Ache, wo der Flugplatz liegt.
Also nichts wie durch! Schließlich kennen wir ja hier wirklich jeden Acker und jeden Fußweg und es ist klar zu sehen, daß der herabhängende Regenschleier wirklich nur wenige Kilometer mißt. Erste dicke Regentropfen klatschen gegen die Haube. Dann fällt der Regen schlagartig tonnenweise über uns her. Heftige Böen schlagen die Flügel und Ruder des Flugzeuges. Dicke Wasserschlieren kriechen über die Glashaube und über die Oberseite der Flügel. Sie stören die Strömung der Luft so gründlich, daß der Auftrieb der Tragflächen nicht mehr ausreicht, um unser Flugzeug in seiner Höhe zu halten. Obwohl der Motor längst mit Vollgas läuft, muß Jürgen die Nase des »Falken« immer wieder nach unten drücken, mit dem Erfolg, daß der Boden immer näher kommt.
Vorne wird es schnell wieder hell, der Regen läßt nach, hört auf – wir sind durch und fliegen in der strahlenden Sonne in die Platzrunde zur Landung auf unseren Ausgangspunkt zum Abenteuer »Nordkap und zurück«, dem vertrauten Flugplatz Unterwössen. –
Was vor dem Öffnen des Kabinendachs noch zum Nachdenken zwingt, ist die gerade eben durchlebte fliegerische Erfahrung, gleichsam unmittelbar »vor der Haustür«: Mit eindringlicher Deutlichkeit wird uns noch einmal vor Augen geführt, wo die Grenzen eines Motorseglers liegen gegenüber den üblichen Sportflugzeugen. Diese haben auch bei starkem Regen noch genügend Reserven, um sicher weiterfliegen zu können.
Jürgen wäre niemals in solch ein Unwetter hineingeflogen, wenn nicht dessen enge Begrenzung deutlich erkennbar gewesen wäre und wenn wir uns nicht im nächsten Umkreis unseres eigenen Heimatplatzes befunden hätten. Statt hindurchzufliegen hätte er kehrtgemacht, wäre wieder aus der Regenwand herausgeflogen, bevor es wirklich gefährlich geworden wäre.
Ein Motorsegler ist eben nichts weiter als ein Segelflugzeug, dem man ein kleines Motorchen aufgepfropft hat.

Gerade deswegen ist unsere Expedition in den hohen Norden so richtig zu einer Luftwanderung geworden, die wir gleichsam auf dem Fußweg erleben konnten!

Wenn einer eine Reise tut . . .

Ich habe versucht, darüber zu berichten und möchte noch gerne Bilanz ziehen:
Zweigeteilt sind unsere Erlebnisse und unsere Erfahrungen: Sie sind außergewöhnlich, interessant und lehrreich, was das Fliegen mit unserem Kleinflugzeug unter teilweise recht schwierigen Bedingungen betrifft.
Und sie gingen uns unter die Haut, weil wir über die letzte unverfälschte Wildnis Europas schweben konnten.
Die reine fliegerische Leistung unterschied sich von einem Reiseflug mit einem »normalen« Kleinflugzeug nur dort, wo die Leistungsfähigkeit unseres Motorseglers Grenzen setzte. Sicherheit über alles und – keine Experimente!
Der Motorsegler erfordert ganz besondere Sorgfalt in der Planung und Durchführung einer Tagesaufgabe. Dafür kann er allerdings ein Vielfaches an Erlebnis vermitteln.
Wolf Hirth ist es gewesen, der vor mehr als vierzig Jahren das Wort vom »Luftwandern« geprägt hat.
Uns ist es vergönnt gewesen, seine damalige Vision in die Tat umzusetzen.
Als besonders wichtig erwies sich gutes Kartenmaterial, das wir zum großen Teil erst »an Ort und Stelle« erwerben mußten. Ohne die sichere Beherrschung des reinen Instrumentenfluges wären verschiedene Teilstrecken entweder gar nicht oder aber nur unter Inkaufnahme eines Sicherheitsrisikos zu fliegen gewesen.
Einzige zusätzliche Ausrüstung des Flugzeuges außer der normalen Standardinstrumentierung waren ein Wendezeiger in jedem Sitz für den Wolkenflug und für jeden Piloten eine Schwimmweste.
Die reine Flugzeit betrug einige Minuten mehr als fünfzig Stunden. Die geflogene Strecke etwas mehr als 7000 Kilometer.
Wandern durch die Luft, das war unsere Einstellung und unser Wunsch, als wir uns das Ziel gesetzt haben, Lappland, Tundra, Eismeer, Nordkap, skandinavische Länder und skandinavische Menschen zu erreichen und kennenzulernen.
Unser Kleinflugzeug mit seiner begrenzten Reichweite und seinen besonderen Eigenschaften, die zu außergewöhnlicher Anpassung an Wetter und

Landschaft zwingen, hat uns diesen Wunsch in einer Weise erfüllen können, wie dies kein anderes Flugzeug gekonnt hätte.
Fünfzig Flugstunden, das sind 3000 Flugminuten, jede prall gefüllt mit fliegerischem Erleben. Fünfzig Flugstunden bedeuten aber auch ebensoviele Stunden der Vorbereitung. An jedem Tag neu zu treffende Entscheidungen über das Wohin, das Wie und Wann.
Ein guter Fotoapparat und ein Notizblock müssen die Ausrüstung ergänzen, denn das allzu schwache Gedächtnis verliert schnell wichtige Einzelheiten oder kann sie gar nicht erst richtig speichern.
Ein Wort noch zum Aufwand an Zeit, »Sonstigem« und an Geld: Die Kosten betrugen nicht viel mehr als ein vergleichbarer Aufenthalt zum Skifahren im Gebirge. Den Löwenanteil erforderte das »tägliche Leben«, also Essen und Trinken, Hotelrechnungen, Taxifahrten, Ferngespräche, Verschiedenes. Kartenmaterial und Flugsicherungsgebühren schlagen ebenfalls hoch zu Buche. Die Kosten des Flugzeuges mußten wir mit dem Stundenpreis ansetzen, der in unserem Verein üblich ist. Sie betrugen weniger als ein Drittel der Gesamtkosten. Viel mehr als der Aufwand an Geld ist die zur Verfügung stehende Zeit bestimmend für den Erfolg eines solchen Experimentes. Im mitteleuropäischen Raum gibt es selten eine Wetterlage, die über eine Direktentfernung von 3000 Kilometer gleichmäßig gut ist, um mit einem Motorsegler fliegen zu können. Der Normalfall ist es eher, daß man über eine solche Entfernung zwei oder drei verschiedene Wetterzonen antrifft. Dies kann, wenn man Pech hat, zu tage- oder gar wochenlangen Verzögerungen führen. Es kann sogar bedeuten, daß man vor Erreichen eines Zieles umkehren muß, weil die Zeit nicht ausreicht, die man zur Verfügung hat, um bessere Bedingungen abzuwarten.
Wir hatten mit dem Wetter besonderes Glück und konnten deshalb innerhalb von genau zwei Wochen täglich auf Strecke gehen, mit Ausnahme eines einzigen Tages, wo es das Wetter verhinderte.
Was würden wir anders machen, wenn wir diese oder eine ähnliche Reise noch einmal fliegen würden?
Wir würden gar nichts anders machen! Wir würden auch wieder mit dem Motorsegler fliegen und nicht mit einem »Sportflugzeug«. Wir würden allerdings versuchen, eine möglichst großzügige Zeitreserve einzuplanen, um diesen oder jenen Tag »vergammeln« zu können, wenn wir aus irgendeinem Grunde Lust dazu hätten.

Epilog

Es war der Milan und seine Verwandten, der Bussard, der Adler, die in uns den Wunsch geweckt haben und die Sehnsucht, fliegen zu können gleich ihnen.
Er, der rote Milan von der Schwäbischen Alb, die zahlreichen Bussarde im Flachland und der stolze Adler in den Hochalpen waren von Anfang an unsere Vorbilder.
Es ihnen gleich zu tun, war unser Bestreben und unser sportlicher Ehrgeiz.
Viel haben wir von ihnen gelernt.
Wir haben uns Flugzeuge geschaffen, die »vogelgleich« sind in ihrem Aussehen und auch in ihren Leistungen.
In manchen ihrer Eigenschaften übertreffen sie sogar ihre gefiederten Vorbilder.
Wir haben gelernt, mit unsern Flugzeugen aufzusteigen und uns gleich einem Vogel durch die Luft zu bewegen.
Wir wissen viel über die Kräfte der Luft und über die unsichtbaren Bewegungen dieses Elementes, das wir uns mit unseren gefiederten Freunden teilen.
Bis in die Stratosphäre tragen uns Aufwinde, und wir fliegen ohne Motor tausend Kilometer weit und mehr.
Längst schon fliegt der Mensch zu seinem Nutzen, und nicht nur, um sich einen Urwunsch zu erfüllen.
Weil es für den Vogel aber eine Lebensnotwendigkeit ist zu fliegen, hat ihn die Natur zum besseren Flieger gemacht. Immer werden wir deshalb die Schönheit seines Fluges bewundern und seine angeborene Kunst, die Luftkräfte zu erspüren und sich nutzbar zu machen, sei es auf der Suche nach Nahrung, sei es, um seinen eigenen Lebensraum zu schützen und zu verteidigen, sei es, um Flugkünste besonderer Art zeigen zu können bei der Werbung um einen Partner für die eigene Arterhaltung, oder sei es auch nur aus Freude am Spiel.

Ich denke an meine vielen Begegnungen, wenn ich mit meinem Segelflugzeug unterwegs war:
Auf der Suche nach Aufwind zeigte mir ein kreisender Bussard die Stelle, wo

ich wieder Höhe gewinnen konnte, und bewahrte mich damit davor, vorzeitig landen zu müssen. All' meine Erfahrung und alle hochentwickelte Technik, die mir zur Verfügung stand, reichten nicht aus, um auch nur annähernd »vogelgleich«» sein zu können.

Einmal waren es weiße Schmetterlinge, hilflos hochgewirbelt von ungeheuren Kräften der Thermik, die mich auf den Kern des aufsteigenden Luftwirbels hingewiesen haben. Weiter kreisend sah ich dann erst, daß über mit zwei Milane flogen. Damit konnte ich auf die Beobachtung meines Variometers verzichten, auch darauf, mit aller Konzentration den Bereich des besten Aufwindes erspüren zu wollen.

Ich brauchte meinen Segler jetzt nur noch so zu steuern, daß er da kreiste, wo auch die Milane waren. Mit Sicherheit mußte ich mich inmitten des stärksten Aufwindes befinden, den es weit und breit im Umkreis gab.

Aber auch umgekehrt konnte ich es erleben, daß gerade ich es war, der in einem guten Aufwind kreiste und damit einen oder mehrere Greifvögel anlockte, die gleich mir nach oben kreisen wollten.

Meist dauerte es dann nur kurze Zeit, und sie hatten mich überhöht, indem sie geschickt und elegant an mir vorbeigestiegen waren. Rotbraun ihre Farben, wenn man sie von oben sieht, und dunkel mit scharf umrissener Silhouette, wenn sie oberhalb der eigenen Glashaube kreisen.

Man kann aber auch erleben, daß sie ein ganz bestimmtes eigenes Interesse an dem Flugzeug haben, das als fremder Eindringling in ihren Bereich ihre Aufmerksamkeit erregt. Sie lassen sich herunterfallen auf gleiche Höhe wie das Segelflugzeug, schweben mit leicht eingewinkelten Flügeln wenige Meter neben dem Ende der Tragfläche. Man sieht, wie sie den Kopf drehen – richtig neugierig schauen.

Ich bin nie sicher, ob dies nur einfache Neugierde ist, ob es Freude ist am Spiel oder aber ob der Vogel mich vertreiben möchte aus seinem Revier. Manche sagen auch, daß es mit dem Balzverhalten zu tun habe: Ein Rivale muß vertrieben werden.

Zwei- oder dreimal hatte ich einen Bussard vor mir, der mich nicht bemerkte. Um ihn nicht zu rammen, mußte ich einen lauten Warnschrei ausstoßen. Jedesmal dieselbe Raktion: Erschrecken und blitzschnelles Umdrehen auf den Rücken – Abschwung, wie wir Flieger sagen –, so daß mein Segler knapp über den stürzenden Vogel hinwegstreichen konnte.

Wenn man Glück hat, begegnet man im Hochgebirge, über den markanten Gebirgsstöcken der bayerischen und österreichischen Alpen, dem seltenen Steinadler. König der Lüfte!

Die Spannweite seiner breiten, trapezförmigen Flügel erreicht mit zwei Metern und zwanzig Zentimetern fast die Ausmaße eines kleinen Flugzeuges. Seine Flugkunst zeigt – nächst dem Milan – höchste Eleganz und Ästhetik. Er ist kraftvoll und selbstbewußt, wenn er am Himmel kreist. Kommt man ihm mit dem Segelflugzeug nahe, empfindet man Ehrfurcht.

Es gibt in den österreichischen Hochalpen eine Stelle, die ich niemandem verraten werde. Dort nämlich begegnet mir mit schöner Regelmäßigkeit »mein ureigener« Steinadler. Aus der Erfahrung zahlreicher gemeinsamer Flüge in den Aufwinden über steilaufragendem Gebirge kenne ich ihn recht gut. Obwohl er oft schon zusammen mit meinem Segler in demselben Aufwind kreiste und dabei so nah heranflog, daß ich den gelben Ring in seinem Auge erkennen konnte, sich meist sogar so verhielt, als ob ihm meine Anwesenheit in seinem Revier gleichgültig sei, glaube ich, daß sein Verhalten gleichermaßen Neugierde wie auch Furcht und Angriffslust zeigte!

Ich erspähte ihn einmal in dreitausend Metern über dem Talgrund kreisend. Beim Näherkommen sah ich, daß er ein Beutetier, groß wie eine Katze, in seinen Fängen trug. Die Last dieses Tieres und wohl auch der zusätzliche Luftwiderstand machten seinen Flug schwerfällig, so daß ich ihn kreisend sogar übersteigen konnte. Erst als ich dann aus meiner Überhöhung heraus Jagd auf ihn machen konnte, ergriff er die Flucht. Seine Beute nahm er mit sich. Ich weiß keine Erklärung dafür, warum der Adler nach erfolgreicher Jagd scheinbar ohne jeden Sinn in solch große Höhen aufsteigt, es sei denn, daß er sich eine möglichst große Ausgangshöhe für einen sehr weiten Gleitflug zu einem entfernten Stammplatz erfliegen wollte.

Derselbe stolze Freund hat mir ein anderes Mal eine solche Angst eingeflößt, daß ich es war, der die Flucht ergreifen mußte. Im gewohnten Revier suchte ich den Himmel nach ihm ab und fand ihn, hoch über mir an der Basis einer Wolke kreisend.

Ruhig kreiste er weiter, als ich tief unter ihm ankam und im gleichen Drehsinn einkurvte wie er selbst.

Er stieg nicht weiter. Entweder wollte er auf mich warten, oder aber er konnte nicht höhergehen, weil er sonst in die Wolke getragen worden wäre. Aus irgendeinem Grunde verlor ich ihn aus den Augen und mußte annehmen, daß er in irgendeine Himmelsrichtung weggeflogen ist. Weil mein Weg zurück zum Heimatflugplatz noch weit war und die Aufwinde schwach waren, mußte ich mich darauf konzentrieren, den Luftraum nach solchen Stellen abzutasten, in denen mein Segler zumindest nichts von der kostbaren Höhe über dem Talgrund verlieren würde. Dies nahm all meine Aufmerksamkeit so voll in Anspruch, daß daneben keine Zeit blieb, mich um andere Dinge innerhalb und außerhalb des Cockpits zu kümmern.

Ein Schatten glitt über das Instrumentenbrett und lenkte meine Aufmerksamkeit ab. Ein Blick nach draußen – ich sah »meinen« Adler. Sein Kopf, sein Auge, war so nah, daß ich hätte danach greifen können.

Der riesengroße Vogel flog mit mir.

Dieses Mal aber nicht aus Neugierde oder aus Freude am Spiel, sondern eindeutig in feindseliger Absicht.

Um sich meiner Geschwindigkeit und meinem Gleitwinkel anzupassen, hatte er seine Flügel angewinkelt. Mit den gespreizten Krallen seiner Fänge versuchte er, sich an die Hinterkante meines linken Flügels dort anzuklammern, wo dieser an den Flugzeugrumpf anstößt. Nur die harte und glatte Oberfläche aus glasfaserverstärktem Kunststoff verhinderte, daß der große Vogel sich festkrallen konnte.

Sein gekrümmter Schnabel war halb geöffnet, ganz so, als wollte er mir drohen.

Wirklich eine Situation, um Angst zu kriegen.

Mir blieb nur die Flucht.

Auge in Auge mit meinem Angreifer erhöhte ich die Geschwindigkeit meines Flugzeuges. Das feine Zischen des Fahrwindes wurde laut, und hart schlugen die Böen, bis endlich nach einer langen Zeit und nach dem Verlust von kostbaren Höhenmetern mein Feind von mir abließ.

Er verließ den Luftkampf als Sieger.

Mir aber blieb nur noch eine Landung auf dem nächstgelegenen Flugplatz, »weit hinten in Österreich«.

Sie waren unsere Vorbilder von Anfang an, und sie werden dies auch bleiben.

Unser Bemühen, es ihnen gleichzutun, wird immer unvollkommen bleiben.

Uns bleibt aber das Glück, ihre Schönheit und die Vollkommenheit ihrer Flugkunst zu bewundern und zu staunen über letzte Rätsel der Schöpfung, die wir nie ergründen werden.

Gedanken und Erfahrungen eines Segelfliegers

FLIEGEN – SEGELFLIEGEN – IST DAS GEFÄHRLICH?

Frag' einen Flieger – einen Segelflieger – und er wird dir antworten, daß Segelfliegen nicht gefährlich ist.
Er kann seine Antwort natürlich auch glaubhaft begründen und mit den Zahlen einer garantiert objektiven Statistik beweisen:
Umgerechnet auf Betriebsstunden oder Kilometerleistung oder auf irgend etwas anderes Vergleichbares ergibt sich, daß die Unfallhäufigkeit, also die Gefährlichkeit, vergleichsweise beim Autofahren oder Radfahren sehr hoch ist und in irgendeiner Reihenfolge abnimmt über Unfälle im Haushalt, im Beruf, auf dem Schulhof, beim Sport und beim Wandern.
Ziemlich am Ende dieser Aufzählung wird man dann das Fliegen finden und nach dem Fliegen vielleicht noch das Fahren in der Gondel einer Bergbahn.
Dieser statistische Nachweis reicht hingegen nicht aus, um die gestellte Frage zu beanworten, denn er sagt zwar etwas über die Sicherheit, nicht jedoch über die Gefährlichkeit. Dies sind zwei grundverschiedene Dinge, wie wir schnell sehen werden.
Dem Frager muß gesagt werden, daß Segelfliegen entgegen solcher statistischer Nachweise eben doch gefährlich ist. Wenn ein Bergwanderer den empfohlenen und erprobten Weg verläßt, weil er sich mehr Vergnügen davon verspricht, sein Ziel über einen selbstgewählten Abkürzungsweg, über den dierekten steilen Auf- oder Abstieg, zu erreichen, so begibt er sich in erhöhte Gefahr.
Niemand hindert ihn daran.
Es ist nachgewiesen, daß die Mehrzahl aller Unfälle durch solches »Abweichen vom rechten Weg« verursacht werden. Was vom Bergsteiger gesagt wird, trifft in gleicher Weise für den Autofahrer zu, für den Radfahrer, für die Tätigkeit im Haushalt und für fast alle anderen Tätigkeiten, die die Statistik miteinander vergleicht.
Aus zwei Gründen schneiden wir Segelflieger in dieser Statistik so besonders günstig ab:

Zum einen wegen fast perfekten technischen Voraussetzungen und zum anderen wegen des streng disziplinierten Flugbetriebs.
Im Laufe einer mehr als sechzigjährigen Entwicklung wurden Flugzeuge geschaffen, deren Festigkeit und Betriebssicherheit, wie auch deren Ausrüstung mit hochempfindlichen Instrumenten und Funkgeräten, einen Höchststand erreicht haben. Die Ingenieure haben das Verhältnis zwischen hoher Flugleistung und einfacher Handhabung immer mehr verbessert.
Die »künstlichen« Vögel fliegen fast von alleine. Es ist immer leichter geworden, ihnen unseren Willen aufzuzwingen. Noch wichtiger für die Sicherheit mag wohl der zweite Punkt sein: Die strengen Regeln, die für den Flugbetrieb gelten.
Entgegen der Freizügigkeit des Bergwanderers ist das »Spiel mit Wind und Wolken« dort, wo die Sicherheit beeinträchtigt sein könnte, festgelegten Einschränkungen unterworfen.
Du darfst nicht, heißt es da!
Du darfst nicht rechtsherum fliegen, wenn Linkskreise festgelegt sind.
Du darfst nicht höher oder niedriger fliegen, nicht nach links oder rechts vom vorgeschriebenen Weg abweichen.
Du darft nicht in die Luft gehen, wenn dein Funkgerät nicht betriebsbereit ist.
Du darfst überhaupt nicht fliegen, wenn und wenn und wenn!
Du darfst zwar alles, mit Ausnahme dessen, was die Regeln verbieten, und das ist ein sehr umfangreicher Katalog.
Mehr noch: Solltest du diese Regeln und Vorschriften nicht beachten, sind dir Maßregelungen angedroht.
Diese reichen von der Geldbuße über zeitweiliges Flugverbot, bis zum Entzug der Fliegerlizenzen.
Auch die Behörden tun das Ihrige, um Fliegen sicherer zu machen. Da gibt es kaum einen Kubikmeter Luft in unserem Lande, der nicht luftfahrtbehördlich überwacht und verwaltet wäre.
Flugzeuge, Flugplätze, jegliches technische Hilfgerät unterliegen strengen Prüf- und Zulassungsvorschriften.
Die gesetzlichen Vorschriften für den Flugbetrieb haben den Umfang eines dicken Buches. Sie sind neben den Themen Meteorologie, Technik, Navigation, Luftfahrtpersonal-Ordnung und dergleichen ein Teil der Wissensgebiete, über die jeder angehende Pilot eine Prüfung ablegen muß.
Einen eigenen Ausbildungsabschnitt erfordert der obligatorische Erwerb einer Flugfunklizenz.

Bei einer Untersuchung »auf Herz und Nieren«, die alle zwei Jahre beim Fliegerarzt durchgeführt werden muß, wird die medizinische Fliegertauglichkeit überwacht.
Es wird nur der ein guter und sicherer Pilot werden, der alle diese festgelegten Grenzen genau kennt und sie achtet, der darüber hinaus über ein möglichst großes Fachwissen verfügt.
Ihm wird mit Sicherheit ein langes und erlebnisreiches Fliegerdasein beschieden sein.
Die Tugend Nummer eins aber heißt, stets Disziplin zu wahren, kein Risiko einzugehen, selbst wenn dann und wann auf ein lockendes Vergnügen verzichtet werden muß.
Trotz aller vergleichbarer Sicherheit müssen wir uns aber, wie gesagt stets dessen bewußt sein, daß Segelfliegen in Wirklichkeit recht gefährlich werden kann. Wir haben gesehen, daß es nicht in der Technik und im Flugbetrieb begründet ist. Es hängt vielmehr damit zusammen, weil wir etwas tun, wofür wir »aufrechtgehenden Zweibeiner« gar nicht geschaffen sind. So, als ob wir Vögel wären.
Als ob uns das Element Luft zur unbegrenzten freien Verfügung gestellt sei. Nicht nur, um ihren Sauerstoff zu atmen, nicht nur, um uns vor schädlicher Strahlung aus dem Weltraum zu schützen und nicht nur als Gestalter von Wind und Wetter.
Darin, in diesem »Als-ob« liegt die Gefährlichkeit, die ich meine.
Wir haben gelernt, die Luft zu beobachten, zu messen und zu berechnen. Je mehr wir über sie wissen, desto besser gelingt uns die Nachahmung der Vögel.
Sie ist aber ein strenger Lehrmeister.
Sie bestraft unnachsichtig und hart, wenn man ihre Gesetze nicht beachtet.
Es war ein weiter Weg, und sein Ende ist noch nicht abzusehen, bis es dem Menschen gelang, eine Maschine zu erfinden, die ein künstlicher Vogel ist, und bis er gelernt hat, die Maschine, wie auch die unsichtbaren Kräfte der Luft, zu beherrschen.
Wehe aber demjenigen, der vergißt, daß er für die Luft immer ein Fremdkörper bleiben wird, den sie nur widerwillig duldet!
Ihn wird sie irgendwann einfach abschütteln. Sie wird seinen Segler zerbrechen, aus der Bahn werfen, auf den Rücken drehen. Wird ihn hinabdrücken auf Felsen und Bäume, wenn er ihre Gesetze und Kräfte nicht kennt und nicht achtet.
... wenn er ohne die gehörige Demut ein Paradies betreten will!

SEGELN ÜBER DEN HÖCHSTEN BERGEN

Reutte in Tirol.
Wie Unterwössen oder Kufstein, so ist Reutte idealer Ausgangsort für Segelflüge, die vom nördlichen Rande des Hochgebirges weit in die hochalpine Bergwelt hineinführen können.
Alle diese Plätze haben gemeinsam, daß sie an einem Talausgang liegen, wo ein Fluß das Gebirge verläßt und nach Norden in die Ebene hinausfließt.
Hier haben die Segelflieger eine meteorologische Besonderheit endeckt. Sie fanden eine Kombination von Hangaufwind und hochreichender Thermik, die sich an allen Tagen mit normalem Sommerwetter mit absoluter Zuverlässigkeit einstellt.
Dieses Phänomen ist einfach zu erklären:
Die Sonne erwärmt die steilen Felsabstürze der großen Gebirgsstöcke viel intensiver als den Talgrund und als die flachen Ebenen des Vorlandes, weil sie steil oder senkrecht auf die Wände strahlt. Während also draußen im Flachland die Luft noch morgendlich kühl und ruhig ist, beginnt es an den Südflanken und an den Ostabstürzen tief hinten im Hochgebirge bereits lebendig zu werden. Erst zaghaft, dann mit zunehmender Geschwindigkeit setzen sich immer größere, erwärmte Luftmassen in Bewegung. Aus anfänglich zähem Nach-oben-Kriechen entwickelt sich bald ein Aufwind von kaum vorstellbarer Energie.
Und dies an allen Bergen weit und breit.
Wo aber erwärmte Luft nach oben entweicht, muß von unten her neue, kühle Luft nachfließen. Diese nimmt ihren Weg durch die engen Gebirgstäler. Sie wird aus dem Flachland herangeführt, das dem Gebirge vorgelagert ist.
So kommt es, daß in den Tälern am Alpenrand, unabhängig von der Großwetterlage, oft ein kräftiger Wind taleinwärts bläst, auch wenn der Höhenwind vielleicht eine ganz andere Richtung hat.
In Kufstein, wo der Inn das Gebirge verläßt, spricht man dabei vom »Bayerischen Wind«. In Unterwössen am Talausgang der Tiroler Ache bläst an jedem warmen Sommertag der kräftige »Chiemseewind«. Wie der sommerliche Talwind in Reutte heißt, weiß ich nicht. Man könnte ihn aber »den Füssener« nennen, denn von dort kommt er her.
Wenn nun das Glück, das Segelfliegerglück, es will, daß quer zum Tal eine Erhebung liegt, die diesem Wind den Weg versperrt, so entsteht an diesem Berg ein recht solider Hangaufwind.

Segelflug hoch über den Gipfeln der Alpen.

Blick aus dem Segelflugzeug auf die Bergwelt der Alpen. Das Tal von Unterwössen liegt unter einer Nebeldecke.

Föhnwolken hoch am Himmel über dem Tal von Unterwössen. Sie versprechen »Wellenaufwinde«, mit denen das Segelflugzeug bis an die Grenze der Stratosphäre getragen werden kann.

Rechte Seite, oben links: Wolken- und Gebirgslandschaft. Herausforderung und Beglückung für den segelnden Flieger.

Rechts: Das Segelflugzeug nähert sich einem markanten Gebirgsmassiv. Dort erwartet den Flieger neuer gewaltiger Aufwind, der ihm den Weiterflug ermöglicht.

Unten: Lautlos schwebt der Segler durch die Aufwinde an den Felswänden des Wilden Kaisers.

Die Loferer Steinberge gehören zum Schönsten, was dem Alpensegelflieger auf seinen Flügen begegnet.

Linke Seite oben: Noch liegt Schnee auf den Wintersportgebieten der Winkelmoosalm, aber die Frühlingssonne sorgt bereits für starke Aufwinde. Erste große Streckenflüge zum Alpenhauptkamm führen uns über die sonnenwarmen Schi-Pisten tief unter unserem Flugzeug.

Unten: In engen Kreisen schraubt sich der elegante Segler in die Höhe. Die Steilwände des Gebirgstales bleiben in der Tiefe zurück.

Sonne – Wolken – Segeln im Aufwind!

Linke Seite oben: An der Wolkenbasis.

Unten: Lautloses Gleiten und Schwingen durch Licht und Schatten zwischen hochaufragenden Wolken.

Gipfel und Wolken liegen tief unter dem Segelflugzeug. Ein Bild, wie es sich auch dem Alpenflieger nicht alle Tage bietet.

Dieser ist kräftig genug, um ein Segelflugzeug zu tragen und hochzuheben. Man kann damit eine Höhe erreichen, die genügt, um die umliegenden Steilhänge, die das Tal eingrenzen, auf der Suche nach hochreichenden Wärmeaufwinden anzufliegen.

Fliegerurlaub in Reutte!

Zusammen mit einigen Freunden wollten wir versuchen, endlich die großen Strecken über die Alpen zu fliegen, die wir längst geplant und auf dem Papier vorbereitet hatten.

Von München, wo unser Verein beheimatet ist, bis hierher nach Tirol ist es zum Glück ja nur ein Katzensprung.

Wir haben gute Flugzeuge mitgebracht.

Einsitzer für hohe Ansprüche und unsere Ka 13, einen Doppelsitzer der Leistungsklasse.

Das Wetter hatte es gut mit uns gemeint, so daß wir, nacheinander, unsere hochgesteckten Ziele erreichen konnten.

Wir flogen bis zu den schneebedeckten Bergriesen des Alpenhauptkammes und landeten gegen Abend erschöpft aber glücklich wieder dort, wo wir vor fünf oder mehr Stunden gestartet waren.

An einem dieser herrlichen Sommertage ergab sich für mich die Gelegenheit, einem Freund die Kunst und Faszination des Fliegens ohne Motor zu zeigen und damit ein altes Versprechen einzulösen, das ich ihm gegeben hatte. Frühzeitig hatten wir unseren eleganten Doppelsitzer zum Startplatz gebracht. Wir warteten auf den Talwind, der von Füssen her durch das Lechtal heraufblasen würde – gleichsam heraufgesaugt – als Ausgleich für hochgestiegene warme Luft an den Kalkriesen im Süden.

Noch hing der Windsack am Platzrand bewegungslos und schlaff herab.

Angenehm kribbelnde Nerven bei allen.

Startbereitschaft.

Späße. Mehr oder weniger wahre Geschichten über Selbsterlebtes.

Am Rauch einer Zigarette ist zu beobachten, daß sich die Luftströmung bald schon umkehren wird.

Der kühle Morgenwind, der von den Bergen herab talauswärts geblasen hatte, ist zum Stillstand gekommen.

Ein Traktorveteran schleppt das Stahlseil von der Winde heran.

Mein Doppelsitzer ist die Nummer zwei in der Startreihenfolge. Der tausend Meter lange Grasstreifen des Flugplatzes liegt so günstig, daß man, um den Aufwind am nahen Schloßberg zu erreichen, die Segler nicht mit dem teuren und zeitraubenden Flugzeugschlepp dorthin bringen muß.

Man zieht die Flugzeuge mit einer normalen Seilwinde in die Luft, gerade hoch genug, um jenseits von Fluß und Wiesen den Berg mit seinem Hangaufwind anfliegen zu können.
Ungeduldig beobachten wir den Windsack.
Mein Vordermann hat sich in seinen engen Sitz gezwängt, angeschnallt und startfertig gemacht. Er will mit seinem Einsitzer heute eine ganze große Strecke fliegen. Da ist es nicht verwunderlich, wenn er beim Warten auf den Wind nervös wird. Jede Minute, die seinen Start verzögert, ist ja für das Gelingen seines sportlichen Vorhabens verlorene Zeit.
Er schließt die Haube – läßt sich das Startseil einklinken. Und kurze Zeit später schießt sein weißer Vogel steil in den Himmel hinein, gezogen von den zweihundertfünfzig Pferdestärken des Windenmotors.
Er rechnet offenbar damit, daß in der Höhe schon ein genügend starker Wind weht, auch wenn wir am Boden noch nichts davon spüren können.
Bewußt geht er das Risiko ein, wieder landen zu müssen, wenn jenseits des Flusses, am Schloßberg, der erhoffte Aufwind noch nicht kräftig genug sein sollte. Alle aber sind ihm dankbar für diesen Mut zum Risiko. Sein Versuch wird zeigen, ob es sinnvoll ist, schon jetzt zu starten oder ob man noch abwarten soll.
Noch während wir die Bahn seines Flugzeuges hinüber zum Berg gespannt verfolgen, setzt von einer Minute zur anderen der Wind ein. Das geht so schnell, daß Gras und Blätter sich bewegen, noch bevor der träge Windsack sich aufblähen und in den Wind drehen kann.
Minuten später haben die Freunde meinen Gast in den hinteren Sitz der Ka 13 geschnallt, und auch ich selbst habe mich startfertig gemacht.
Noch einmal setzt der Wind aus, während ich auf das Signal für den Start warte.
Gerade im richtigen Augenblick, als das Schleppseil sich langsam strafft, wälzt sich eine kleine Staubwolke über den Platz.
Unser Wind!
Steil geht es in den Himmel hinein.
Mein Gast im hinteren Sitz äußert Begeisterung.
Er tut das ein wenig zu laut, wenn auch nicht gerade ängstlich. Ich beruhige ihn, sage ihm, daß diese Art zu starten, tausendfach erprobt und ganz und gar sicher sei.
Als wir uns vom Seil gelöst haben, zeigt der Höhenmesser dreihundert Meter über Grund an.
Wenig Höhe für den kilometerweiten Weg hinüber zum Berg.

Sollte dort der Aufwind ausbleiben, müßte ich wieder zum Platz zurückfliegen. Für diesen »Notfall« muß ich eine ausreichende Höhenreserve einkalkulieren, und das bedeutet, daß es für mich drüben nur ein ganz kurzes »Entweder-Oder« geben wird.
Entweder der Aufwind reicht, um mein Flugzeug zu tragen, dann werde ich bleiben können und mehr und mehr an Höhe gewinnen, oder er reicht nicht, dann muß ich unverzüglich zurück zum Platz, wenn ich vermeiden will, wegen zu geringer Höhe eine risikoreiche Außenlandung machen zu müssen.
Ein Blick hinunter zum Windsack, während ich mein Flugzeug in eine flache Rechtskurve lege: Der Wind kommt aus der richtigen Richtung, wenn auch noch recht schwach.
Wir müssen den Fluß überfliegen und ein breites Grasland. Ein Weg, viel zu lang für meine angespannten Sinne.
Die Luft scheint bewegungslos.
Ich halte den Steuerknüppel zwischen den Fingerspitzen.
Vermeide unnötige Bewegungen mit den Rudern, um zu verhindern, daß der Gleitwinkel nachteilig beeinflußt wird.
Meinen Gast bitte ich, nicht zu reden, weil ich dadurch in meiner Konzentration gestört werde.
Der Weg hinüber scheint endlos!
Rechts hinten sehe ich beim Blick über den Flügel, wie der Flugplatz fast schon außer Sicht kommt.
Er scheint jetzt schon höher zu liegen, als meine eigene Flughöhe.
Ich muß mich ganz auf die Anzeige meines Höhenmessers verlassen, muß den Zahlen glauben, die er mir zeigt. Würde ich meinem »Gefühl« folgen, wäre ich längst schon umgekehrt.
Jetzt sehe ich das weiße Flugzeug, das vor mir gestartet ist. Es kommt mir entgegen – ist deutlich niedriger als ich. Sein Pilot mußte sich zur Landung entschließen. Er hat also keinen Aufwind gefunden.
Ich bin darauf gefaßt, dieselbe Enttäuschung erleben zu müssen. Knapp an der dunklen aufragenden Wand aus Bäumen und Felsen biege ich ein.
Die Nadel meines Variometers zeigt gleichzeitig Leben.
Sie wandert nach oben, ohne daß ich etwas davon spüren könnte. Sie zeigt bereits an, daß mein Flugzeug nicht mehr gleichmäßig sinkt, sondern daß es fliegt ohne Höhe zu verlieren.
Der Aufwind!
Noch nicht kräftig genug, um uns hochzuheben, aber immerhin ausreichend, um wenigstens die Höhe halten zu können. Angespanntes Tasten, meter-

knapp am steilen Berg entlang. Voraus, an einem kleinen Knick des Berges lösen sich zwei oder drei Vögel aus den Felsen. Es sind Bergdohlen, wohl aufgeschreckt durch das näherkommende Flugzeug. Wir schätzen diese Vögel als ausgezeichnete Segler. Wo sie fliegen, kann man fast immer mit Aufwind rechnen. Ich sehe schon von weitem, daß sie mit angewinkelten Flügeln im Wind stehen und daß sie kräftig nach oben getragen werden.
Signal für mich, den Weiterflug – weg vom Flugplatz – zu wagen.
Ein kaum zu spürendes Vibrieren geht durch mein Flugzeug, als wir uns der Stelle nähern, wo die Dohlen inzwischen hoch über unsere Flugbahn hinaufgetragen worden sind.
Ich nehme alle überschüssige Fahrt aus meinem Flugzeug, um so langsam wie möglich zu werden. So nutze ich den Aufwindbereich am besten.
»Steigen« zeigt das Variometer!
Gewonnen!
Während die Spannung nachläßt, spüre ich, daß mein Puls mit deutlich erhöhtem Tempo schlägt.
Weiter gleiten wir am steilen Hang entlang.
Immer stärker trägt uns der Aufwind.
Das Variometer gibt mir zwei Meter pro Sekunde Steigen an.
Die obere Kante unseres Aufwindberges liegt noch gute zweihundert Meter höher als unsere bisher erreichte Flughöhe. Mühelos steigt jetzt unser Segler. Hindernisse, hochragende Felskanten, die den Flugweg versperren wollen, ducken sich gleichsam vor unserem herannahenden Flugzeug, nachdem sie uns eben noch haushoch überragt hatten.
Meine Spannung ist gewichen.
Erst jetzt kann ich mich meinem Gast widmen:
»Herr Professor – wir haben's geschafft!«
Selbst, wenn uns der Aufwind jetzt doch noch mal im Stich lassen sollte, haben wir inzwischen genügend Höhe, um jederzeit sicher zum Flugplatz zurückfliegen zu können.
Das nördliche Ende des Berges ist erreicht.
Der Punkt also, wo umgekehrt werden muß zum Flug zurück in Richtung Startplatz. Hier erfaßt uns ein besonders starker Aufwind. Vier Meter pro Sekunde zeigt das Variometer an. Das ist fast doppelt so schnell, wie ein Personenaufzug im Hochhaus seine Fahrgäste nach oben befördert.
In einer engen Wendekurve führe ich mein Flugzeug um die Bergnase herum. Unten die Ruine, die dem Berg wohl seinen Namen gegeben hat. Eine Fahne weht dort, zerrt an der Stange im kräftigen Wind.

Erneut taste ich den Aufwind ab auf dem Weg zurück zu unserem Ausgangspunkt. Was vor wenigen Minuten noch ein Hindernis war und uns zum Ausweichen gezwungen hatte, liegt jetzt tief unter uns.
»Sie sehen, daß wir gleich die Oberkante des Berges erreicht haben werden!« Mein Gast hat sich inzwischen mit der Anzeige der Instrumente vertraut gemacht.
Laut liest er die Steigwerte ab, die sein Variometer anzeigt: »zwei – zweieinhalb – eins – drei!«
»Vierhundert Meter über Grund!«
Auch unsere Bergdohlen von vorhin entdeckt er wieder. Ihr Spielplatz liegt jetzt aber tief unter uns.
Inzwischen brauche ich nicht mehr so meterknapp am Hang entlang zu fliegen, mit der Flügelspitze fast Bäume und Felsen streifend. Es ist im Gegenteil jetzt besser, wo der Wind sehr kräftig geworden ist, sich ein oder zwei Flugzeugbreiten außerhalb der steilen Bergwand zu halten. Die Luftströmung wird in der Grenzschicht unmittelbar am Hang stark abgebremst und bildet kräftige Wirbel, vergleichbar mit dem Spiel des Wassers am Ufer eines schnellfließenden Baches. Ebenso wie sich dort Wasserwirbel bilden, die so ausgeprägt sind, daß sie sich sogar der Strömung entgegendrehen können, verhält sich die Luft in der Grenzschicht zwischen der ungehinderten freien Bewegung und der »aufgerauhten« Erdoberfläche.
Das heißt, daß ich in der unmittelbaren Nähe von Bäumen und Felsen am Hang, wenn die Luftströmung kräftiger geworden ist, zumindest einen stark abgebremsten Aufwind antreffen werde, wenn nicht gar recht heimtückische und gefährliche Verwirbelungen. Wer viel im Hochgebirge mit dem Segelflugzeug unterwegs ist, weiß ein Lied davon zu singen. Nicht wenige Unfälle sind darauf zurückzuführen, daß der Pilot mit seinem Segler in eine solche »Luftscherung« geraten ist, wie sie die Grenzschicht in Bergnähe darstellt. Bei der großen Spannweite der Flügel eines Segelflugzeuges ist es dann ein ganz normaler Vorgang, daß der bergabgewandte Flügel ungleich stärker angehoben wird als der bergseitige. Das kann derart hart und kräftig sein, daß die Gegenwirkung der Querruder nicht ausreicht, um das Flugzeug waagerecht zu halten. Der Pilot kann es dann nicht verhindern, mit seinem stolzen Vogel fast hilflos in den Berg hineingewirbelt zu werden. Ja – man müßte sie halt sehen können, diese Luft, wie sie sich bewegt, wie sie Hindernisse umströmt, wie sie nebeneinander warm und kalt sein kann, ohne sich zu vermischen! Wie sie am Abend und in der Nacht zur Ruhe kommt.
Begeisterungsrufe aus dem hinteren Cockpit!

Wir haben die Höhe des Bergrückens erreicht, sind herausgetaucht aus dem dunklen Schatten in blendend helles Sonnenlicht! Weit reicht nun unser Blick in alle Richtungen.
Im Süden sehen wir die silbergraue Kulisse hochalpiner Kalkstöcke, im Osten das Tal, durch welches sich die Straße in Richtung Garmisch windet.
Wir erkennen jetzt, daß dieser Schloßberg auf seiner »Rückseite« genauso steil abfällt wie auf der dem Flugplatz zugekehrten Seite: Fast 500 Meter hinunter in den Talgrund.
Wir sehen, daß der Berg einige Kilometer lang ist. Er bildet einen hohen Wall aus Wald uns Fels, einen Wall, der die breite Gras- und Schotterebene des Flußtales in der Mitte so zerteilt, daß zwei nebeneinander verlaufende Gebirgstäler entstanden sind.
Die nach Südosten gerichtete »hintere« Seite wird schon jetzt durch die höher kommende Sonne kräftig aufgeheizt.
Ich führe meinen Segler genau auf dem First dieses riesigen Daches entlang, wieder zurück auf die vordere Nase zu, dort, wo die Schloßruine steht.
Immer noch gleichmäßige Steigwerte am Instrument.
Der Höhenmesser ist schon deutlich über die 500-Meter-Marke geklettert.
Ein beinharter Schlag unter die Flügel!
Das Variometer springt über die Vier-Meter-Marke hinaus bis zum oberen Anschlag. Im gleichen Augenblick habe ich das Flugzeug in einen engen Vollkreis gezogen und kann erkennen, daß offenbar aus einer Bergfalte heraus, einer düsenartigen Schlucht auf der Sonnenseite des Berges, dieser starke Aufwind kommen muß. Wir können die Bewegung der Zeiger auf unseren Höhenmessern verfolgen. Geballte Energie, ausgelöst durch die Einstrahlung der frühen Sonne am steilen Abhang!
Wir erleben eine jener Erscheinungen, die nur im Gebirge zu finden sind: Das gleichzeitige Vorkommen von dynamischem Hangaufwind auf der sonnenabgewandten Seite des Berges und von starkem thermischem Aufwind auf der Sonnenseite.
Wobei wir oft genug nicht sicher wissen, ob der augenblicklich wirksame Aufwind nun von der Schattenseite oder von der Sonnenseite heraufbläst.
Niemand weiß eine Regel für dieses Phänomen, und oft genug erlebt der Hochgebirgsflieger, daß er an einer Stelle, wo nach allem, was er von Wind und Wetter weiß, guter Aufwind sein müßte, mit dem Kopf gegen die Kabinenhaube geschlagen wird: Es hat ihn ein Abwind mit solcher Gewalt nach unten gedrückt, daß ihm sein Flugzeug buchstäblich unter dem Körper weggezogen wurde.

Und natürlich auch umgekehrt, daß Urgewalten aufwärts strömen, dort, wo sie niemals zu vermuten waren.
Kaum zehn Minuten sind vergangen, und der Höhenmesser zeigt achthundert Meter an.
Unten am Flugplatz herrscht inzwischen Hochbetrieb. Jetzt, wo erwiesen ist, daß guter Aufwind am Hang ist, wollen natürlich alle schnell in die Luft kommen. Aus allen Ecken werden Segelflugzeuge zum Startplatz gebracht.
Ich verlasse nun den Aufwindhang, überquere das Tal, um neuen Aufwind zu suchen, der uns noch höher tragen soll, der uns ermöglichen soll, aus dem Bereich des Flugplatzes wegzufliegen, hinüber zu den ganz hohen Steinblöcken.
Unter uns das Dorf.
Sportplatz und Schwimmbad.
Spinnenartig sich treffende Straßen.
An einer Stelle steigt schwarzer Qualm auf und markiert die Windrichtung.
Kaum ein Fluggeräusch innerhalb unserer Glashaube.
Mein Gast stellt Fragen.
Namen umliegender Berge, der Plansee.
Glasklare Sicht, nachdem der letzte Dunst aus verwehenden Wolken und Luftfeuchtigkeit abgetrocknet ist.
Ich vergesse das Fliegen und genieße Licht und Schatten, sommerliche Ferienbeschaulichkeit, Farbenfülle.
Seilbahnkabinen kriechen an Wiesen und Waldhängen empor, schweben über Kieshalden, werden an steilen Felsabbrüchen hochgezogen, der Bergstation entgegen. Dort verschwinden sie in einem schwarzen Fenster, das rechteckig aus häßlichem Beton ausgespart geblieben ist.
Daneben das Berggasthaus mit der rotweißroten Fahne.
Das ganze Bild wird beherrscht von dem Lauf des Flusses. Noch zeigt er die grünweiße Farbe des Gebirgsflusses, obwohl sich hier im weit geöffneten Talausgang seine Wildheit längst gelegt hat.
Lautlos gleitet unser Flugzeug über das Dorf auf die grauen Wände zu, welche das Tal nach Norden abgrenzen. Mit ihrer ganzen Kraft strahlt dort die Sonne gegen die Felsen. Das Licht schmerzt in den Augen.
Wir können hoffen, daß dort guter Aufwind sein wird. Diesmal erwarten wir diese gewaltige Hochgebirgsthermik, um derentwillen wir ja hierhergekommen sind.
Mit gut sechshundert Meter Höhe über Grund nähere ich mich der Felswand, die uns fast um tausend Meter überragt.

Ein deutliches Vibrieren geht durch das Flugzeug.
Wir drehen ein zu einem Suchflug an dem kilometerlangen Kalksteingebirge entlang.
Vorsichtiges Hineintasten in eine Geröllmulde. Immer bereit sein, steil vom Hang wegkurven zu müssen, hinaus ins Tal, denn hier bewegen sich die Luftmassen unkontrolliert nebeneinander ebenso energisch aufwärts wie auch abwärts.
Noch bleibt alles ruhig bis zu dem Augenblick, wo ich das Flugzeug um eine scharfe, senkrecht abfallende Felskante herumschwinge. Mit einem Schlag gegen Flügel und Rumpf überfällt uns der Aufwind. Ein regelrechter Sturmwind muß es sein, der an den Felsen aufwärts jagt. Ein weißer Schmetterling wird hilflos nach oben gewirbelt, handbreit an meiner Glashaube vorbei. Gleich den Bergdohlen scheint mein Flugzeug auf der Stelle zu stehen. Das Variometer springt über die Nullmarke nach oben bis zum Anschlag und bleibt dort stehen. Mehr als sieben Meter pro Sekunde! Sind es zehn, sind es zwölf?
Herumschwingen, weg vom Berg, hinaus in das Tal und wieder zurück in den Sturm.
Die Ruderausschläge mit Knüppel und Pedalen, sonst behutsam und sparsam, werden zur Muskelarbeit.
Dann ist der Gipfel erreicht, 1200 Meter über dem Talboden.
Ein Kreuz, mit Stahltrossen verankert.
Bergsteiger winken herüber.
Aus dem Hin- und Herpendeln in der bockigen Hangthermik wird nun ein gleichmäßiges, ruhiges Kreisen.
Weiter klettert der Höhenmesser, der die Marke um 2000 Meter gleich erreicht haben wird.
Ohne Übergang ist das Flugzeug nun von einer beispiellosen Ruhe umgeben.
Der Blick ins Alpenvorland ist frei.
Der Fluß verliert sich im Dunst der Ebene.
Tief unten am Nordabfall des Gebirges liegt, wie ein Spielzeug aus dem Baukasten, König Ludwigs Neuschwanstein.
Wir spüren dankbar, daß in unserer Höhe die Luft deutlich kühler geworden ist.
Noch nicht fünfundvierzig Minuten sind vergangen, seit wir tief unten am Schloßberg nach einem ersten dürftigen Aufwind herumtasteten.
Nun liegt die Alpenwelt ausgebreitet vor uns und fordert dazu heraus, in die Welt dieser Steinriesen hineinzugleiten. Weiterzufliegen von Horizont zu

Horizont, von Aufwind zu Aufwind. An neuen, noch höheren Wänden entlang, Täler überquerend mit smaragdgrünen Seen.
Wir haben alles erreicht, was wir uns für diesen Vergnügungsflug versprochen haben. So lege ich das Flugzeug horizontal und gehe in einen unbeschwerten gleichmäßigen Gleitflug. Aus unserer großen Höhe können wir weite Umwege fliegen, ehe wir zur Landung auf dem Flugplatz einschweben müssen. Hoch über Grate und Kegel zieht das Flugzeug zunächst in Richtung Osten.
Voraus und tief unten erkennt man den Plansee.
Seine Farbe wechselt zwischen Blau und Tiefgrün.
Um schneller nach Hause zu kommen, senke ich die Nase der Ka 13 leicht, so daß die Fahrt zunimmt.
Inzwischen sind wir auf die Höhe der Baumgrenze gesunken. Die Berge rundherum überhöhen uns wieder.
Das Dorf kommt in Sicht. Wir überqueren es, fliegen flußaufwärts dorthin, wo der Flugplatz liegt.
Anschweben, Bremsklappen ausfahren, Ausschweben, sanftes Aufsetzen.

DER GANZ BESONDERE AUFWIND

Am Anfang aller Segelfliegerei kannte man den Hangaufwind und nutzte ihn zu stundenlangem Fliegen. Er ist überall dort zu finden, wo die horizontale Luftströmung gezwungen ist, nach oben zu steigen, weil ein Hindernis im Wege ist – ein Berg zum Beispiel oder hohe Sanddünen an der Küste.
Deshalb sind in den Anfangsjahren die berühmten Segelflugplätze dort entstanden, wo die besten Voraussetzungen für das Fliegen im Hangaufwind bestanden: In der hohen Rhön, auf der Schwäbischen Alb, an den hohen Dünen auf der Insel Sylt und an der Ostseeküste bei Rositten.
Später lernte man, sich mit aufsteigender Warmluft nach oben tragen zu lassen. Man flog in der »Thermik«, indem man sich bemühte, aufsteigende warme Luftwirbel zu finden und mit steilen Kreisflügen deren unsichtbares Zentrum zu ertasten. Auf diese Weise machte man sich unabhängig vom Gelände und lernte, weite Strecken zurückzulegen, indem man sich von einem »Bart« zum nächsten vorwärtstastete. Die Bezeichnung »Bart« entstand wohl

aus dem Grunde, weil die einzelnen Wärmeaufwinde meistens von einer Kumuluswolke gekrönt sind, wie sie kennzeichnend sind für unseren sommerlichen Schönwetterhimmel. Wollte man also weit überland fliegen, so mußte man am besten von einer Wolke zur nächsten springen, denn jeder dieser schönen Wattebäusche hat unterhalb seiner Basis einen regelrechten Aufwindbart. Ganz so einfach, wie sich dies anhört, ist es allerdings nicht, weil ja das Auf und Ab in der Luft gleichmäßig verteilt ist. Die Kumuluswolken bilden sich zwar dort, wo frische, feuchte Warmluft aufsteigt, sie bleiben aber auch dann noch eine ganze Weile stehen, wenn sie sich – infolge Abkühlung der Luft – in Auflösung befinden. Theoretisch also ist es nur jeder zweite Kumulus am Sommerhimmel, der einen »Bart« hat. Das geschulte Auge kann erkennen, ob eine Schönwetterwolke »jung« oder »alt«, ob sie sich gerade erst aufbaut, oder ob sie dabei ist, zu zerfallen.

Auch haben wir uns längst empfindliche Geräte geschaffen, die uns anzeigen, ob wir uns in aufsteigender oder absinkender Luft befinden.

Neben diesen zwei »klassischen« Aufwindarten hat man eine dritte entdeckt – den Wellenaufwind.

Diesen findet man im Gegensatz zum Hangaufwind im Lee eines Hindernisses, dort also, wo der Wind hinter einem Berg, einem Gebirgszug, eigentlich abwärts gerichtet sein müßte.

Wellenbewegungen in der Luft entstehen natürlich auch dort, wo der Boden, über den der Wind streicht, »gewellt« ist. Je stärker der Wind bläst, je schneller also die Stömung der Luft, desto höher sind die stehenden Wellen dort, wo die Luft hinter einem hohen Hindernis auf den Boden trifft und erneut nach oben abgelenkt – reflektiert – wird.

Auch die Höhe des Hindernisses ist entscheidend, ob eine sogenannte Leewelle mehr oder weniger kräftig ausgebildet ist. Einen zusätzlichen Impuls bekommt reflektierter Wind im Lee eines Gebirgszuges, wenn er in ein Tal hinabfällt, dessen gegenüberliegende Seite hoch aufsteigt und in einem ganz bestimmten Abstand zur abfallenden Talflanke steht. Alle diese nicht sichtbaren auf- und abwärtsgerichteten Luftströme muß man kennen, dann erlauben sie segelfliegerische Leistungen, die beweisen, welch ungeheure Energien in einer schnellströmenden Luftmasse wirksam sind: Höhenflüge sind es, die den motorlosen Vogel bis an die Grenze der Stratosphäre hinaufgetragen. In Höhen also, wo der Mensch nur überleben kann, wenn er sich den Sauerstoff zum Atmen mit hinaufnimmt und sich warm vermummt, weil er sich in einen Temperaturbereich begibt, wo irdisches Leben vom Erfrieren bedroht ist.

Es ist für mich immer eine faszinierende Vision gewesen, diese strömenden,

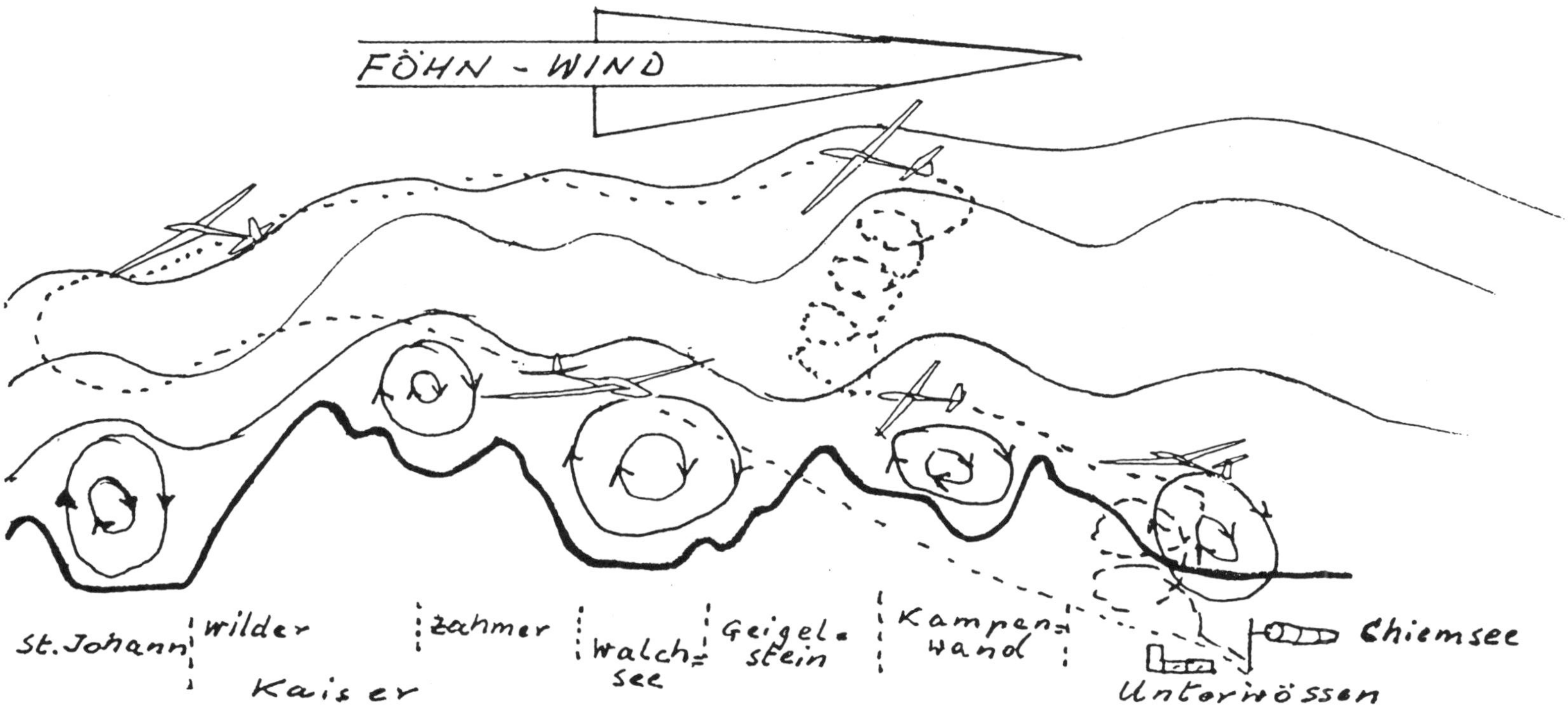
FÖHN - WIND
St. Johann
wilder
Kaiser
zahmer
Walch=
see
Geigel=
stein
Kampen=
wand
Chiemsee
Unterwössen

wirbelnden, sich überschlagenden und rotierenden Luftbewegungen nicht nur abtasten, erfühlen, messen zu können, sondern sie als Bild – möglichst als farbiges Bild – sehen zu können.
Dieses Bild würde alles übertreffen, was die Natur an gewaltigen Erscheinungen unseren Augen darbieten kann. Selbst der Eindruck eines heraufziehenden Gewitters oder das Bild sturmgepeitschter See würde dagegen verblassen. Man versuche, sich in nüchternen Zahlen vorzustellen, was das Medium Luft ist: Es läßt sich ausrechnen, daß ein Kubikkilometer Luft in Meereshöhe rund *eine Million Tonnen* wiegt. Um diese winzige Menge aus dem Riesenmeer mit der geringen Geschwindigkeit von zehn Metern pro Sekunde zu bewegen, bedarf es der enormen Energie von 17 900 Kilowattstunden oder fünf Milliarden Meterkilogramm. Auch wenn diese Zahlen nur schwer vorstellbar sind, verdeutlichen sie doch, wie das Bild aussehen würde, wenn bewegte Luft sichtbar wäre. In dem Gebirgsdorf Unterwössen, dem Sitz der Deutschen Alpensegelflug-Schule, meiner fliegerischen Heimat, gibt es einen Dorfbach, an dessen schnellfließendem Wasser Wellen und Wirbel erkennbar sind, wie sie ganz ähnlich auch in bewegter Luft auftreten.
Die Ufer des Baches sind begradigt und sein Bett ist sehr sorgfältig mit Holzbohlen verkleidet worden. So macht es den Menschen mehr Freude, barfuß durch das zwanzig Zentimeter tiefe Wasser zu waten.
Man müßte nun annehmen, daß das klare Gebirgswasser in einer ganz und gar ungestörten Strömung fließen würde, weit gefehlt, denn die Oberfläche des Wassers ist alles andere als glatt. Es zeigen sich kleine und größere Wellen, und man sieht jeweils dort, wo die Bretter des Bodenbelages aneinanderstoßen, eine gut ausgeprägte Welle quer zur Strömung des Baches. Diese Welle ist mehrere Zentimeter hoch, obwohl die darunterliegende Unebenheit des Bodens so gering ist, daß man sie mit dem Finger gerade noch erfühlen kann. Geradezu abenteuerlich geht es in der Grenzschicht zwischen dem schnellfließenden Wasser und dem festen Ufer zu. Dort wird der Fluß der Strömung abgebremst. Es entstehen Wirbel, die sich der allgemeinen Strömungsrichtung entgegendrehen. Ein schwimmender Gegenstand bewegt sich entgegen der Strömung und schwimmt stromaufwärts, bis er erneut erfaßt und vom Bach abwärtsgetragen wird.
Ein kindskopfgroßer Stein auf dem glatten Boden des Baches verursacht an seiner Vorderseite eine ausgeprägte Welle auf der Wasseroberfläche. Dagegen bildet sich an der Hinterseite eine deutliche Einbuchtung nach unten, welcher eine »Reflektionswelle« folgt ebenso hoch, wenn nicht sogar höher als die auslösende »Primärwelle«.

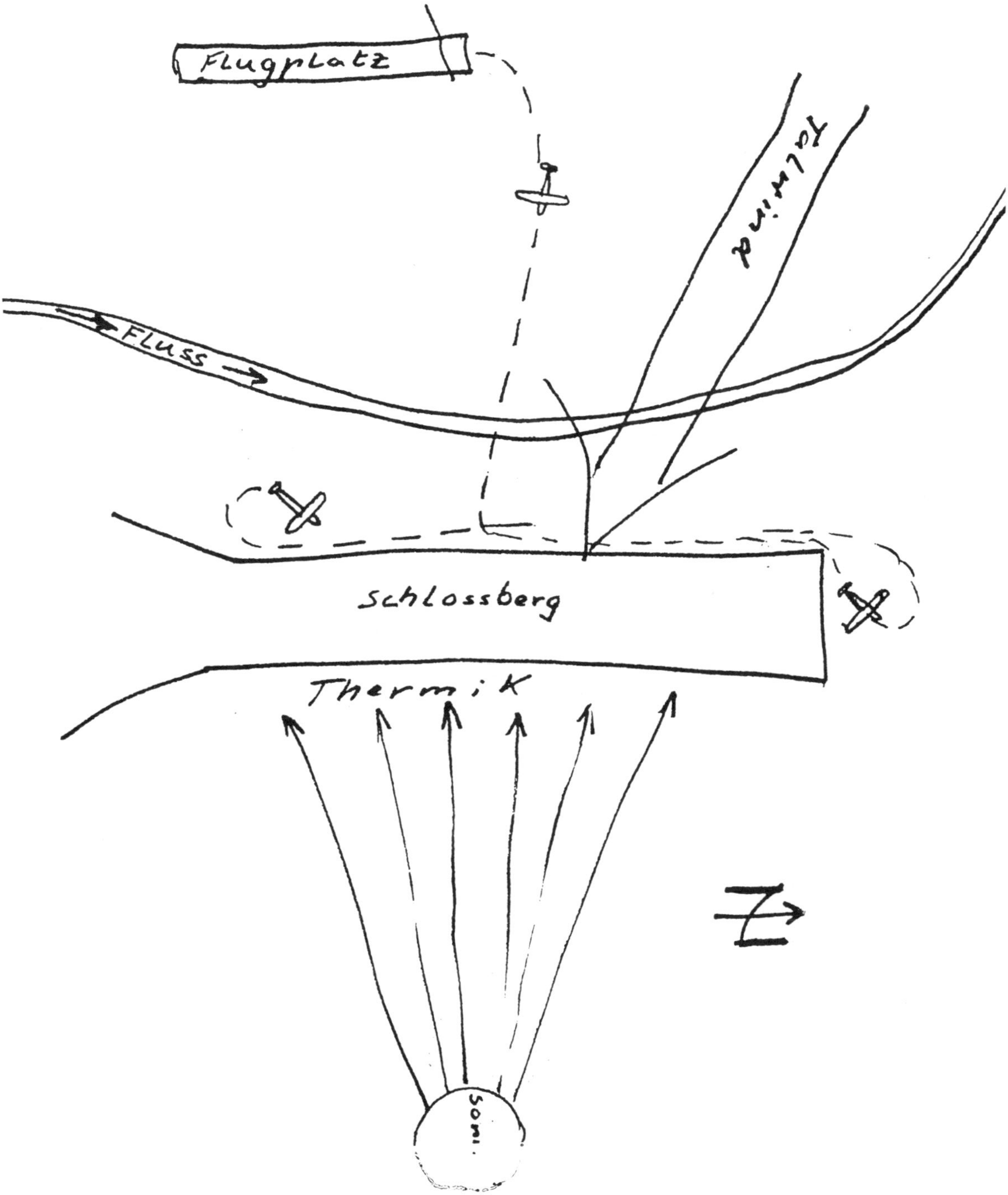
Flugplatz
Talwind
Fluss
Schlossberg
Thermik
N
Sonn.

Man kann dieses faszinierende Spiel des bewegten Wassers stundenlang beobachten und wird erkennen, daß es keine Sekunde gibt, in welcher der Bewegungsablauf der anderen gleicht. Was hier aber im Kleinen und modellhaft zu beobachten ist, läßt sich ohne weiteres auf die bewegte Luft übertragen. Es gibt eine Vorstellung über Bewegungsabläufe, über Vorgänge in der Grenzschicht am Erdboden, aber auch über die wirksamen Energien und die Dimensionen der Wellen und der Wirbel.

Unsere Kenntnis dieser Bewegungsabläufe in der bodennahen Atmosphäre und in den hohen Luftschichten hat uns natürlich neugierig gemacht. Und das immer leistungsfähigere und bruchsichere Fluggerät hat es schließlich erlaubt, den Aufwind der Wellenströmungen anzufliegen und zu nutzen.

Am Nordrand der gewaltigen Barriere, die die Alpen für eine südliche Strömung darstellen, erleben wir den Föhn oder, wie die Einheimischen sagen, den Bergwind.

Wenn die Luftdruckverteilung in der europäischen Wetterküche ein Tiefdruckgebiet im Südwesten und ein Hoch im Nordosten aufweist, entsteht dazwischen eine Südströmung. Diese ist besonders in den kühlen Jahreszeiten sehr kräftig und erreicht Windstärken, die am Boden hundert Kilometer pro Stunde betragen und in der Höhe auch hundertfünfzig Kilometer erreichen können.

Südlich des Alpenhauptkammes bildet sich in der aufsteigenden Luft Stau-Bewölkung. Es kommt dort zu anhaltenden und sehr ergiebigen Regenfällen. Die relativ warme Südluft erhält durch die freiwerdende Kondensationswärme einen zusätzlichen Wärmeimpuls. Sie strömt dann an der Nordseite des Gebirges »unnatürlich« warm und trocken in die Täler hinab und in das Alpenvorland.

Dies ist der Föhn. Gleichermaßen gefürchtet und geliebt. Weil er meistens als Sturm über Berge und durch Täler bläst, entstehen im Lee der Berge und dort, wo tief eingeschnittene Gebirgstäler quer zum Wind verlaufen, sehr kräftige Wellen. Diese sind in Bodennähe stark verwirbelt, reichen in große Höhen hinauf, wo sie ruhig und glatt sind.

Der Segelflieger, der das Glück hat, mit seinem Vogel die vordere Seite einer Leewelle anfliegen zu können, wird in Höhen hinaufgetragen, wie sie nur noch den Düsenflugzeugen der modernen Luftfahrt vorbehalten sind. Vor einiger Zeit konnte ich solch einen Föhnflug erleben.

Ich flog – fast durch Zufall – in einer Höhe von weniger als dreihundert Metern über Grund mitten über dem Tal von Unterwössen in einen Aufwind hinein, der zwar sehr schwach war, mein Flugzeug aber trotzdem stetig in die

Höhe trug, während ich mit langgezogenen »Achten« seinen besten Steigbereich ertastete. Ich war mir klar darüber, daß ich mich an der Vorderseite einer rotierenden Luftwalze befand, die sich quer zum Tal um eine unsichtbare Achse drehte.
In Bewegung gesetzt und mit immer neuer Energie versorgt wurde das walzenförmige Luftpaket durch einen kräftigen Föhnwind, der in der Höhe durch das Tal herunterblies. Der Vorgang ist vergleichbar mit einem Kinderkreisel, der mit Hilfe einer Peitsche in Bewegung gehalten wird. Ganz langsam näherte sich die Nadel meines Höhenmessers der Tausend-Meter-Marke.
Über mir, in großer Höhe, haben sich inzwischen die typischen linsenförmigen Föhnwolken gebildet. Wir nennen sie »Lentis«, eine Abkürzung für Lenticularis. Sie sind sichere Zeichen dafür, daß oberhalb der bodennahen »Rotoren« ausgeprägte Aufwindwellen stehen.
Dort wollte ich hinauf, auch wenn es zunächst aussichtslos erschien, den Anschluß an die obere Föhnwelle zu erreichen. Mein Aufwind im »Talrotor« ließ nämlich nach und hörte dann ganz auf, als ich tausend Meter hoch war. Nach aller Erfahrung aber konnte ich annehmen, daß weiter im Süden, wo das Gebirge stufenweise höher wird, eine Kette aufeinanderfolgender Rotoren, wie wir die Luftwirbel in den Mulden und Einschnitten zwischen hohen Bergwällen nennen, anzutreffen sein wird.
So galt es, dem Wind entgegenzufliegen nach Süden, wo der nächste Wellenaufwind in der hochgelegenen Mulde zwischen dem Geigelstein und der Kampenwand zu vermuten war. Mit knapper Not langte meine geringe Höhe, um gegen den kräftigen Wind das entfernte Hochtal noch zu erreichen. Dann aber, kaum daß ich um eine Bergkante herumschwenkte, erfaßte mich die Turbulenz des absinkenden Teiles der Luftwalze derart, daß ich mein Flugzeug trotz voller Ruderausschläge kaum in der Richtung halten konnte.
Wo solch starke Abwinde sind, müssen auch starke Aufwinde in der Nähe sein. Dies bewahrheitete sich sofort, als ich die Vorderseite des Rotors erreicht hatte.
Eine ungeheure Gewalt schleuderte mein Flugzeug in die Höhe. Schnell hatte ich die umliegenden Gipfel überstiegen und konnte in immer ruhiger werdender Luft in die Höhe kreisen. Zweitausend Meter – zweitausendfünfhundert Meter!
Kampenwand und Geigelstein, vom Boden aus gesehen recht imposante Gipfel, lagen tief unter mir. Der Chiemsee schwamm in der flachen Voralpen-

landschaft gleich einem Blatt auf dem Wasser.
Die „Lentis“ über mir schienen greifbar nahe.
Mein Glück war voll, denn es schien, als ob ich nun auch die obere Welle erreichen könnte und damit eine Höhe, wie ich sie gerade noch ohne zusätzlichen Sauerstoff erfliegen durfte. Wieder jedoch ließ mich mein Rotoraufwind im Stich. Ich war zweitausendsechshundert Meter hoch gekommen, hatte damit diesen Aufwind bis zur oberen Grenze ausgeflogen, und es ging nicht mehr höher.
So blieb mir nichts übrig, als noch weiter südwärts zu fliegen, in der Hoffnung, im Lee noch höherer Gebirgsstöcke dort Aufwinde zu finden, die mich schließlich bis an die Föhnwolken hinauftragen würden.
Die Windgeschwindigkeit hatte inzwischen in meiner Höhe derart zugenommen, daß ich bei einer Eigengeschwindigkeit von hundert Kilometern pro Stunde nicht mehr vorwärtskam, sondern auf der Stelle stehenblieb, wenn ich gegen den Wind flog. Ich mußte meine Geschwindigkeit also beträchtlich erhöhen, um in der Richtung auf meinen erhofften weiteren Aufwind voranzukommen. Es wurde ein aufregender stundenlanger Kampf um jeden Kilometer Strecke und um jeden Meter Höhe. Schließlich erreichte ich den unvergleichlich eindrucksvollen Gebirgsstock des Wilden Kaisers. Ich hatte mich dreißig Kilometer weit gegen einen Föhnsturm vorangekämpft.
Dreitausend Meter zeigte mein Höhenmesser. Die silbergraue Felsenlandschaft des »Kaisers« lag tief unter mir. Weiter suchte ich, mich mühsam vorwärtskämpfend, in Richtung Sankt Johann nach »meiner« hohen Welle.
Es war vergebliche Mühe.
Ich mußte umkehren, wenn ich mit ausreichender Sicherheit wieder nach Unterwössen zurückkommen wollte.
Der Sturm jagte mich mit nie erlebter Schnelligkeit zurück. Mein Vogel stampfte und schlug durch dieselben Rotorwellen, in denen ich auf dem Herflug mir meine Höhe erkämpft hatte. Steifgefroren kletterte ich in Unterwössen aus meinem Sitz. Ein Föhnflug war mir geglückt, der nur deshalb ein besonderes Erlebnis war, weil er gleichsam bodennah erfolgte, in der »Grenzschicht«, wo ich es mit Luftströmungen zu tun hatte, wie ich sie noch nie angetroffen hatte.
Mehr Glück hatte mein Freund Bernd Wertheim, der mir in einigem zeitlichen Abstand mit einem besseren Flugzeug gefolgt war, als ich es hatte.
Er schaffte es mit Geduld und Können, von der »Geigelsteinwelle« aus, der auch ich meine erste größere Höhe verdankte, den Anschluß an die obere hohe Welle zu erreichen.

Er stieg an der Vorderseite der »Lentis« hinauf und erreichte eine Höhe um die fünftausend Meter. Er mußte nur deswegen wieder absteigen, weil auch er keinen Sauerstoff und keinen »Höhenatmer« in seinem Flugzeug eingebaut hatte.

SEGELN VOR DER KALTFRONT

Die Meteorologen weisen in ihren Statistiken nach, daß ihre Wettervorhersagen in sechsundachtzig von hundert Fällen zutreffend sind.
Ich aber habe immer das Pech, daß gerade ich ein Wetter antreffe, das für die vierzehn unzutreffenden Vorhersagefälle typisch ist, wenn ich meine Pläne nach dem Wetterbericht orientiere. Solch ein Tag – einer jener vierzehn »Unzutreffenden« – bescherte ein segelfliegerisches Erlebnis, das ebenso unvorhergesehen kam wie das dazugehörige Wetter. Ein Erlebnis, das gleichwohl typisch ist für die fliegerischen Besonderheiten der Alpentäler. Wettervorhersage: »Am Alpennordrand anhaltender Föhn!«
Dementsprechend haben wir uns in unserem Gebirgstal in Unterwössen darauf eingestellt, »im Föhn« zu fliegen.
Das heißt, die Flugzeuge für Höhenflüge vorbereiten, frisch gefüllte Sauerstoffflaschen einbauen und jedes Flugzeug mit einem sorgfältig präparierten Barographen ausrüsten.
Wir Piloten hielten warme Kleidung bereit, denn es würde dort oben in viertausend oder fünftausend oder sechstausend Meter Höhe, die wir zu erreichen hofften, bittere Kälte herrschen. Der Wettergott jedoch wollte es wieder einmal ganz anders, als seine irdischen Assistenten glaubten:
Keine Spur von »anhaltendem Föhn!«
Es kündigte sich im Gegenteil von Westen her eine rasche und gründliche Änderung des Wetters an. Dort zeigten sich deutliche Anzeichen einer heraufziehenden Kaltfront:
Noch war der Himmel bei uns zwar blau und fast ohne Wolken. Noch kroch warme Luft von Süden her talauswärts. Auch linsenförmige Föhnwolken – lenticularis – standen in großen Höhen und markierten jeweils den Kopf »stehender Wellen«, jener kräftigen ausschwingenden Luftbewegungen, die bei starkem Südwind am Nordrand der Alpen auftreten. Wenn es uns gelingt,

die aufsteigende Flanke einer solchen »Welle« mit unserem Segelflugzeug anzufliegen, kann uns der dort herrschende Aufwind bis an die Grenze der Stratosphäre emportragen. Weit im Westen jedoch zeigte sich eine Kette kleiner grauer Wölkchen, die sich in geringer Höhe schnell bildeten und ebensoschnell wieder verschwanden, um an anderer Stelle erneut aufzuquellen.
Je näher diese lebende Wolkenkette kam, um so deutlicher war zu erkennen, daß es sich dabei um die »Vorhut« einer kompakten dunklen Wolkenwalze handelte, welche in einer Breite von Horizont zu Horizont aus dem dichten Dunst herausquoll und schnell näherkam. Stellenweise hatte sie eine drohend blauschwarze Färbung.
Eine hereinbrechende Kaltfront!
Wir im Tal von Unterwössen, flogen weiter in der ruhigen Warmluft des abflauenden Föhns unsere Platzrunden. Wir beobachteten dabei sehr aufmerksam das Herannahen der schwarzen Wand, denn aus Erfahrung weiß man, daß es in solchen Fällen oft in Minutenschnelle zu radikaler Wetteränderung im Gebirgstal kommen kann. Die sattsam bekannte Böenwalze, die dann ohne Vorankündigung mit großer Geschwindigkeit zwischen den hohen Bergwänden durchpfeift, die den Flugplatz an seinen Seiten begrenzen, haben wir fürchten gelernt. Sogar die Richtung – kommt sie nun talauswärts oder taleinwärts – ist kaum einmal vorherzusagen.
Vorsorglich haben wir alle Flugzeuge, die nicht unbedingt benötigt werden, in die wind- und wettergeschützte Halle bringen lassen. Die Vorsicht gebot es auch, daß nur noch doppelsitzige Schulflüge mit jeweils einem erfahrenen Lehrer an Bord geflogen wurden.
Obwohl sich die Wolkenfront noch weit weg befindet –, vielleicht zwanzig, dreißig Kilometer entfernt, draußen im Flachland – kann ich aus meinem Flugzeug beobachten, wie sich in einer Nische des weiten Talkessels von Unterwössen dünne Wolkenschleier bilden, die in geringer Höhe an den Bergwäldern hängen, weiß leuchtend in der klaren Föhnsonne.
Man kann die Erscheinung eher als Hochnebelfelder bezeichnen. Erste Anzeichen dafür, daß ein kräftiger Luftstrom vom Flachland her in das Tal hereinströmt!
Bei der nächsten Platzrunde, gute zehn Minuten säter, hat sich die Erscheinung deutlich verstärkt. Nun hängen nicht nur dünne Nebelschleier an den Bergen und über den Almen – es sind ausgewachsene Wolken geworden mit scharfen Konturen. Sie hängen im weiten Seitental in dreihundert oder vierhundert Meter über Grund, derselben Höhe, die mein Schulflugzeug beim Windenstart erreicht. Dort hinten also, fünf Kilometer entfernt, muß an den

Bergen Luft nach oben streichen – Warmluft, welche durch hereinstömende kalte Luft nach oben verdrängt wird.
Anders ist die ungewöhnliche Wolkenbildung nicht zu erklären. Trotz der recht großen Entfernung lenke ich mein Flugzeug dorthin. Vielleicht ist der Aufwind kräftig genug, meinen Segler ohne Höhenverlust zu tragen.
Es ist aufregend – immer wieder geradezu erregend –, sich aus dem sicheren Nahbereich des Flugplatzes ins Ungewisse hinauszutasten. Meter um Meter geht kostbare Höhe verloren, und eigentlich müßte man längst umgekehrt sein, möchte man nicht riskieren, auf einer Buckelwiese außerhalb des Platzes eine gewagte Landung machen zu müssen.
Deutlich spüre ich, wie mein Puls hochgeht.
Dann aber das erleichterte Aufatmen: Die Nadel des Variometers bewegt sich, nachdem ein kaum wahrnehmbarer Impuls im Flugzeug zu spüren war, nach oben! Schon zeigt sie an, daß wir nicht mehr sinken, daß wir unsere Höhe halten können.
Beim Heranfliegen an die Berghänge – immer noch weitab von den Kondensationswolken – zeigt sie sogar »Steigen« an. Vorsichtig weitertastend gewinne ich nun Höhe, immer geradeausfliegend. Dreihundert, dreihundertfünfzig, vierhundertfünfzig Meter über Grund.
Ich komme allmählich in den Bereich der Wolken und kann zu meinem großen Erstaunen feststellen, daß ihre Untergrenze deutlich tiefer liegt als meine Flughöhe. Ich kann meinen Doppelsitzer also an den aufragenden Wolkenwänden entlangführen und dort – gegen jede Regel – Aufwind vorfinden, aufsteigende Luft, die mich zwar schwach, aber stetig höherträgt.
Schnell haben sich die Wolken rundum vermehrt und verdichtet. Bald befinde ich mich mit meinem Flugzeug in einem regelrechten Wolkenloch, das deutliche Tendenz zeigt, sich zu verengen. Man muß jetzt die Entwicklung aufmerksam beobachten. Sehr schnell könnte sich der immer enger werdende Kamin schließen und mir damit die Sicht zum Boden nehmen oder gar mich ganz blind machen. Bevor es dazu kommt, nutze ich eine seitliche Lücke in der Wattewand, um aus dem Wolkenschacht hinauszuschlüpfen. Ich habe wieder freie Rundumsicht, fliege an anderen Wolkenrändern entlang. Immer höher steigt mein Vogel, während mich die Situation von einem »Kamin« zum anderen drängt. Es gelingt immer, aus der Umklammerung herauszuschlüpfen, bevor der Himmel unter mir »zumacht« und mir die Bodensicht versperrt.
Mehr und mehr hat sich nun das ganze weite Tal mit diesen niedrigen Quellwolken gefüllt. Ich kann jetzt in jeder beliebigen Richtung von Wolkenwand

zu Wolkenwand fliegen und finde überall gleichmäßigen Aufwind.
Und immer das gleiche Spiel der sich schnell verengenden »Lichtschächte«, die unten zumachen wollen, während von oben die Sonne hereinstrahlt und herrliche Bilder aus Licht und Schatten an die Wolkenwände zaubert.
Ich gewinne weiter Höhe. Tausend Meter zeigt die Nadel, und immer noch geht es aufwärts.
Um zu vermeiden, daß mir durch das heranziehende Schlechtwetter der Rückweg abgeschnitten werden könnte, fliege ich in die Richtung, wo der Flugplatz liegen muß. Zum Glück kenne ich die Landschaft unter mir gut genug, so daß mir die kleinen Ausschnitte, welche die Wolken offenlassen, genügen, um mich zu orientieren.
Auch die Freunde, Max, Bernd und Ingo, haben inzwischen mit ihren Schuldoppelsitzern den Platzbereich verlassen und tummeln sich im Aufwind zwischen den Wolken. Wir verständigen uns durch Funk und können so vermeiden, daß wir uns zu nahe kommen.
Der Luftraum, in dem diese »Aufwindkorkenzieher« nach oben wirbeln, hat immerhin eine Ausdehnung von zwanzig Kilometern nach jeder Richtung.
Wir genießen dieses seltene Aufwindphänomen bis zu dem Augenblick, wo uns die Bodenstelle zur Landung auffordert, weil abzusehen ist, daß bald schon die drohende Schlechtwetterfront mit dichtem Regen und mit Sturmböen über den Flugplatz hereinbrechen wird.
Es fällt schwer, der Aufforderung zu folgen.
Immerhin aber konnte ich eine gute Stunde lang ein Erlebnis auskosten, wie ich es in vielen hundert Segelflugstunden nur ganz selten angetroffen habe und wie es auch nur in unseren engen Gebirgstälern unter ganz besonderen Voraussetzungen möglich ist.
Bevor ich aber die Bremsklappen für einen schnellen Abstieg aus der unwirklich schönen Wolkenlandschaft betätige, gebe ich meinem Flugschüler das Flugzeug in die Hand und weise ihm einen langen und unbeschwerten Weg zwischen den Wolkenschächten hindurch.
Lautlos gleitet unser Vogel durch Sonnenschein und Wolkenschatten, umfliegt spielerisch mit steilen Kurven weißleuchtende Wände. Mein Schüler äußert Staunen und Begeisterung zugleich. Fliegerisches Erleben und Abenteuer in einem!
Wir erreichen die Vorderseite der Front, die uns inzwischen weit überholt hatte und sich bis zum Talschluß in die Berge hineingeschoben hat.
Hier fliegen wir wieder in den klarblauen Himmel hinein und in die grelle Föhnsonne.

Längst sind wir wieder außerhalb des sicheren Platzbereiches, als uns die Anzeige des Höhenmessers zur Umkehr mahnt, zurück in den Bereich von Turbulenz, herabhängenden Wolken und beginnendem Regen.
Nur zu gerne möchte man weiterfliegen – immer mitfliegen auf dem weiteren Weg der Kaltfront!
Als letzter schwebt unser Doppelsitzer in die Regendämmerung hinein, die sich in Minutenschnelle über den Fluplatz gelegt hat, setzt sich in das Gras und bleibt vor den geöffneten Hallentoren liegen.
Noch bevor wir aussteigen können, haben die Freunde unser Flugzeug in die schützende Halle geschoben.
Dann öffnen die Wolken ihre Schleusen.
Eine Sturmbö fegt durch das Tal.
Das Hallenvorfeld verwandelt sich in einen Sturzbach.
Feierabend für heute!
Ich versuche eine Erklärung zu finden für die Erscheinung, die eigentlich, nach allem was wir von Wind und Wetter wissen, überhaupt nicht hätte stattfinden dürfen:
Ein vorauseilender Schwall kalter Luft – Vorläufer der blauschwarzen Schlechtwetterfront – hat sich in unser Gebirgstal hineingeschoben.
Durch die düsenartige Verengung des Taleinganges wurde diese Kaltluft unter Verstärkung ihrer Strömungsgeschwindigkeit in eine weite seitliche Ausbuchtung des Tales hineingespült. Sie kreiselte mit unregelmäßigen Wirbeln an den Abhängen entlang und füllte nach und nach den ganzen Talboden aus. Dabei wurde die alte Warmluft weggeräumt und mit großer Kraft nach oben gewirbelt. Das dabei entstandene Wolkenbild ließ recht deutlich die einzelnen Luftwirbel erkennen.
Warum aber konnte man Aufwind antreffen auch neben den Wolken, also dort, wo in aller Regel eher Abwind herrscht?
Man stelle sich den Strömungsvorgang beim Abfließen des Badewassers aus der Wanne vor.
Dort entsteht ein Wirbel. Das Wasser wird nach unten »weggesaugt«. Die Umlaufgeschwindigkeit dieses trichterförmigen Wirbels ist am äußeren Rand geringer als im Zentrum. Bei den Luftwirbeln hier im weiten Talkessel ist der Vorgang umgekehrt: Es wird Warmluft mit großer Energie durch die hereingespülte Kaltluft nach oben gewirbelt – hochgehoben, nicht gesaugt.
Die Strömungsgeschwindigkeit innerhalb der einzelnen Wirbel ist deshalb wohl – im Gegensatz zum abfließenden Badewasser – an der Außenseite größer als innen im »Auge«.

Dadurch ist erklärlich, daß an der Außenseite dieses »Aufwindschlauches« ein Kranz aus Wolken entsteht, während in seinem Zentrum ein offenes Loch, bleibt, weil dort der wesentlich schwächere Aufwind herrscht. Ein Loch das zum Boden hin offen ist und in das von oben die Sonne hineinscheinen kann. Nur so kann ich mir erklären, daß es unter den besonderen Bedingungen im Hochgebirgstal möglich ist, auch »zwischen den Wolken« nutzbaren Aufwind anzutreffen.
Keine Fantasie reicht aus, sich das Bild vorzustellen, das entstehen würde, wenn man sehen könnte, wie solch vielfältige, komplizierte, interessante und schöne Bewegungsabläufe strömender Luftmassen vor sich gehen!

SF 28A Tandem-Falke

TECHNISCHE DATEN:

TRIEBWERK:

Limbach	65	PS bei
SL 1700 EA I	3550	U/min

ABMESSUNGEN UND GEWICHTE:

Spannweite	16,3	m
Länge	8,1	m
Flügelfläche	18,5	m^2
Streckung	14,5	
Flächenbelastung	33	kp/m^2
Leergewicht	ca. 410	kg
Fluggewicht	610	kg

LEISTUNGEN mit Motor:

Höchstgeschwindigkeit horizontal	180	km/h
Reisegeschwindigkeit	150	km/h
Geringstgeschwindigkeit	62	km/h
Steiggeschwindigkeit in NN	2,3	m/s
Startrollstrecke	150—200	m
Flugstrecke	ca. 520	km
Flugdauer gedrosselt	ca. 4	Std.
Kraftstoffvorrat	40	l
Kraftstoffverbrauch bei Reisegeschwindigkeit	12	l/Std.
im Segelflug:		
geringste Sinkgeschwindigkeit	ca. 0,9 m/s/70 km/h	
beste Gleitzahl	ca. 26—27/95 km/h	

16300
8150